# GENTLE ARE ITS SONGS

# GENTLE
# ARE ITS
# SONGS

*Kenneth A. Wright*

BIRMINGHAM
SIR GERALD NABARRO
(PUBLICATIONS) LTD

First published 1973
by Sir Gerald Nabarro (Publications) Ltd
43 Cannon Street, Birmingham 3

ISBN 0 903699 00 1

Printed in Great Britain
by W & J Mackay Limited, Chatham

# Contents

## APPENDIX

# List of Illustrations

   * Itzarte is the result of research by the Spanish Institute who say this is the nearest to the English pronunciation of it.—K.A.W. 29.1.73.

# Foreword

*by the*

Rt Hon. PETER THOMAS, QC, MP

*Secretary of State for Wales and President of the Llangollen
International Musical Eisteddfod*

THE FOCAL POINT OF LLANGOLLEN is its ancient and (unless you are a motorist) delightful bridge. This is as it should be, for Llangollen has been acting as a bridge between the nations ever since 1947, when a little group of musical pioneers in the town put on the first International Musical Eisteddfod.

They tell me that, according to the principles of aero-dynamics, it is quite impossible for a bee to fly – its wings are too short and its body too thick! By the same analogy it was obviously impossible for a small community like Llangollen to accommodate a mighty musical festival, with choirs, dance groups and musicians from all over the world.

Nevertheless Llangollen achieved this miracle in 1947. Even more amazing is the fact that the miracle has been repeated every year since then.

Of course there have been times when the organisers of the International Musical Eisteddfod have felt the strain. The very popularity of the festival increased their problems and there were moments when its financial future seemed exceedingly bleak. It has always been a great source of satisfaction to me that I was able to promote the Eisteddfod Act of 1958 which enabled local authorities throughout Wales to contribute towards the National Eisteddfod. This, in turn, inspired the Llangollen International Musical Eisteddfod Act of 1967 (promoted by Idwal Jones, MP) which brought the same financial boon to Llangollen.

When the Llangollen pioneers were asked to explain the success of the International Eisteddfod they modestly replied 'We lit the right fire at the right time on the right hearth'. Long may the fire continue to burn on that gleaming hearth, among the lovely Denbighshire hills.

PETER THOMAS

# Author's Acknowledgments

ACKNOWLEDGMENTS ARE GRATEFULLY tendered to Sir Gerald Nabarro, MP, for his enthusiastic decision to publish this book, and for his unflagging interest in its progress even throughout his serious illness.

To the Llangollen International Musical Eisteddfod authorities for their co-operation, especially W. S. Gwynn Williams, OBE, MA, Hon. RAM, Hon. RCM, the Honorary Music Director, and his wife Beti; to the Publicity Committee, personified in its Honorary Secretary, David Edwards; to Eric H. Roberts, who was responsible for most of the black and white photographs; to Miss Dorothy Jones and to Ray Hughes of Bryer Studios who supplies the Eisteddfod programmes with all those admirable colour plates from which, thanks to the Publicity Committee and the generosity of Robert Attenburrow (a director of the printers, Messrs Dobson & Crowther of Llangollen), we are able to reproduce those in this book.

To Dr Urien Wiliam who in translating the text into Welsh offered valuable comments, and indeed correct information, on technical and historical facts certain of which merited mention in the notes at the end of the book.

To 'W.R.' Owen, formerly for twenty-three years a member of BBC staff, associated both as a Corporation official and 'behind the scenes' also in many other ways, with the Llangollen International Music Eisteddfod, who retired in 1970: for kind permission to reproduce his Appreciation of the late J. Rhys Roberts who was for twenty-four years the Chairman of the Eisteddfod Council and Committee.

To the following for immediate and sustaining encouragement: Eminent personalities of Wales, including the Rt Hon. Peter Thomas, QC, MP, Secretary of State for Wales and President of the Llangollen International Musical Eisteddfod; the Rt Hon. the Lord Maelor; the late Sir Henry Morris-Jones, MC, DL, MRCP ( &S), JP; Lady Parry-Williams; T. Mervyn Jones, CBE, Chairman of the Welsh Tourist Board; Aneurin Thomas, Director of the Welsh Arts Council, and its Music Director, Roy

Bohana, whose comments and suggestions on my script have been most helpful.

Eminent musical personalities in England, including my old BBC chief, Sir Adrian Boult, CH, MA, DMus, LL.D, OStJ; Sir Thomas Armstrong, MA, DMus, FRCO, Hon. RAM, etc; Sir Arthur Bliss, CH, KCVO, BA, MusBac, Hon. MusDoc, etc.; Dr Herbert Howells, CH, CBE, DMus, FRCM, FRCO, etc.

Finally, to my wife Lilian. Her ten years' association with the Eisteddfod, both in the audience and occasionally contributing emergency help in the Hon. Music Director's office, has deepened her appreciation of it, of what it stands for, and what it has achieved. Through it she has made many friends, both Welsh and from overseas, and her affection for Llangollen is shared by our two daughters whose Bo-Peep dresses, when they were younger, contributed to the few truly English costumes on the Field. That appreciation and affection have enabled her to type this book, often from my almost indecipherable writing, without complaint. For this, and all her support, I thank her heartily.

KENNETH A. WRIGHT,

OBE, Chev. de la Lég. d'Honneur,

M.Eng., Hon. FTCL

# CHAPTER ONE

# *The Junction on the Dee*

IT IS THE Year of our Lord 1854. From the busy, smoky town of Ruabon, just inside the Welsh border, a road leads westwards into what must surely be one of the loveliest spots in the world. It climbs a hill, and after passing through three typical redbrick villages it slips down into the valley of the Dee. 'The road was good, and above it, in the side of a steep bank, was a causeway intended for foot passengers. It was overhung with hazel bushes. I walked along to its termination, which was at Llangollen. . . .'

Thus wrote George Borrow over a hundred years ago in his egotistical, but fascinating, itinerary of a long walking tour he made in Wales. It was published eight years later and is now famous under the title *Wild Wales*. In the course of a century a country can change. Towns can spring up out of nothing, cities fall into decay. Rivers may alter their meandering, valleys transform themselves into lakes. Where once forests grew, hideous dumps may arise; green pastures may become housing estates. But in that miraculous valley of the Dee, the scene which meets the eye is almost exactly as Borrow saw it when he was stumping down the road to Llangollen.

The previous morning he had put his wife and daughter on the train from Chester, himself preferring Shanks's Pony, though why he chose to walk all those extra miles via Wrexham is unclear. The rail in those days only reached what is now Whitehurst Halt, and his family had to complete their ride in a horse bus, crossing the river to the huddle of houses which ever since the previous century had been a noted holiday centre, Llangollen.

It was an important road junction. For many centuries the only practicable ford across the river had been there; in Norman times – pre-Norman too – one can imagine many a bloody ambush planned here. It was a natural junction of tracks down which great herds of cattle and droves of sheep came down from Anglesey and North Wales on their way to England. At Llangollen the cattle were shod in a hundred different smithies, and many cottages and barns accommodated the passing drovers. But the Dee was often swollen with mountain rains and melting snow and as early as 1131 a bridge was built to avoid the floods. Two centuries later, Dr John Trevor, Bishop of St Asaph,[1] built the more famous bridge which became known as one of 'the seven wonders of Wales'. During their four hundred years of occupation the Romans had built their road from Holyhead down to Chester. They called it Watling Street, and in Llangollen it ran alongside the river, but nothing is known of any attempt by them to cross the Dee by means of a bridge. Along Watling Street rolled their chariots, and carts carrying precious grain grown in fertile Anglesey, which they called Mona, and which is still known as 'the granary of Wales'. Along that Road too, marched the mighty Roman legions, and many a thousand manacled prisoners of scores of races and colours, to break their rocks, till their soil, man the oars of the fleets of galleys lying in the Menai Strait. . . .

Eventually a great British civil engineer, Thomas Telford, son of a Scots shepherd, who built the aqueduct carrying the Chester Canal high over the Dee valley a few miles lower down, rebuilt the Roman road into the highway known on your maps as A5. Later he finished the northern end of it with another masterpiece – the Menai Suspension Bridge, leading right to Holyhead, thus avoiding the dangerous water the Romans had had to ferry, as did those herds of cattle for centuries after them.

In 1873 Llangollen's handsome bridge had to be widened to meet the needs of Victorian traffic and this was cleverly achieved by moving the west-buttressed side of the bridge a few paces up-stream and filling in the space with the widened roadway, so to speak. In this way the original handsome appearance of the structure was unchanged. After World War 2, however, the great increase in motor traffic, multiplied tenfold during the annual Eisteddfod period, emphasised the hindrance offered by the bridge, a veritable bottleneck at the junction of four highways. It was, therefore, once more doubled in width, with the same technique as before, so that only ghosts of the past will recognise the changes in Bishop Trevor's masterpiece. It demonstrates that even in buildings, the obesity of old age need not of necessity destroy either character or good looks. The arrival of the iron way however, created a disfigurement at the north end.

The Victorian and Edwardian eras added red-brick villas to the town or the village (as it then was), and the extension of the railway stimulated local industry, bringing more inhabitants from both Wales and England. Until the line closed in 1966, visitors to The Woodlands Hotel unexpectedly found the railway tracks squeezed between their dining room and the swiftly flowing Dee. The house, once the vicarage, was in fact the station officially opened on 2 June 1862, though not for long. The line was extended to Corwen, and later reached the sea at Dolgellau and Barmouth. The station was moved to the west side of Llangollen Bridge; regrettably, an ugly square arch was added to the latter in order to accommodate the double rail traffic. It must presumably remain, although it spoils the beauti-

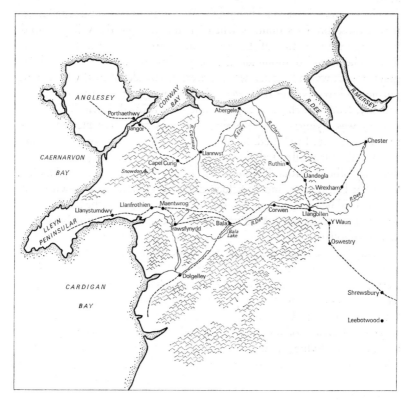

North Wales, showing drovers' tracks and their junction at Llangollen

ful symmetry of the famous bridge, to the design of which later re-constructions have faithfully adhered. The railway, having already been closed beyond Llangollen for some time because of extensive flood damage higher up the valley, was finally amputated by British Rail in 1966, bringing further heavy transport problems for the Eisteddfod organisers to solve with specially arranged bus and coach services.

Borrow describes the cross-country trains of 1854 as 'flyers'. What he would say of the diesel-drawn monsters that roar up and down the Birkenhead line today may be imagined. Recently, the present writer travelled from Paddington to Wrexham – the service had not yet been transferred to Euston via Wolverhampton: still another snag there! – and soon after leaving Chirk we approached the Vale of Llangollen, crossing it near the famous aqueduct built by Telford fifty years before Borrow marvelled at it.

The sun was about to set behind the Welsh mountains, and I shall never forget those precious minutes when I could glimpse the valley. Clouds piled high over the tops of the distant hills were effulgent with a glorious light. The rounded mountain flanks, patchworked with golden fields, green meadows and darker woods, were losing detail in the deepening purple shadows. Nearer trees were black against the background of cloud and sky, from which great rays of sunlight streamed down as if the Almighty was saying: 'This is Wales, in whom I am well pleased.' How perfect a setting, I reflected, for the creation of a miracle of international contact, the Llangollen Eisteddfod! By chance, the man responsible more than any other for founding and then guiding it, lived in Llangollen like his father before him, and he helped create this miracle in his own native village. Had he been born in Timbuktu, or Sydney, or in the forests of the Amazon, he could not have discovered a lovelier or more suitable setting than Llangollen.

Many have seen and described the beauties of the valley, including John Ruskin, the Duke of Wellington, Sir Walter Scott, and Alfred, Lord Tennyson, not to mention members of the Royal Family, from Queen Victoria down to her great-great-great grandson His Royal Highness Charles, Prince of Wales. A description which seems to be worthy of its subject is Hazlitt's of the view from Holyhead Road – now A5 – after leaving Froncysyllte: 'It was an April day and the valley glittered green with sunny showers . . . like an amphitheatre, broad barren hills rising in majestic state on either side with green upland swells that echo to the bleat of flocks below and the River Dee babbling over its stony bed in the midst of them . . . I would return sometime or other to this enchanted spot.'

Reference has already been made to the Romans who, although they drove their military road to the north coast and beyond on Mona to Holyhead, never succeeded in dislodging from their mountains the Celts they had driven from the central plains of these islands. But this whole area of Wales is steeped in history. Long, long before, it was inhabited by our savage forefathers of the Stone, Bronze and Iron Ages. They left their

ABERFFRAW ROYAL EISTEDDFOD.

1  Aberffraw (Anglesey) Royal Eisteddfod, 1849. The choir is accompanied by three harps, with a Bard seated on the throne at the back, and the President on the left. Reproduced from the *Illustrated London News*, 25 August 1849.

2 General view of the 'canvas cathedral' and part of the Field. In the foreground are the three transportable banks and post office.

evidence in many cairns and tumuli – over fifty in the Llangollen district alone. Even now a rabbit hole may bring forth an axe head; one wonders whether the men who made these fearsome implements, and perhaps died by them, produced vocal noises prophetic of the unmistakable sound of a Welsh tenor today? A Welsh historian had interesting things to report on Welsh singing a thousand years later, which are included in chapter 3.

George Borrow was well versed in Welsh history and even took the trouble to acquaint himself with the Welsh tongue. One of the attractions of his book is his deep awareness of the past. Almost every name he so richly rolled off his tongue had association with some ancient king, or bard, or saint. To the outsider many of those Welsh names look puzzling, pretty perhaps, or forbiddingly unpronounceable. Take any section of an ordnance survey map of the Principality and how many English names do you see? Around Llangollen you will find Rhosllanerchrugog, Blaenau-uchaf, Llantisilio, Gwyddelwern, and suchlike. How much more meaning-ful it all becomes if one learns that all are built-in descriptions of often attractive ideas; references to people, situations, long forgotten events, Celtic romances or heroic legends. 'Llangollen' itself originally meant the fenced-in enclosure containing the church, the monks' huts or cells, hospices and other outhouses of the little religious community founded there by St Collen. He probably reached the spot by coracle on the River Dee thirteen centuries ago, and chose it for his hermitage. Local fishermen until recently used these fragile basketwork coracles on the Dee. Similar hallowed places are to be found all over Wales; hence the familiar *Llan-*, most common first syllable of all Welsh place names.

Recalling my childhood visits to these parts, I realise how much more interested I might have been had my parents explained that our wagonette outing to *Rhaeadr y Wennol*, was taking me to the *Swallow Falls*, and that *Allt y Gog*, was *The Cuckoo's Wood*! Or that *Pen-rhyn-deu-draeth* (my hyphenations) where we stayed, was 'a headland separating two river mouths' (or, more accurately, I think, two shores or beaches): and that *Bettws-y-Coed* was 'a chapel in the wood.' The other day a Canadian visitor asked me whether that much advertised town was associated with mixed education.

Most of us are equally ignorant of the origins of our English names and I do not pretend to speak for any Scottish, Irish or other peoples who honour this book by reading thus far. These names, with their beginnings in one or other of the successive waves of invaders and settlers from the Romans on, are very mixed. Indeed, we retain in England many reminders that the very land we live on was once the home of the Celts. The name Malvern, for instance, comes from *moel fryn* (bare hill). Neither the

Romans, nor the Saxons, Jutes, Vikings, Danes nor Normans succeeded in changing that; nor the names of at least three rivers now regarded as very English, all called Avon. *Afon* is the Welsh for river.

However, to return to our intrepid and garrulous hiker George Borrow, he knew that Llangollen was close within the frontier of the country once ruled over proudly and belligerently by Owain Glyndwr – Shakespeare's Glendower – last of the Welsh Kings, and that many skirmishes and bloody battles had once raged over those valleys and hills. He had also read ancient folk lore of the rocky crags and sinister gorges, recalling the legend of St Collen's temptation by Gwyn Ab Nudd, 'King of the Fairies and Lord of the Unknown', and how Collen exorcised that wicked King and his whole court out of existence, with a sprinkle of holy water.

Long before the time of Owain, Llangollen was part of the Kingdom of Powys. Deva, which was the Roman name for their stronghold straddling the military high road at the place we now call Chester (which simply means the site of a Roman camp), was a barracks housing a complete legion and all the supplies, equipment, transport, slave labour and married quarters needed, together no doubt with a growing number of local inhabitants and their families, drawn thither by the needs of the Roman army. It soon became an important commercial centre, but long after the Romans had gone it remained a key border fortress, involved in those far-off battles between the Welsh and their ancient enemies of the English plain. In 604, Aethelfrith swept down from Cumberland and at Chester defeated the Welsh under Selyf of Powys. One can imagine the Welsh, 'bloody but unbowed', dragging their wounded back into the shelter of the Dee valley, grim, determined on revenge. Ten years later, doubtless through involvement in battles of retaliation, Aethelfrith utterly destroyed the city of Chester, which lay in ruins for three centuries. War then was as total and as cruel as we know it now: only the weapons have changed.

Selyf was one of the royal Powys line who for a further 250 years ruled that country, which included Llangollen. A successor, Cyngen, erected the famous pillar which is still to be seen near the ruins of Valle Crucis Abbey. It was wantonly broken by Cromwell's soldiers, but was later re-erected without the still missing top section. Its inscription, now barely decipherable, is the oldest surviving record of a Welsh pedigree. It dates from the seventh century AD and is a memorial raised by Cyngen of Powys to his great-grandfather, Eliseg, who, it says, recovered his kingdom from the predatory English. The nearby abbey was founded in 1200 AD by one

Prince Madoc, son of Gruffudd Maelor. The warrior lord's formidable fortress Castell Dinas Brân, is now the picturesque ruin high on the thousand-foot hill to the north of the town, one of the memorable landmarks of the district.

Many visitors find time to climb up to the ruin. They will be amazed to learn that originally it was surrounded by a moat, at least on its more accessible sides, and the rock quarried from the trench was used to build the fortress. It had a well, and there is also a hole at least forty feet deep from which building stone was taken. There is also a story, as yet unconfirmed, that this hole provided a connection by tunnel at least half a mile in length with a farm halfway down the hillside, and known for many years as Tower Farm. I have often stayed in this farmhouse with my family, and the charming occupants, Elsie and Ben Davies, busy with their modern milking appliances, deep freezer, television set, electric lamps for warming newly-born piglets, and other gadgets of the age have no knowledge of, nor time for, 'fairy stories about any underground passage from the castle', nor in fact, has any tunnel entrance been suspected. The passage, which was said to be used by the monks of Valle Crucis Abbey (at least a mile away and many hundreds of feet lower, in the valley itself) is now believed to be blocked in by a rock fall which has deflected the trickle of water into the pond on Geufron Farm, some 250 feet above Tower Farm. This is at the foot of the steep slope leading to the ruin at the top, where our children start scrambling on all fours, and my wife gazes upwards apprehensively; while I prefer to stay put by the pool until their triumphant return. The legend, if apocryphal, is at least logical. It is difficult otherwise to explain the continuing water supply to the pond, even in a parching summer like glorious 1971.

Not far from Llangollen, higher up the valley on a bank of the Dee is a mound, apparently man-made, called Glendower's Mount, because by tradition he used to stand on it to watch for his enemies' approach over the distant plains in Chester. It is more likely the site of one of his former palaces, or perhaps a hunting lodge. He surely would have posted scouts high on the hills for more effective warning of a coming attack.

There is much to see round and about Llangollen, and for those interested in churches, ruins like Dinas Brân, and Valle Crucis Abbey, the churches and other castles of the district will provide clues in plenty, assisted by available guide books like *The Llangollen Blue Guide Sheets*, to which the present writer is gratefully indebted, and to local antiquarians and enthusiasts such as the faithful octogenarian Watchman who, wet or fine, climbs to Castell Dinas Brân in the early morning and welcomes visitors with a fund of local information until the last have gone back to the haze of the valley; save, perhaps, for a loving couple here and there who have no need of the Watchman's lore. Not the least intriguing of more recent survivals is Plas Newydd, very near the heart of the town. This half-timbered house was, from 1780 to 1831, the home of three remarkable Irishwomen who, in defiance of all social decorum of the time, 'eloped' from Dublin and have passed into history as 'The Ladies of Llangollen'. Their nearness to the Holyhead road brought them many distinguished visitors, including Scott, Wordsworth and Wellington. The house with its dark and heavy furniture, and the attractive grounds, are now a show-place open to the general public.

North of the town, and West from the Castell, stands a forbidding giant which for countless centuries has borne the name Eglwyseg Mountain. To its back stands the equally forbidding Ruabon Mountain, along the foot of which runs the road tramped by George Borrow. Its front faces west, over a glittering stream, which in winter can swell to a cruel torrent, looking across to its neighbour with the pretty name of Llantysilio Mountain. Down the smooth flank of this monster winds the white ribbon of the Horseshoe Pass. From that, should one dare to raise one's eyes from the hazards of the road, one sees, high on the slopes of the eastern mountain, the Eglwyseg Rocks. They resemble the ruins left by an unimaginable battle between primordial giants, Beings with legs, like church towers, and arms of a length and strength needed by a monstrous crane to snatch out rocks the size of a whole slate quarry.

Such was the impression I had of that mass of immense tumbled rocks, many millions of tons of them. Some were as great as fallen cathedrals, crushing lesser blocks to powder. The scar on the mountain, broad and deep like the wound of a colossal sword, can be seen for miles. I am sure that in future years an American, or Russian, on the moon will see Eglwyseg Rocks through his atomic age telescope and report it as a curious phenomenon – except, of course, that he will recollect it from earlier visits to Llangollen. It would take many of man's multi-megaton atomic underground bombs to create such a cataclysmic disturbance as this.

The curious and the tireless can visit it from Llangollen by two hours' steady climb up a narrow road, across a meadow and a wooden bridge, past Eglwyseg church and an equally historic manor house. Known earlier as Plas Ucha it was inherited nine centuries ago by the Princes and Lords of Powys from Bleddyn ab Cynfn, King of North Wales. Soon one reaches a point where the mountain seems to say: NO FURTHER. And so it has for a long time been known as World's End. The official sign-posts bear that name, in English too. The gigantic tumble of rocks might well have seemed the end of the world when roads were mere tracks and even a waggon could hardly ride them without disintegrating.

A short walk from Llangollen along the road to the Horseshoe Pass (and Ruthin), and just off to the left, is the weir, also shaped like a horse-shoe, which directs water from the Dee into the Shropshire Union Canal. This is a favourite spot for bathers, whether aquatic, in the river, or in the sun between tree shadows on the steep grassy bank. Near it is the tiny church of Llantysilio with its yews of immemorial origin, and a famous memorial to Lady Martin, wife of Sir Theodore. He was a close friend of Queen Victoria and biographer of the Prince Consort. The church is nearly nine centuries old, and contains what is possibly some Valle Crucis Abbey's original wooden panelling. In the little porch when we called, was hanging a copy of this charming verse; so many friends have enjoyed it, I include it here:

> Every time I see a church
> I pay a little visit,
> So when at last I'm carried in
> The Lord won't say, 'Who is it?'

# CHAPTER TWO

## *How it all began*

WORLD WAR 2 was raging: the Second Front had not yet opened. The British Isles hummed with industrial activity, cities and installations were being bombed, thousands of children evacuated from the most dangerous areas were attending schools hundreds of miles from their homes, many of which were in ruins. Refugees from Europe helped in our factories, learned our languages, sang our songs, developed a taste for our 'warm' beer. Some brought their picturesque national costumes with them – from France, Holland, Belgium, Poland, Norway, the Ukraine – and with us shared carefree evenings of singing and dancing. In London exiled governments held solemn meetings. From time to time, their anxious ministers relaxed and sought amusement. Many of them, musically inclined, asked to experience the age-old institution of a Welsh Eisteddfod. They attended 'The National' in Bangor and other comparatively 'safe' spots in North Wales and what they saw and heard excited them mightily.

A certain Mr Harold Tudor, representing the British Council, acted as host during the last three years of the War. He was asked, would it not be possible for groups of their own nationals to take part in the choral competitions? He was impressed by the earnestness of his guests' desire. He approached the Council of The National Eisteddfod of Wales, with the suggestion that an international choral class be added to the 1947 Colwyn Bay Eisteddfod to create an opportunity for overseas choirs. It did not seem feasible to the Council to add a major contest to a programme already occupying a crowded week.

The War over, Mr Tudor returned to his former post on the *Liverpool Echo*, but he still pursued his dream. He consulted his friend Mr W. S. Gwynn Williams, who, for many years had been and still is Chairman of the Music Committee of the National Eisteddfod, was already familiar with the idea and indeed keen on it. It was obviously necessary to arrange for a separate choral contest, but where? Somewhere with a large pavilion to hold it in. But Caernarvon and Corwen pavilions were neither of them as yet de-requisitioned. At this point Gwynn Williams remembered that he had seen in Anglesey in 1946, when serving as adjudicator at the Anglesey County Annual Eisteddfod, a great new canvas tent made cleverly in sections from war surplus materials. It seated an audience of 4,000 and might be the answer to their dream. So Gwynn and Ivor, indefatigable duo, visited many seaside and other towns in Wales trying to raise enthusiasm for the idea, which it must be confessed seemed at that moment more idealistic than realistic. No-one seemed interested.

Now a miracle happened. At Easter Mr G. Northing, respected and influential resident of Llangollen, had been elected Chairman of the local Urban District Council. He was himself a musician of wide taste and sympathies, and after talks with Mr Tudor and Mr Williams he embraced the plan with enthusiasm and promised to place it before his Council. The latter agreed to allow the new tent to stand on the town Recreation Ground, and so it was that Llangollen became the home of the International Eisteddfod. The tent, like greedy children's Christmas stockings, became annually extended in length, and later by the addition of cruciform wings achieved a potential capacity of 9,000 seated audience. How it eventually was replaced by an even larger marquee of special design is told below.

There followed meetings with the Arts Council of Great Britain (including Mr Tudor, who had just joined it, and Mr John Denison the Council's new Music Director). The outcome was the appointment of a sub-committee which met on 6 June 1946, and asked Mr W. S. Gwynn Williams to be Music Director of a three-day choral contest, the first of its kind. Thus the name Llangollen International Music Eisteddfod was coined and a new tradition begun. After a general meeting on 12 June had confirmed the sub-committee's work a public meeting was called on 17 July, and so the Eisteddfod was launched, a courageous, imaginative venture.

Finance was the immediate problem. There was no fund to pay even the initial postages involved, but Mr Gwynn Williams and his near neighbours Mr Northing (the first Chairman of the Eisteddfod's executive), Mr E. E. Hughes (the first Treasurer), Major Denby Jones (the first Chairman of the Finance Committee), and others, quickly collected over £1,000 in gifts, loans and guarantees.

From then on, hard concerted effort by people of Llangollen, calling on the help of their neighbouring villages and outlying farms, created the first Festival of 11 to 15 June 1947. Today, as then, the central figure of the activity is Mr Gwynn Williams. On his shoulders rests responsibility for choosing the test pieces, accepting the entries from abroad (or regretfully rejecting some) for alas, the budget will run to only a limited number each year. He carries an immense correspondence with competitors, adjudicators, publishers, BBC and ITV authorities, central and regional, programme directors, artists, agents, impresarios, copyright holders – totalling over 4,000 letters a year. It is true he is surrounded by hundreds of voluntary fellow workers, with their committees, who arrange accommodation, work on the field, organise floral displays, the catering, printing and a dozen other important things. But the core of activity on which the Festival is based is music, and Gwynn Williams is the key man responsible for that. Let him describe in his own words the ideals and history of the Eisteddfod:

The first Llangollen International Musical Eisteddfod was held from the 11 to the 15 June 1947, in a tent that accommodated about 4,000 people, on the Public Recreation Ground at Llangollen. Competing at that Eisteddfod, not counting children's and youth choirs and classes for vocal and instrumental solos, were some forty adult choirs, mixed, male and female, representing fourteen nations. The result of those competitions was that replicas of the international trophy found their way to Budapest, to Kalmar in Sweden, to Amsterdam and to Penarth in Wales, while the main Trophy for mixed choirs went to Sale in England. The first International Eisteddfod, in the year after the War cost about £6,000 to stage, and a surplus of £1,400 resulted which could only be spent on another Eisteddfod. Great had been the local enthusiasm and uncertainty, but the first International Musical Eisteddfod had been held in a land where the Eisteddfod movement was over 1,000 years old.

In 1948 the second International Eisteddfod was held, in which about sixty adult choirs and folk dance parties entered the competitions, and the cost was about £10,000, leaving a surplus of £3,200 which again could only be spent on another festival. Then in July 1951 (Festival of Britain Year), 120 choirs and folk dance parties from twenty-two countries entered the competitions, and the cost was about £20,000, but the surplus was now only about £1,000. Indeed, in 1953, when Her Majesty the Queen and the Duke of Edinburgh visited the seventh Eisteddfod and there were about 150 choirs and dance parties from twenty-three countries in a marquee that held about 10,000 people, the cost had risen to £21,000 and the annual surplus had disappeared altogether.

During the last nine years, however, the festival has found its financial level, and each year now about 200 choirs and dance groups are accepted in the ensemble competitions, representing some twenty-five different nations, and the cost is about £26,000 and the surplus about £1,000. This acceptance of the local financial conditions has, of course, definitely restricted the artistic and social possibilities of the Eisteddfod and necessitated a very careful assessment of all expenditure, especially as the Eisteddfod since 1958 has its own ground of twenty-three acres to maintain and develop. It must be stated that the Eisteddfod, has received very little or no financial assistance from any official source.*

It is estimated, however, that the public attendance in the different sessions during the last seven or eight years has totalled between 150,000 and 190,000 annually, and the number of competitors has averaged about 10,000. The number of overseas competitors staying in the Llangollen district in the homes of the inhabitants as guests of the festival is approximately 1,500 each year, which is about half the total normal population of Llangollen itself. During the sixteen years that the Llangollen International Musical Eisteddfod has existed some 2,500 choirs and dance parties, representing forty-six different nations and averaging fifty persons in each group have entered the competitions and I suppose that it would be correct to add that all this has been made possible by a great local voluntary effort and by the financial support of audiences amounting to over 1,500,000.

## Success – Why and How?

There are certainly two questions that might be asked: (1) Why has this International Eisteddfod been such a success? (2) How is it possible to bring so many people together with one aim from so many different countries?

I suppose the simple answer to question one is that the festival has an interest and a variety that makes an immediate appeal to a very large number of people, particularly in Wales. To the thousands of competitors each year it is, of course, a serious music-making business requiring considerable preparation and as that music-making is, on the whole, of the highest possible standards, it has for the last sixteen years attracted the large audiences mentioned above. The success is certainly not the result of any propaganda, for the Eisteddfod itself is its only advertisement. Many people must go to considerable trouble to find out when the different sessions are held, and for many seasons there has been a bigger demand for seats than there are tickets to sell. Indeed, for certain sessions throughout the years there have been two or three times as many people outside the marquee on the grounds listening to the singing and watching the dancing as there have been sitting inside.†

* This was written in May 1963.

† The original tent was so long that the back seats were served by a television monitor with cameras permanently fixed near the stage, and the picture was fed also to monitors outside the tent. With the coming of the larger tent and the change to colour television the closed-circuit television facilities were withdrawn.

As to the variety in the Eisteddfod programme, it represents the authentic regional folk song and dance of the nations participating, and also the supra-national classical repertoire of European choral composition. It has never been a question of seeking popular appeal, because I firmly believe, as do the best of the competitors, that the greatest permanent interest lies in the purest and strongest traditions of the different racial groups on the one hand, and in the best internationally-accepted choral standards on the other.

In the folk singing and dancing, the competitors are maintaining their own regional and national traditions, and in the classical choral singing are furthering that wonderful means of international understanding that has been brought into being by a thousand years of Christian effort to unite the peoples of the different nations in song. Surely in this variety and unity lies the secret of the charm of the Llangollen Eisteddfod.

In addition, the festival opens with a performance by a well-known ballet or professional dance company and closes with an orchestral or representative choral concert and in the other evening concerts there appears at least one famous international singer or instrumentalist.

Question two has to some extent already been answered, because in the international musical scale and notation of European music we have the secret of the immediate understanding of the singers of the different countries. A piece of choral music can be sent from Llangollen, as a number are sent each year, with words in two, three or four languages, which is immediately understood in nearly every country in the world. That requires particular care in providing singable literal translations of the original words, so that choirs singing in the different languages interpret the same thought and music. Indeed the whole festival is a challenge that has through the years necessitated the most careful consideration by those responsible for the organisation. But the greatest effort perhaps of all is that made by the thousands of singers and dancers who come to Llangollen to make the Eisteddfod the truly international festival it is – of the people, by the people and for the people of many lands.

Mr Gwynn Williams wrote that for *Rotary* in May 1963. Since then, expenditure has steadily increased – transport for the thousands of foreign competitors, professional labour, the public address system, paper, printing, postages, rates and taxes on the land the Eisteddfod has carefully bought as an investment, drainage and levelling of the field, improvement and upkeep of the permanent offices built upon it, power for lighting, and so on. With the Honorary Treasurer at his elbow, Mr Williams's task yearly becomes more onerous, in that he is forced to accept fewer groups because of this, in spite of the more stabilised income from official bodies, the Welsh Arts Council, local authorities in Wales, the BBC and Harlech Television. If all the children's choirs anxious to come to Llangollen were accepted, the whole of the final Saturday, the Big Tent and all the available halls or chapels in the town would be occupied with the heats, semi-finals and finals involved. In 1971, thirty-seven children's choirs were accepted but of them twelve had to be asked to preliminary hearings in the Town Hall, of whom three succeeded in winning through to the final contest taking place simultaneously in the Big Tent and two of them proved themselves to be worthy of third and fourth place respectively in the complete contest. But Mr Williams had had to refuse very many other children's choirs asking to come. This, to say the least, is distressing to the organisers who are so aware that the Eisteddfod's greatest value lies in its power to create international friendships and understanding – 'of the people, by the people and for the people' – of many lands. Music and dancing are the universal language which brings those people together in a common interest and a shared joy, nearly 200,000 of them every year, coming over the first twenty-five festivals from more than sixty countries.

In these days of countless national appeals of every kind, for charities small and great, and the relief of victims of wars, revolutions, earthquakes, floods, disasters happily rare in our own islands (at least on the scale we witness elsewhere), to launch another appeal needs pluck – and faith. In 1965 Alderman Hartland the then Lord Mayor of Cardiff made a passionate appeal to help Llangollen Eisteddfod meet its ever-growing demands. Committees were formed throughout Wales and three Lord Mayors later the fund had reached the sum of £21,000. That enabled the Eisteddfod's Standing Committee to purchase a new marquee of nylon, larger than that hired in previous years. It seats 2,000 more in the audience – 12,000 for a 'full house' – and the stage is twenty feet wider than the old one and deeper, enabling a full symphony orchestra and a chorus of around 120, or productions of considerable size like operas and ballets, to be accommodated for the evening concerts which are a nightly feature of the festival. More than half the old hard wooden seats, previously hired like the former 'Big Top', were replaced by new plastic comfortable chairs. Curiously enough, even these welcome new possessions met with ill luck. The new marquee was burned to cinders at the makers' in Anglesey before ever it had been used and a duplicate had to be hurriedly made. The red chairs, loaned by Llangollen for the 4,000-seater 'Great Tent' in Middlesborough Tees-side Eisteddfod of 1970, were lost in a sensational fire which in the early hours of the morning of Friday 31 July, suddenly destroyed the tent and all it contained, being in the middle of a festival which its founder, a Welshman Dr S. Jenkins Evans, OStJ, openly admitted owed its original inspiration to Llangollen.[2] Fortunately, the chairs, most of which melted in the great heat, were replaced and by 1972, comprised nearly all the seating in the Llangollen marquee.

# CHAPTER THREE

# *Wales and Music*

Ask almost any man-in-the-street about Wales and Music, and his reaction will probably be: grand choral singing, especially *Cwm Rhondda*; fine voices, with long-held top notes; and The Harp.

The present writer, although English, has all his life had close personal connections with Wales. For over fifty years one branch of his family has resided in Barry. His mother and her numerous brothers and sisters were born and brought up in Shropshire and spent all their holidays in Wales. In their homes, and consequently in his own, *All Through the Night* and *Land of my Fathers* were as familiar as *Rule, Britannia* and *God Save the King*. They all called Wales The Land of Song, the fount of good voices, and that therefore Wales was a Musical Nation. Certainly, the recurrence of Welsh names in opera companies and on concert programmes throughout the world would seem to support that theory.

Most Welsh people believe it themselves, oblivious to any distinction between the inherent vocal *quality* of so many '*typical*' Welsh voices and the *musicality* with which those voices are used. Whether the Principality itself offers something special in its climate or general diet, or some unique genes inherited within the blood of Welshmen, has never yet been postulated or proved. But many beautiful voices have certainly come out of Wales.

The impression, call it a legend if you will, is based on fact. But the evidence lies much further back in history than even most professional musicians are aware; and it had nothing to do with superb voices and thrilling top notes. We need not wonder at this, if we realise that the normally traditional source and repository of wisdom, namely the University, was not founded in Wales until the last quarter of the nineteenth century. The Colleges at Aberystwyth, Cardiff and Bangor were founded successively a century ago; in Swansea only fifty years later. It is only in the past couple of decades that any Welsh boy or girl aspiring to distinguished musical professionalism could obtain the necessary training and diplomas within the Principality; hence the stream of holders of scholarships or grants from Wales to the music colleges of London and

Manchester, to Scotland, Dublin and the continent. But English professors knew even less than their Welsh colleagues of the origins of Welsh music and much of the earlier research in Wales was done by devoted amateurs, just as in England, for that matter, we ourselves owe much to scholars like Dr Edmund Fellowes, Sir George Grove, Philip Heseltine (P. Warlock), or as Ireland now owes to Donal O'Sullivan for his research on Turlough O'Carolan.

Even so, the origins of Welsh music are hard to unravel. When the Romans invaded Britain they slaughtered, subdued and absorbed most of the inhabitants who are generally referred to as Celts, having themselves originally come over from the mainland of Europe. But many resisted fiercely, and were finally driven up into the forbidding western mountains, where they were hemmed in by a ring of Roman forts. They found the mountains already occupied by the small, dark Iberians who had earlier been driven thither by the early Celts themselves, but the new refugees subdued them and imposed their culture, language and religion. It is with the last that we are principally concerned, for the earliest traceable beginnings of Welsh music stem from the Bardic system of the ancient Druids.

As early as two centuries before Christ, the 'Celts of Gael' (i.e. Caesar's Gaul) were referred to by Poseidonius of Apamea as having Druids, 'philosophers and theologians of great honour', and 'bards who sang songs of praise and satire, accompanying themselves on instruments very like the lyre' (Percy Scholes, *Companion to Music*). Other references in later centuries emphasise the continuity of the authority of the Druids and the importance of the bards, or, as they were called in other countries in the middle ages, minstrels. There seems to be no doubt that their art was cultivated, orally instructed and traditional, with scope for improvisation both vocal and instrumental. The lute-like instrument was probably the *crwth*, its strings being plucked; only much later was bowing introduced, possibly not until the twelfth century. It is not clear when the harp, that other traditional instrument of Wales, arrived there, but harps are among the most ancient of all musical instruments, referred to many centuries BC. The Iberians may possibly have brought it to Britain in the first place, since their own culture was Mediterranean and near-eastern.

For reasons mentioned above, the Bardic art was not committed to paper; true improvisation cannot in any case be other than personal and spontaneous. But from a sixteenth-century MSS. we know it was strictly disciplined. In about the year 1100, at a gathering to celebrate in poetry and music (perhaps the earliest eisteddfod on record) Gruffydd ap Cynan declared regulations for the bestowing of eisteddfod degrees, music being divided into three classes of precedence – harpist, crythor (crwth) and singer. These rules were very strict, and it is obvious that under them very few bards could qualify, and then only after a rigorous training of twelve years. In other words, the art was highly exclusive. One is reminded that in our own day in India, professional musicians performing in traditional style(s) have to study hard for twenty years before they are considered competent to present their art in public.

The Welsh had been converted to Christianity not by the Romans but by missionary saints from Britain and Ireland, especially the former. The old Druidic religion disappeared, but the recollection of it persisted for a long time; then, centuries later, the 'Druidic' traditions were revived and linked with the National Eisteddfod. 'The so-called "Druids" of modern times', points out Doctor Urien Wiliam, 'originated in the fertile imagination of Iolo Morgannwg in the Eighteenth Century and were later associated with the Eisteddfod only in the middle of the last century. They have no religious significance at all, only cultural'.

This Eisteddfod is unique, however, not only in its long history which dates back well over 1,000 years, but also in its devotion to the twin arts of poetry and music, separately and in combination. Like countless other *eisteddfodau* held regularly all over the Principality, it is supported by a large and enthusiastic audience, whose opportunity it is not only to hear their famous choirs in contest, but also themselves to sing together as only the Welsh can sing.

A curious trait, this, in the Welsh character, contributing largely (and often nobly) to the tradition of national musicality. As long ago as the twelfth century, the travelling historian Geraldus Cambriensis recorded his famous remark that whereas congregations, or crowds, in other parts of the country sang in unison (or the monks, in their monastries, *in organum*), the Welsh would spontaneously sing polyphonically, that is to say in different parts which harmonised pleasantly together. This gift has persisted through the centuries so that it has long been the custom for the greatest crowds at, for example, rugger matches, to sing their native songs naturally and in harmony. This custom was old long before some newspaper 'conceived the idea' of community singing at football matches!

The Welsh never knew peaceful existence in the sense that we once enjoyed it – that is, those content to live in their present without worrying about the future – for instance here between the two world wars or in

Victorian or Edwardian days. Wales had its periods of hardship then, as did
many other parts of these islands but after the Norman conquest Wales
went through centuries of turmoil – wars, invasions, revolts. There was
much to-ing and fro-ing across the borders, yet within Wales their
language and much of their culture survived. The traditional Bardic forms
of music persisted only in greatly debased and even disconnected styles
because of the breaks, hitherto strictly guarded, in passing down the oral
tradition. We do not even know whether the renowned gift of part singing
had any opportunity to survive. The first renewed evidence of it came
with the Reformation of the sixteenth century, with its Lutheran hymns, and
later in the hearty congregational singing in a thousand Methodist chapels.

When Harry Tudor, victorious over Richard III on Bosworth Field in
1485, ascended the English throne as Henry VII, he opened the so called
Tudor period of history which closed with the death of Elizabeth in 1603.
It might have been hoped to offer favourable opportunities for Welsh
music and musicians. In fact, it did but not in a sense truly valuable to
Welsh music, for although the intellectuals, artists, musicians and others of
culture were brought in welcome from Wales, they found conditions in
the Royal Court and English gentlemen's houses very different from any-
thing they had imagined. Their own native language was forbidden, and
their art regarded as strange; for here the fashion was the new European
fashion, and they had to adapt themselves to it or be rejected.

Thus, Welsh composers became anglicised, or internationally influenced
by the musicians brought in by the sovereign, notably by the young
Henry VIII, who was himself no mean musician. A few of the Welshmen
who stayed in England contributed handsomely to the admittedly fine out-
pouring of (English) 'Tudor Period Music', notably John Gwynneth,
Robert Jones and John Jenkins. The famous Thomas Tomkins, sometimes
mentioned in this context, was born in St David's but of English parentage
and family, and his studies and career were entirely outside Wales.

The Act of Union of 1536 definitely clinched England's legal sovereignty
over Wales, whose language was severely restricted – even its own laws
were negated – and its government taken over by Westminister. G. M.
Trevelyan wrote: '. . . Wales retained her native language, poetry and
music. Her soul was her own.' But one is reminded of the famous *Punch*
cartoon showing Kaiser Wilhelm I pointing to the ruins of ravished Bel-
gium and saying to King Leopold: 'See, you have lost everything!' 'Not
my soul', replies the King.

There were some who stayed behind in the Principality during the
Tudor period. They did their best to maintain the ancient Welsh tradi-
tions, which was difficult without written music or rules to guide them,

3   One half the interior of the large marquee. On the right is a spacious north wing, duplicated by the south wing, beyond the camera's eye to the left. The total seating capacity is now a comfortable 10,000.

4 Panel of adjudicators, 1971. *Left to right*: Mo. Luigi Colacicchi, Italy; Prof. Solon Michaelides, Greece; Prof. Herbert Howells, England; Prof. Bogdan Babić, Yugoslavia; W. S. Gwynn Williams, Wales (Hon. Music Director of the Eisteddfod); Sir Thomas Armstrong, England; Prof. Sándor Veress, Switzerland; Kenneth A. Wright, England; W. Emrys Cleaver (Hon. Sec. Welsh Folk Song Society); Alwyn Jones (Head of Music, BBC Wales). *Absent*: Mrs Lucile Armstrong, France; Prof. Roger Pinon, Belgium (Folk Song Board); and Roy Bohana, Director of

and no scholarship or means of research in any modern sense. They were further hampered by the multitude of phoney 'bards' who, unskilled in the real art of minstrelsy and far removed from the discipline and training of the ancient bards, became such a social nuisance that Elizabeth I sent a commission to banish the unskilled and troublesome ones. It was thus that the formerly honoured term minstrels too often became synonymous with 'rogues and vagabonds' of Shakespeare's plays.

Nevertheless, there is an art which has survived and itself is suggestive of the severe discipline instilled by the old bards; something uniquely Welsh, nursed by the traditional eisteddfod and still current on many a syllabus; something calling for high musical skill on the part of the performer or performers and therefore contributing to support Wales's claim to be a musical nation. This is *canu penillion* or penillion singing. England knows no such musical form and therefore has no name for it. It can be carried out by a single singer-harpist or by a separate singer, or singers, improvising their additional part to the harp, which is playing its own tune. The latter is not a folk song, which is lyrical, but a 'harp tune' which has a formal harmonic basis and a basic pulse-pattern. The singer(s) add a melody entirely different in metre and harmony, which must match the harp. The words may range from known Welsh lyrics to a quite beautiful poem, or (harking back to minstrelsy) in the nature of topical comment. The rhythm may be simple, but may be complex, involving, for instance, triple against duple time: and the harpist may suddenly change his time, but retaining the same basic *pulse*.

The scientific fact behind all this, which renders it at once such a sophisticated form, is that the vocal improvisation not only must fit the harp stanzas, lines, and basic rhythms, adapting itself immediately if the harpist's changes; but the voice must join in three or four bars *after the harp has commenced*, so that the singer must divine very quickly the player's intention. The melody must agree with the harp's harmony even during embellishment. To make it even harder, the singer must finish *exactly as the harpist ends*, not before nor later. It is not to be wondered at that nowadays, for a competition, the song is usually selected beforehand! The original idea, however, of an entirely impromtu vocal performance is still carried out and is in the nature of musical virtuosity.[3]

The Industrial Revolution took industry into Wales on a large scale, though in comparatively small areas – in the coal fields, which lie mainly up the valleys of South Wales, and around the new sea ports – which immediately became overcrowded. Life was hard and large families had to be reared on tiny incomes; accidents were not infrequent, and often there was sorrow, suffering, unemployment, exploitation. Then the comradeship among the miners of the ugly slate-roofed villages meant a great deal in human terms. So did the natural ability to group together and sing the national songs and hymns. Music was indeed a doubly welcome offset to the dreariness and pain of daily life. The chapels resounded with the thrill of fervid congregational singing, all the lustier for the ancient rebellious instincts behind it. Choral societies and glee clubs sprang up by the thousand; thus did the observation of Geraldus see justification after seven hundred years had passed.

Apart from the harp and the dying crwth, the tradition was mainly vocal. There was no National Orchestra until the BBC formed one in 1926. Its finance was provided partially from the Corporation but partly from Wales itself, these amounts respectively diminishing proportionately every year until the orchestra could be truly termed the Welsh National Orchestra. It was hoped that municipal, industrial and private subscriptions, helped by the BBC fees for outside broadcasts, might ensure its permanence. But the industrial and economic climate of those post-war years was unfavourable to the project, and in any case the public, even in the more cosmopolitan centres like Cardiff, was unaccustomed to an orchestral diet. Instrumental music, in its wider and generally understood sense, was strange in Wales; there were local brass bands, the universities were beginning to encourage chamber music, and orchestras from England paid very occasional visits, as to the annual National Eisteddfod. Most of the earliest activity was centred in the BBC's studios in Cardiff and, later, on a smaller scale, in Swansea and Bangor.

Since 1945, the picture has rapidly changed. The BBC has become increasingly active in providing concerts of orchestral and chamber music open to the public and the universities provide not only full courses for students but also increasing opportunities for them to play or conduct or at least hear their own creations: privileges rare in Wales before that time. Further assistance of inestimable value has come from the Welsh Committee of the Arts Council of Great Britain, founded in 1945 and long since worthy of its now more impressive title of the Welsh Arts Council, of which more below.

We have seen how the gift for singing together revived in chapels and the founding of choral societies and groups. Many of these emerged as fine choirs, encouraged by eisteddfod competition to varying but often high standards of technical and tonal excellence. Musically, and in matters of taste, they were naturally in the hands of their trainers, amateurs whose musical knowledge and instincts were often unworthy of the singers they otherwise taught so capably. Apart from a few oratorios, the most popular of which was Handel's *Messiah*, they sang the usual 'Victoriana' of the period, cantatas, part-songs, glees and sentimental or rather crude arrangements of their own folk music, much of which has remained in repertoires for the first half of the present century. We need not be too critical or superior over this, with our vastly greater facilities for hearing better music, great performances under master conductors and the beauties possible in the singing of smaller groups by first class musicians of such a wide range of superb music.

A factor more far-reaching in its musical effects, not only in Wales, but especially so in the Principality, was the spread of the Women's Institute Movement after it took root in Anglesey in 1915, and then moved in popularity throughout these islands. It entertained and enlightened the ladies, and incidentally has produced many very good ladies' choirs, but it left their menfolk a greater deal on their own: which strengthened the male voice choirs, many of which augment in thrilling degree the moving qualities already noted in the best Welsh solo voices.

It is unfortunate that the great steel works, modernised collieries and other industrial plants that have brought much material prosperity to Wales have had a negative influence on choral activities, for their tendency towards shift-working has often ruined regular attendance at choir rehearsals and has even, in some places, killed a local musical eisteddfod. The same trouble may have affected works bands too.

On the other hand, orchestral music is much more frequent now, especially since the creation in the National Youth Orchestra of Wales in 1946, an excellent body of young players (aged 13 to 20) towards membership of which any zealous boy or girl of musical quality may aspire; and there is now a National Youth Brass Band too.

The Welsh love of singing both solo and in groups, has made them take naturally to opera, and in their own National Opera Company, founded after the last War and still gaining in strength and high esteem, both performers and audiences find a healthy vent for their enthusiasms. Of all worthwhile music-making in Wales, amateur and professional, and in circumstances like those of the Opera Company, where both are inevitably mixed, the BBC and the Welsh Arts Council have proved themselves generous patrons. Quite recently, the Council established a Welsh Amateur Music Federation with an annual subsidy of £15,000, and invited

the busy but highly qualified Mr W. S. Gwynn Williams, who is the
subject of chapter 5, to be its Chairman. As he was a co-founder of the
Llangollen Music Eisteddfod and has been so deeply involved in its music –
as with that ancient institution, the Welsh National Eisteddfod ever since
he was a young man – it is appropriate to mention here the important part
played in musical advancement by the festival movement.

The three most important festivals in this respect are those of Swansea
and Llandaff, both professional, and Llangollen, which provided the ori-
ginal reason for including this present chapter on Wales and its music. For
against a long and fascinating background, Llangollen is exercising a
notable influence in musical thought, by presenting some of the most
highly skilled singing and dancing by the best groups from many countries,
adjudicated by an international panel of experienced professional judges.
Moreover, the test pieces selected for the choirs by the Honorary Musical
Director (Mr W. S. Gwynn Williams) are chosen in such a way that over
any five-year cycle, masterpieces of the great choral 'schools' or traditions
are represented – England, the Netherlands, Germany, Italy, Spain (see
chapter 2). In addition there are important works from the classical,
romantic and modern schools. Thus the acquaintance of many choirs, and
audiences, has been extended to music they have never previously sung or
heard, to new styles, to progressive harmonies a long way from the
Victorian oratorios and ballads on which so many of the older choral
societies of these islands were brought up. The taste and interest shown in
the 'Own Choice' too, are reflecting the wider experience of other music.
The contemporary arrangements (or, more accurately, settings) of their
folk songs brought over by choirs from, for example, the USA, Germany,
France, Spain and the Balkan countries are frequently such as make music
by Holst, Howells, and Vaughan Williams, and Walton and Britten, seem
almost old fashioned!

Writing in the *Liverpool Daily Post* in 1971, Roy Bohana, Music Direc-
tor of the Welsh Arts Council, expressed the views of many perceptive
musicians: 'In terms of the widening of their musical horizons, Welshmen
may not yet have realised how influential Gwynn Williams has been.
Progress cannot be achieved overnight, but in less than a quarter of a
century he has played an important role in the development of music-
making in Wales. Firm and high standards of musical performances have
been set for our choirs to aim for, and the doors are at least ajar to the
richness of the choral repertoire.'

We have thought of Wales mainly for its natural choral singing, and as a country producing mellifluous voices, especially tenors, just as the Slavs seem to produce really *high* tenors and true, deep dark bass voices and similarly the Jews possibly because of the antiquity of their liturgy. But no race can claim exclusivity in the matter, especially after centuries of sporadic and mass migrations. Wales has sent into the world plenty of singers of all types and ranges, from lyrical and coloratura to dramatic. It would obviously be invidious to attempt to mention individual names but none shines more brightly from the Victorian and Edwardian past than that of the great tenor Ben Davies. Of living Welsh vocalists at least four have been warmly acclaimed internationally: Sir Geraint Evans, Stuart Burrows, Gwyneth Jones and Margaret Price.

A few composers who contributed to the musical output of Tudor times have been mentioned. There were also some gifted minstrels, and improvisation, however much served by tradition and memory, involved creation. One such minstrel was Thomas Richards, quoted by Daniel Jones as having been specially asked for to perform before the discerning Sir Philip Sidney at Salisbury. At the time, Richards was in the service of Sir Edward Stradling of St Donats and it is interesting that the request specifically asks that he should bring with him his two instruments, the harp and his *wire-strung* crwth.

Wales is immensely proud of Sir Walford Davies, and grateful to him, for although he was born outside Wales his parents were Welsh and in the ten years he held the music professorship at Aberystwyth, he helped music in the Principality greatly. He was a composer of distinction, a great educationalist (and the first and greatest broadcaster in that field) and a remarkable scholar. But Wales has never produced the equivalent of a Purcell or an Elgar, for reasons not difficult to deduce from the above précis of its stormy and chequered history.

Since the First World War, however, encouraged by the BBC and afterwards by invitations and commissions from the Welsh Music Council, the Welsh Arts Council, certain eisteddfodau, and the Guild for the Promotion of Welsh Music, a nucleus of creative talent has developed. It has grown, largely in direct proportion to the increased opportunities of performance from orchestras, Welsh, English and even further afield, instrumental ensembles, better and smaller groups of choral kinds, and young soloists. The Principality is now producing some fine music of its own, and internationally known composers, Alun Hoddinot, Daniel Jones, William Mathias and Grace Williams immediately come to mind. As with their contemporaries elsewhere, their work is individualistic rather than overtly nationalistic. This is true in other arts too, the result of world intercommunication and the tendency of teachers with strong personalities and views to form 'schools'. Of the many gifted young composers who flock to such classes only those who themselves have strong character and something to say, survive. All the more credit is due, therefore, to those Welsh composers named above, each of whose music is stamped with the character of its creator. It is individual. In addition, and importantly, their music also reflects characteristics of their native Wales for those listeners sufficiently knowledgeable and sensitive to perceive them.

Works by these composers appear more frequently now at competitive festivals (eisteddfodau) either as test pieces or as 'own choice' items, especially at Llangollen, where they themselves, or distinguished fellow composers of Wales, act as adjudicators from time to time. They are all busy people in the educational world too, helping music all they can as professors, teachers, administrators, advisors, executants. Thus Llangollen is playing an important part in stimulating the onward march of music in Wales. It may legitimately suggest, too, the additional influence of its well-attended final Sunday night concert of every festival (chapter 8) which has included Handel's *Messiah*, Beethoven's *IXth Symphony*, the Verdi and Berlioz *Requiems*, Elgar's *Dream of Gerontius*, and many symphonic works.[4]

# CHAPTER FOUR

# Singing together: this choral business

Including a brief survey of visiting countries and the character
and achievement of their groups.

M USIC IS A WORD which, like 'air' or 'life', is so familiar to us
that we take its meaning for granted. Most text books and
musical articles avoid any attempt at definition. Sir Donald
Francis Tovey reminds us that the origin of the word was a Greek term
'used comprehensively for all the arts of the Nine Muses, and included the
culture of the mind as distinguished from that of the body (gymnastics)'.[5]
One dictionary defines music as 'sound of definite pitch, not mere noise'.[6]
In other words, a note or tone, and Donald Ferguson has described music
as 'a mode of thought – a way of thinking in tones'.[7] And it is not in a
single tone, but in a combination of tones, whether as melody, or har-
mony, or both together, that what we know as *music* becomes expressive
of meaning.

When however, did *sound* become *music*, or the human voice utter not
merely cries, but 'notes'? Sir James Jeans explains that for ages the human
ear had associated the sound of the voice with pain, alarm, perhaps pleasure
too. But there came a moment when his brain, interpreting those sounds
received by the ear, became aware of the difference between an unpleasant
noise and a pleasant one. He writes: 'We can imagine him discovering (in
his ears) an interest and a value of another kind . . . that the hearing of
some simple sound, perhaps the twang of his bow-string or the blowing
of the wind over a broken reed, was a pleasure in itself. On that day music
was born.'[8]

From that point it may not have taken long, within a given race or
tribe, for a human to recognise certain vocal noises as 'musical'; the call of
one person hailing another across the lake or glen for instance, because it
had a certain pitch, as well as a ringing resonance to make it carry. The
voice varied, probably, in tones like those of a cuckoo. In fact man began
to communicate in successions of sounds of changing pitch and intensity,
which developed ultimately into speech. This put the final distinction

between him and the grunting, squealing animals – or the birds who had probably been singing untold thousands of years before that.

The human cry or call, to be effective, was made at the pitch most convenient for the caller – basically, a matter of high voice or low voice in either sex. It varied in pitch also according to the portent of the message. Thus, it could evolve into a sort of musical phrase. Then, if a companion joined in halloo-ing at a different pitch, something still nearer to 'music' could happen. We can observe this in primitive races today and of course very young children who know nothing of singing as such do it too, although they soon learn singing from their playmates, especially in conjunction with dancing and games, just like primitive man.

For untold centuries before recorded civilisation, clans or tribes of people joined in lamentation, jubilation, or participated in religious rites like prayer for rain, fertility, immunity from some threatening plague, or for victory over their enemies. It was usually accompanied by some sorts of percussion instruments, and maybe wind too, and also by dancing. Sometimes the tribesmen responded phrase by phrase to a leader, echoed today in the antiphonal music of liturgy. The whole was a manifestation of what in this century we call 'singing together', which covers an enormous musical field. It embraces the marching songs of soldiers, the popular ditties sung in pubs, hymns and psalms of church and chapel, the glorious motets of our cathedrals; the choral contributions in opera, oratorio, and the musical comedies that have given way now to American 'musicals' demanding chorus work of very high skill; christmas carols, football matches, and that thrilling last night of every Royal Albert Hall Promenade Concert season.

The earliest records of singing together seem to be those found in the Old Testament history of the Hebrews. It is an indispensible facet of Jewish liturgy from around 4,000 years ago. 'At every stage in that history' wrote Dr Percy Scholes 'we come across references to musical activities. . . . The Hebrews' escape from the Egyptians is celebrated by the vividly descriptive Song of Moses, sung by the Children of Israel to the accompaniment of Miriam's dancing upon the shore of the Red Sea.' During their sorrowful exile to Babylon they hung up their harps in the 'strange land' and could not sing but on their return to Jerusalem, at the laying of the foundation for the rebuilding of the Temple, 'priests, Levites, sons of Asaph . . . sang together by course in praising and giving thanks unto the Lord'. It is doubtful whether there was disciplined, still less written, choral music earlier than the Jewish, unless perhaps soldiers of still earlier eras had their own forms of marching tunes or even songs. Perhaps some wretched captives in the galleys in their misery moaned or chanted rhythmic songs to ease the co-ordination of their toil. If so, these were the forerunners of the negro slave songs and spirituals and also the sea shanties of the last three centuries.

We have no evidence to suggest that any of the chanting or singing so far mentioned was 'in parts', that is, in harmony. It was *unison*, which means that everyone joining in sang the same notes either at the pitch begun by the originating singer or an octave above or below it. At least, so it was intended, but we all know the groaners and those enthusiasts without a sense of pitch who think they are singing in tune but are not. It was not until about 1,000 years ago that in monasteries and churches any attempt was made to sing in parts, and then but crudely: either in parallel at a distance of a fourth or fifth from the main melody, or just on one single note with the melody running like a descant in our hymn tunes today. This was called *organum*.

It explains the enthusiasm of Geraldus the historian when in the twelfth century he discovered in the Welsh a natural gift for harmonising the songs they sang (page 19).[9] He found a similar gift in the north of Britain but it only extended to two parts, probably the tune accompanied by a rough and ready bass line, with no intermediate parts such as the people of *Cymru*, as Wales was called (and is still so named in the Welsh language), could apparently improvise. When and how gatherings of people in other lands discovered the joys of part singing it is hard to discover. In any case this book concerns Llangollen and thus the whole phenomenon of Welsh choral singing. We have seen that the tradition of the eisteddfod has gradually moved forward from encouragement of minstrelsy to solo singing and, following on the growing choral movement in chapels and churches, to encourage not only audience participation in full-throated singing, but also smaller groups or choirs competing, whether in local or in open contest. In the last century hundreds of independent choirs, glee parties and choral societies came into being and flourished.

Some of these were, and still are, too large in size to be accommodated on the Llangollen Eisteddfod stage and arbitrary limits have had to be laid down by the Eisteddfod management. Obviously, too, this is more equitable in contest, especially since some countries simply cannot afford to send over choirs even as large as the permitted size. Some of the largest choirs (or choral unions, as they became known in England and Scotland) perform regularly in large halls and local festivals, and they find it impossible to send a selected smaller number of singers to Llangollen. Others manage to send groups of the stipulated size, say for the Mixed Class (maximum 80) or the Male or Female Voice (maximum 60), which probably involves the disappointment of a large number of their members who

must perforce stay behind unless, like football fans, they accompany their
choir to give moral support. Such is the enthusiasm within the choral
world, that this happens very often and their presence adds to the tense
excitement of the occasion, especially when it comes to the reading of the
marks at the end of the contest and the declaration of the winners.

The concerts on Sunday evenings (chapter 8) often include choral works,
in which case up to 200 choristers can be accomodated on rostra at the back
of the stage, leaving space for the soloists and the symphony orchestra.
Even so, a society like the Royal Liverpool Philharmonic, performing a
work like *The Dream of Gerontius*, has to leave many of its singers at home.

Looking back over the quarter-century of Llangollen's progress, it is
interesting to remember how some choirs, not necessarily in the top flight
in actual marks, have become regular 'old faithfuls', and they enter the
contests knowing full well they have no chance of even a place, whether
because of decline in their numbers, or advancing age without the influx of
any fresh young voices, or whatever. There are others who suddenly
appear and sweep the board like a meteor, holding premier places for two,
three or perhaps more years, then fading – perhaps completely and then as
suddenly making a dramatic come-back. The reasons in such a case may
be obvious, like the disappearance of their splendid trainer, replaced maybe
by a less experienced younger conductor; or they may be complex, not
understood even within the choir itself, as when it may be more suited to
certain test pieces than to others because of its particular tone or characteris-
tics. Temporary absence may be from other causes, such as an influenza
epidemic. A choir may find itself in trouble because half its meagre ration
of tenors, a precious commodity in any case, have left with a firm moving
its headquarters to another district. Choirs coming from abroad face all
kinds of hazards: hold-ups at frontiers, delayed trains, strikes, an accident
en route, lost hampers containing precious national costumes. One meets
these problems in most festivals, but nowhere more than in Llangollen.
Groups have been delayed by two days of storms at sea and then arrived
at midnight at the wrong port.

The Uganda Group in 1967 were at the last moment thwarted by the
cancellation of their flight from Nairobi but, not to be outdone, as many
of their dancers as possible joined a later flight and although they missed
the contests, they managed to give a grand show in the Saturday concert.
In 1972 the YTG Turk Folklor Dernege travelling overland from Istanbul,
met with a road accident in Yugoslavia which seriously injured half their

party. Leaving them in hospital the rest struggled on to Llangollen and provided a most stirring finale to the Saturday evening concert.

The French language is full of nasal resonances not emphasised in other European countries, easily detected in the singing of its best soloists and its choirs. Germany and Austria present a problem for they cannot be lightly classified under the simple heading, 'Teutonic'. Germany herself is a conglomeration of many states, large and small, and the hard tones of the Prussian High German can easily be distinguished from the broad, soft sound of the Bavarian speech which overflows into Austria. Vienna, capital city of the great Austro–Hungarian Empire and for many years the musical Mecca of Europe, is itself probably the most cosmopolitan city of the continent, at least in a musical sense. Many connoisseurs would dispute this and award pride of place to Paris; others prefer London. But in Vienna there congregated large numbers of Slavs from what are now Yugoslavia and Czechoslovakia, Hungarians, Italians with their singers and singing teachers, French, Russians, these last representing many Slavonic strains from the Baltic down to the Caucasus.

The teutonic firmness, almost a steeliness sometimes lacking in warmth, of some German choirs is notable apart from their neat and often solemn discipline. Further south the tone becomes warmer, partly perhaps from the vowel pronunciation, partly from changed temperament, partly perhaps from the climate. To the Viennese mixture suggested above was added the warmth of Jewish temperament and from it all came that wit and lightness of touch reflected in Haydn's music and that of Mozart. It reached its peak of light-heartedness in the rhythmic melodies of the Strauss waltz family and the rippling operettas that flowed ceaselessly for over one and a half centuries.

The Jewish Cantor has played an important role in the age-old Hebraic liturgy and many Cantors have been very fine singers. There are still, in many countries besides Israel, millions of pure-blooded Jews whose voices are characteristic of their race and some of these qualities are transmitted to their descendents even after mixed marriages, especially with Slavs. The voices are smooth and softly rich in colour. One is tempted to say they are oleaginous. Not only do their own choirs display this but the addition of Jewish singers to a non-Jewish choir undoubtedly adds warmth to the tone. It seems to be a quality inherent in the personality of so many Jews and it shows in their speech and in the quality of tone of many of their string players – Joachim, Kreisler, Menuhin, Elman and Isaac Stern, to name but a few of the greatest.

In a very wide generalisation, all the Mediterranean countries in which the Roman Church has been dominant religious influence for a long time, their serious choirs have common characteristics which are not wholly arising from similarities of style. There is a bright 'white' quality in the tone which one associates with the church, intensified by at least two further factors. One is the greater nasality of Mediterranean tongues originating from the east and noticeable in the singing of their folksongs by those peoples. One should remember too that some parts of Spain were dominated for a long time by the Moors, who left an indelible imprint on culture – architecture, the arts including music, folk song and dance. *Flamenco* is not the only form in which very 'forward' production is probably a Moorish trace. A second factor is the climate. I feel sure the sunshine has a great influence in the matter of added warmth, not to the singing in the cathedral but to the secular music; to the throbbing passion of a Caruso and romantic opera, the fervent rendering of those Victorian ballads and Neapolitan love songs.[10]

Finally, before we pay tribute to the various countries and their achievements in the Eisteddfod, remember the full, warm, open-throated sound of the negro voices, not as we so often hear it bawled and distorted from jazz bands and pop groups, but as we have heard it from many fine coloured singers. It is not confined to any particular shade of black or brown and as with the Jews, cross-marriages seem to carry forward some of the vocal qualities to the succeeding generations. We remember at once such names as Roland Hayes, Marian Anderson, Grace Bumbry. A group of coloured folk singing a good arrangement of a Negro Spiritual leaves a memory to be cherished, as did Paul Robeson's moving performance of *Ol' Man River* in the original production of *Showboat*.

### The Mainland of Europe

Let us begin at the top of the map, with Scandinavian and other northern countries within that geographical region. Throughout its long cold winter, its lowland trees and gardens may sleep longer than even a Snowdonian winter, severe and stormy though that can be. Gloriously prolonged summer days help to atone, even in Stockholm, which is about the same latitude as the Shetlands; but musical activities up there evidently stay awake all the year round.

SWEDEN has been a staunch supporter of the Llangollen Eisteddfod from its outset, sending many choral and dance groups to the competitions. In our very first meeting in 1947 in the Mixed Choral Class her Madrigal Choir from Kalmar came second. Since then Sweden has scored two more

Firsts (i.e. won Trophies) and twelve near misses, and of the fourteen groups appearing in the Winners' Lists five have come from Stockholm and the rest from other centres including the ancient university city of Uppsala. The Swedish choral tone is smooth, and some judges are inclined to find it 'white' rather than passionate; but there are many signs of careful choral training and musical thinking. Although Sweden is not considered to be in the forefront of creative music making in the ultra-modern sense, its liberal educational system is reflected in the sort of interesting dance-mime demonstrated by the Treklangen[11] Group in a concert described on page 90. Incidentally, the coolness or cold of climate is no guide whatever to the occurrence among its nationals of outstanding solo singers, like the golden-voiced Christine Nielson and Jenny Lind from Sweden, Kirsten Flagstad from Norway and Aulikki Rautawarra from Finland.

NORWAY's successes have been mainly in the field of Folk Dance and Folk Music, including a Trophy in 1970, but her entries are modest. We have heard and seen quite tiny groups of sweet voiced Norwegians presenting folk song arrangements by Grieg, Kjerulf and other compatriots, usually in national costume as in 1951 were the Ladies' Choir of Tromsø, a seaport in the far north, which endured and resisted Nazi occupation during the last War. In 1951 too, Norway sent in their heavy artillery and won the Male Voice trophy with the Brage Choir from Grieg's own city of Bergen; in 1972 the same city sent two choirs to the same class, indicating a continuance of interest in this medium, which inspired Grieg's Albumn of a dozen partsongs for male voices, Opus 30.

FINLAND in that same Festival of Britain Year, cocked a snook at many southern choirs by winning Third Place in the Mixed Choir Class, and almost gave the adjudicator lock-jaw when he struggled to pronounce its name – Eteläsuomalaisen Osakunnan Laulajat under its conductor L. Arvi P. Poijärvi. Sections of this choir having competed earlier in the week in the Folk and Youth classes the Stage Announcer had already had opportunity to practise it. The incident illustrates one of Llangollen's greatest charms, the unexpected turns up and we all enjoy it and learn from it. Not that we need have been surprised, remembering Finland's composers like Palmgren, Järnefelt and Kilpinen, headed by the great Sibelius.

LITHUANIA made its first appearance in the contests in 1971, when its male voice choir Varpas won praise from the judges, and one hopes to hear them again before long. They justified their name, which means 'The Bells', for their sound seemed to merge the cool resonance of the North with the virility of the Slavs. During its vexed history the Letts (closely related to the Letts of Latvia, yet independent of them) have been subject to the influences of Poland, Germany, Tsarist Russia and the USSR. It was

a courageous journey the choir had to undertake, and they were under-
standably nervous in their first attempt.

ICELAND, whose musical life was so wrongly described by Dr Burney,
was twice represented earlier at Llangollen by the same choir. On the
second occasion, after a lapse of ten years, it was proudly conducted by
Thorgerdur Ingolfsdottir, who had sung with it as a child under her
father. The island was first settled in in the seventh century by a group of
cell-abiding Irish Culdees, but was discovered a hundred years later by
Norwegians who in turn passed it over to Denmark at the time when the
Flowering of polyphonic music was happening on the European continent.
Its language nevertheless is still more akin to Norwegian than to Danish.
In 1944 it became an independent republic, as her recent discussions with
other nations regarding Fishing Limits have demonstrated. Music however
is very much alive in that land of fire and ice, and not long ago an im-
portant professional International Music Festival was held in the capital
city, Reykjavik. In 1972 a further magnificent Choir, Fóstbraedur, from
this city, gained second place in the Male Voice Class at Llangollen.

DENMARK, who once owned Iceland, is our last call before leaving
Scandinavia. She sends groups to Llangollen approximately every other
year, so that many Danish ensembles can be spotted in past programmes.
Those from Aars, Aalborg, Frederiksborg and Hilleröd have supplemented
the choirs and groups from Copenhagen. Between them they have won
two Trophies (Youth Choirs and Folk Dancing) and attained Third Place
in the first ever Male Voice Class in 1947; so that, including the Children's
Choirs they have offered a goodly range of styles in no less than five classes
as recently as 1972.

GERMANY comes next in our move into the mainland of Europe. From
Germany every year we welcome a stream of entries. In general, their
highest marks are scored in the more serious or senior classes, the Mixed,
Female and Male Choirs, many of which are the nucleus, or a large part,
of a choral society or club. Most of them are well grounded in the solid
classics from Bach (or even pre-Bach) through the nineteenth-century
Romantics and important religious masterpieces into the present time,
although it is true that Bach was sadly neglected after his death until
Mendelssohn had the perspicacity, and went to a great deal of trouble, to
revive him. It is not unusual to find three, or even four, German choirs,
coming from quite different parts of the country and speaking noticeably
different dialects, in the same contest at Llangollen. Some show a very high
ability indeed, and from the early 1950s you will find the names occurring
frequently in the Winners' Lists, quoting German titles and German places
of origin as distinct from Austrian or Swiss-German choirs. An unusual

entry in 1972 was the Sorbischer Volkschor Budyšin from Bautzen, near Dresden. In a memorable performance they came only one point behind third place in the Ladies' Choirs. Sorbish (or Wendish) is a language still spoken by 100,000 people in the south-east corner of Germany, and it is officially taught in Leipzig University. It has characteristics of near neighbours – Poles and Czechs – and it might be remembered that *Sorb* is an early form of Serb. For many, the most exciting German moment at Llangollen was the brilliant winning in 1953 of the Children's Trophy by the Obernkirchen Girls and Boys. This choir, described by Dylan Thomas in his famous broadcast as 'angels in pigtails', had an unusual story. In its war-torn locality two social workers, Edith Möller and Erna Pielsticker, were doing their best to find the many homeless and orphaned children some happier occupations to take their minds off the desolation and family tragedies. They formed this choir as part of a fund raising campaign to buy themselves a new home – their makeshift headquarters had been requisitioned. Musically, their achievements were unusually good, and when they were by chance heard by a British Welfare Officer he recommended them to friends in England. Hence the Choir's visit to Llangollen where it won a resounding victory. As its 'own choice' item, always included in the BBC broadcast inevitable for any winning team, they sang a then unknown German folksong. An English publisher who heard it immediately took it over and it soon became known and popular the world over as 'The Happy Wanderer'. Meanwhile, the Obernkirchen Children's Choir became a hit on their own and actually returned to Llangollen in 1957 as the principal attraction of the Sunday Night Concert in the Big Tent. The Rosny Choir from Tasmania, in 1971, reaffirmed the popularity of 'The Happy Wanderer' at Llangollen as told in chapter 8. The excellent Choir from Minden were placed third from among the entry of forty-five children's choirs in 1972.

Occasionally, a choir is so anxious to display a certain excellence it has attained in a rather unusual style, it forgets that its 'own choice' in a contest should preferably show a more general ability, implying a wider versatility. A highly specialised movement from, say, a modern work like Orff's 'Carmina Burana' – the one I have in mind embodies also a difficult tenor solo – may well be unsuitable however superb its performance. The number of German 'successes' (five Trophies and nine Places) may in a sense seem disproportionate to the number of entries, but it is also a tribute to the general high standard of singing both of the German choirs and of their near competitors. After all, the prime motive of Llangollen, as of every worthwhile competitive festival, is not pot-hunting nor prize winning, for indeed the cash prizes are small compared with the expenses to which most groups are put in order to get time off work and to undertake the journey. The basic value lies in the musical and social benefits, the mixing of nationals with nationals on a footing free of politics or inhibitions of any kind; of people with their neighbours from other countries, far and near, friends among themselves with similar hobbies and affection for music on equal and informal status.

AUSTRIA as a German-speaking country logically follows here. Although her entries in Folk Singing and Dancing Classes considerably exceed those in the more serious classes, she has certainly made some very good attempts in the latter. Her best years were 1963 when the Society of the Friends of Music from Wörgl in the Tyrol won the Mixed Choir Trophy, and the very first Eisteddfod year, 1947, the Vienna Academy was placed third in that same Class, and also in the Male Voice and Folk Song Group Classes. The Choral quality displayed by the Austrians throughout that Eisteddfod, in the concert too, was admirable, worthy of the great Austrian tradition of Haydn, Beethoven, Mozart, Bruckner, and Mahler. Her folk traditions have been displayed many times in the dance class, including Schuhplattler Dancing, the Hackbrett (or 'Chopping Board' dulcimer) and zither music, Geigenmusik or mellifluous arrangements of national melodies for violins, divided singly or into groups as later amplified in the Viennese Operetta, and Strauss Waltzes, and part singing and yodelling from the mountains. The opening concert in 1972 consisted entirely of an enjoyable display of all these Austrian traditional survivals, and very popular it proved to be.

Just as the Obernkirchen Choir of Germany returned in 1957 to give the Sunday evening Concert, so the world-famous Wiener Sängerknaben (Vienna Boys' Choir) provided the Sunday concert attraction in the Big Tent in 1962.

## The Western Seaboard

This leads us over to the North Sea. 'The Channel', and Atlantic Countries. France, Belgium and Holland are our nearest neighbours – we will think of our 'home countries' later – and they have all been warm supporters of the Eisteddfod since the early days. A bi-lingual nation, the Belgians group themselves as Flemish-speaking or French-speaking. The country is content to be accepted and listed as one in the Eisteddfod programme. Historically, it was the final compromise reached after centuries of long and bitter fighting which has included The Netherlands too. Poor Belgium has had reason in plenty to be called 'the cockpit of Europe'. Musically speaking, The Netherlands (or, literally, Low Countries) includes Belgium, Flanders, Brabant and a small part of Northern France;

5    *Top*: W. S. Gwynn Williams, OBE, MA, Hon. RAM, Hon. RCM, Honorary Music Director of the Llangollen International Musical Eisteddfod from its inception in 1947.

6    *Bottom:* The Author.

7   Rosny Children's Choir from Hobart, Tasmania, with their conductor, Miss Jennifer Filby, by the canal at Llangollen.

that is the general area associated with that great period of polyphonic music of such imperishable names as Ockeghem, Josquin des Près, and Orlande de Lassus. Nowadays, however, thanks to the complication of political frontiers, by The Netherlands we mean Holland, and as such it stands nationally in the syllabus.

In Llangollen classes FRANCE seldom fails to be represented, and although she has appeared only a few times in the Trophy or Prizes lists, has given innumerable performances, choral and terpsichorean, of great taste and charm – and, folklore-wise, of authority. The many groups from her provinces competing in the Folk Dancing (also Folk Instrumental) Classes have become familiar to our audiences, especially the Normans, their men wearing silk trimmed waistcoats and banded top hats, the women in silk trimmed woollen skirts and sleeves. The lovely lace that adorns those tall, mediaeval headdresses is needle-made. Note the different lace won by the groups from Provence, which is cushion-made, and very fine in texture. Their dances have been transmitted down from generation to generation in unbroken tradition; whereas the Normans have had to study and revive theirs – with great integrity and skill. Watch out for the occasional visit of French Basques from the Northern slopes of the Pyrenees. Their traditional dances and rhythms are as unique as those discovered in Hungary by Bartók; and their language is all their own. I believe one of their words is in the current vernacular of the Caucasus!

BRITTANY is listed by the Llangollen assessors as a separate 'Nation' for its basic language is, like the Welsh and ancient Cornwall, Celtic. As the Romans conquered Gaul more and more Celts were crowded into the area we know as Brittany; many managed to escape as refugees to Cornwall, where in due course other Celts arrived, chased from Britain by the Romans and later by the Saxons. Possibly some of them made their way to Cymru, as the Celts in the west had long since named their mountainous country. But by the fifth and sixth centuries the Romans were withdrawing from Gaul, and many Celts returned to Brittany, and in a sense re-populated it. That is why Cornish names today derive from the same source as Breton and Welsh. That is why the smiling Frenchman from a village near St Brieuc, who arrives at our door four or five times a year on a bicycle festooned with onions, knows lots of Welsh words and phrases. That too is why a Breton group, on one of its all too rare visits to the Eisteddfod, receives a special welcome from the Welsh: on the Field they soon mix together, understanding each other's chatter like the Scandinavians among themselves, getting along 'like a house a-fire'. Brittany won second prize as recently as 1971. St Brieuc, on the boundary, sometimes sends in groups under 'France' and 'Brittany' simultaneously.

BELGIUM has made more than a score of appearances in our classes in the past ten years, and more before that, covering the whole range of choirs and groups, half of them however in traditional dancing. Her Folk Group, *Lange Wapper* from Antwerp was third in the Dance Class in 1972. HOLLAND – The Netherlands in your programmes – has similarly patronised all classes, several times scoring 'near misses' in the mixed and especially in the Female Choir Contests. Like Belgium, she too, has entered Children's Choirs. Her rather solemn dancing provoked an appreciative smile from Dylan Thomas (chapter 11), and her association with the Far East has given us the exotic experience of seeing Indonesian and Javanese dancing and hearing a typical (and to our ears very musical) Gamelan Orchestra. A Javanese Group with Barbar Kayar won third place in the Dance Class in 1952.

We have quoted Italy and the Iberian Penisular together earlier for they have certain aspects in common in their singing. One comes from centuries of tradition both ecclesiastical and musical. It embodies moreover a strange sense of mystical exhaltation, which in their secular music suddenly blooms into warmth. Thinking musically, Italy gave the world Giovanni Pieriuighi da Palestrina; Spain gave us Tomas Luis de Victoria. Both created in their respective countries cradles of polyphonic music. This was in the six-teenth century, the Spaniard being about twenty years younger than his distant contemporary genius. Their music comes round regularly in the Llangollen schedules. But apart from this, I am sure that the sunshine has something to do with the vocal quality, physically and psychologically too.

ITALY has entered the Mixed Class at least ten times, being placed second in 1949 (*Il Cantori Veronesi*) and third in 1950 (*Filharmonica, Rome*) and other choirs competing from Trieste, Pescara, Naples and Arezzo. The last honoured as the birthplace of the famous Guido, 'Father of Musical Notation', is a small Tuscan town high up in a valley of the Etruscan Appenines. It holds an International Festival each year, like a miniature Llangollen, to which it has paid the compliment of sending at least three choirs, and of inviting W. S. Gwynn Williams over each August to act as an adjudicator. Italy has also entered the Folk Song Group several times – in 1967 actually sending three independent choirs to it – and from time to time appearing in the Dance Competitions. Her finest moment was when the Choral Society of Pisa won the Mixed Trophy in 1964.

In this context one should recall SARDINIA, politically I alian, but its folk music and dancing show the influences of its Spanish occupation for most of three centuries of a long and stormy history, and also more than a trace of the Arabic influence one finds throughout the Mediterranean and in parts of Spain. In 1972 the Sardinian ladies wore beautiful Spanish costumes for some dances, but unmistakable Eastern dress for others – loose, baggy trousers and blouses against the hot sun, but leather boots against thorns and snakes. The traditional music of one long mixed dance was surely unique on the Llangollen stage. A high baritone sang or chanted an oriental-sounding melody, highly ornamented with true straight-from-the-diaphragm 'coloratura' similar to the Moorish trills and turns in Spanish Flamenco. The accompaniment consisted of three resonant men's voices singing a continuous major triad, so that the effect was richly organlike. From time to time soloist and accompaniment dropped an exact full tone for a section, then up again and perhaps again: but always the same harmony and always dead in tune and, to the ear, unbroken – a demonstration in voice support and breath control if ever there was one. Meantime, the dancers, standing close in line, swayed to the steady rhythm and on change of key the first three – man and two women – came forward and danced, moving slowly down to the far end of the line, while another trio came out. These dances rotated, but mostly *andante*, rather than *con brio*. This was obviously one of the oldest and most authentic folk dances ever brought to these islands, preserved pure for generations in the wilds of Sardinia, where (as in the Hebrides and parts of Iceland) their only accompaniment was this almost hypnotic mouth music. The dancers' village is about as high above the sea as Snowdon.

On the other hand Cagliari University Music Department sent a very good 'Western Style' choir, in grey and black concert dress, which gave a fine account of itself in the Mixed Choir Class.

SPAIN supports Llangollen strongly and has many successes to its credit. In the big Mixed Choir Class she has won the Trophy (*Agrupacion Coral Elizondo*) in 1951, came second three times (*Camara, Pamplona* 1948, *Elizondo* 1956, *Valencia University* 1960) and third once (*Pamplona* 1949) – but the standard continues to remain high among the nations; the *Ladies' Maitea* of San Sebastian won their Class in 1949, and the *Elizondo* in 1952 won the Folk Song Trophy. In 1949 *Core Easo* of San Sebastian won the Male Trophy and four years later *Bilbao* came second: that Northern strip of Spain on the corner of the Bay of Biscay breeds many good choirs. The winning of the Children's Trophy by the *Pequeños Cantores de Valencia* in 1970, was largely due to the choir's deft and accurate singing in Welsh, coached by R. Bryn Williams the Welsh-Spanish expert on the Patagonian Welsh Colony mentioned on page 47; it is interesting that in 1972 the same attractive and well-trained choir just failed to reach the first three when singing not in Spanish or Welsh, but English: but they won very high marks nevertheless. In the Dance Class Spain has gained three placings, and won the Trophy – with the *Andra Mari* Group from Galdacano – in 1968.

PORTUGAL has had her best successes with her various excellent Dance Groups including the Trophy two successive years (*Ributejo*, Santarem, 1963, and *Rancho Tipico Santa Maria Reguenga* – Santotirso 1964) and third place with Santarem in 1967. These Portuguese Groups are colourful and authentic and there is seldom a year without their welcome company at Llangollen. Large or specialised choirs are less in the country's line, but in Festival of Britain Year the *Conservatoire Chorus* of Porto was second only to the redoubtable winning Sale Choir. Their Male Choir of the famous *Seminary of Evora* sang well in 1962 but did not manage a top placing.

## The Balkans

YUGOSLAVIA has sent over many choirs and folk groups, scoring a goodly number of successes in various classes. Belgrade, Ljubljana, Skopje, Serajevo and Sabac have all contributed. They display in their singing some of the fire we see in their dancing; they are perhaps less at home in the pre-classical 'contrapuntal' schools but they make up for it in newer music, while the warmth of tone and throbbing rhythms of their own folk music are infectious. Although they have only twice won two of the Main Classes (i.e. Mixed and Male Voice) they have on four other occasions reached the first three, the last being in 1972 with the *Collegium Cantorum Singers* from Priština, South, near the Albanian border, and they have had seven outright wins in the Folk Song Party class and one 'near miss'. Their folk lore and instincts lie very close to their hearts. What makes their costumes, dances and songs even more interesting is the reflection that Yugoslavia covers, in effect, six countries which were once separate but which under the Empire became provinces: Slovenia, Croatia, Bosnia, Herzegovina, Serbia and Montenegro. Their people zealously preserve their cultures, costumes, songs and legends, and even their traditional instruments – which of course makes their performances very valuable for Llangollen, (chapter 6, 'What's in a Dance?').

Moving over to the east from the farthest side of Serbia we find ourselves in BULGARIA. Until 1966 Llangollen had not heard from that country, but that country had evidently heard of Llangollen, and had decided to come over – and conquer. Which, in a large measure, Bulgaria did. For the standard there of the best choirs is extremely high, as we discovered for ourselves that summer. As in other Soviet countries, Bulgaria has a House of Culture in most of its cities and towns. These 'Houses' are in a sense complex Clubs, catering for culture (education, the arts, sports, dances, etc.) and obviously one of the arts practised with great care is choral singing. Russe is a large town on the River Danube in the north of Bulgaria; the river is the natural division between this country and Rumania. It is the chief Danubian port of Bulgaria, and important; it has many factories and businesses of various kinds, and the House of Culture, which is known as *Zoria*, is a large one. In 1966 it sent a group large enough to include a Mixed choir, Male Voice choir, and Ladies' choir (also over sixty voices), and they took with them the Children's Choir of the Bulgarian National Broadcasting and TV Service from the Capital, Sofia. The three senior groups won their respective classes in magnificent style, singing well not only the set test pieces but with apparent ease most difficult Bulgarian works composed specially for them by their own composers. These pieces abound in strange and tricky rhythms and unfamiliar harmonies, and it is doubtful whether any Western choir without this musical basically in their blood could touch the Bulgarians in it. But to achieve these things the choirs have an unusually high standard of technique and intonation, and their warm, resonant yet steady tone is very flexible and well controlled. Unfortunately, the Children's Choir were beaten by one mark into third place – not because they were not the best choir in the class, for the adjudicators agreed that they probably were; but because the two test pieces were simple Elizabethan lyrics which offered unfamiliar ground to the choir. They just didn't know the style. That could have been avoided had someone in Sofia Radio thought to get a record of that sort of English music as a guide. It served as a useful reminder, however, that the adjudicators are there to judge the immediate performance as such, regardless of a choir's reputation, or its ability to sing other styles of music; nor are they to presume to judge the music itself, with the exception that if two choirs are on technical grounds equal in merit in an Own Choice piece, and one has chosen a work of greater musical merit than the other's choice, and one more effective in displaying the choir's talents, that choir gets preferment. That situation seldom happens in a first position of a serious contest, however.

The following year, 1967, the *George Dimitrov* Academy Choir from Sofia won the Mixed and Ladies' Classes with a very near miss in the Male Voice, confirming our impression of the high standard of Bulgarian choral work; and in 1970 the *Rodna Pessen* Choir from Bourgas gave us further proof by winning the Mixed, Ladies', and Male Voice Classes all outright.

Our most recent visitors from Bulgaria, in 1972, was the *Tzarevetz* Choir of the House of Culture named *Nadezhda*, from Veliko Tirnovo, a town in the far South of the country a few kilometres from the Turkish border and from the Black Sea. The ladies, in elegant classical court dresses enhanced by vertical stripes shimmering against a white background (as suggested by the name Tzarevetz or Tsarist period) won their class in fine style. The Mixed Class offered an even more striking example of the stylistic problems which were the downfall of the Sofia Children. The set pieces were Gibbons's madrigal *The Silver Swan* and *Behold the Lamb of God* from Handel's *Messiah*. The madrigal is soft and gentle, and needs a perfect balance of the five parts or voices, which were an unusual inspiration of the composer's, interweaving the two ladies' lines (soprano and alto) with three male lines – tenor, baritone and bass. It needs no violent contrasts in dynamics; it is as delicate in music as a masterpiece in watercolour. But our Bulgarian friends showed, unnecessarily, their superb tone control which varied from a whisper to a thunderous sound. The Handel is a highly devotional chorus, not dynamically spectacular like, for instance, the *Hallelujah!* Chorus, and requiring the normal range of a cathedral choir, nor eighty picked and superbly trained voices singing to their maximum volume, however well graded their dynamics. Their own Bulgarian piece was, as always, wonderfully sung. Even so, this choir had showed such admirable technical qualities it would have won in spite of the marks lost on stylistic points, but on one technical matter it dropped two marks. Perhaps from nerves, knowing how much the great audience was expecting from them, the choir pushed up its pitch in the madrigal and arrived half a tone sharper than it began. So it was, that they lost the first place by one mark to the very fine Reading *Phoenix* Choir mentioned on page 49.

Further south still into GREECE from where Llangollen has recently had one choir which was also an interesting folk song group. It arrived after a long journey from Larissa, on the line between Athens and Salonika. It seemed to confirm the above theory. The men's tone was certainly warm and passionate with notable attack and vitality, having almost the peculiar 'sting' of *ouzo* embodied in it. Their own music suggested the deep blue of the Mediterranean and the sparkle of the sun, and in the Folk Song Party Class they had already won second place, narrowly missing the Trophy. The choir didn't win, but it made an impression, and one wondered how much any of those smiling singers knew, or cared, about the long rôle their name-place has played in history and legend for well over 2,000 years? Remarking the small size of the choir – midgets cheerfully challenging the great Male Voice giants – one wondered, too, how many in that vast audience realise that the smallness of some of these courageous groups is due solely to economics. Even to travel rough costs quite a sum these days, and many competitors have no Government or other subsidy behind them.

POLAND should not be overlooked, bravely encouraging her own lore, arts, literature, and openly treasuring long traditions that have survived one territorial partition after another. She, too, in spite of many problems, has supported the Eisteddfod. Her liturgical singing, richly sonorous and moving as only an accustomed and dedicated cathedral choir can sing – this is seldom heard from elsewhere behind the 'Curtain'. Their folk songs mean much to the Poles, as the singing of the Folk Groups shows; and their dancers, displaying costumes of whatever their Province or Region, are a joy to see. And what a variety of costumes they have! When I was attending a Festival in Warsaw and Krakow only four months before the outbreak of World War 2, I was presented with a complete set of pictures of the official Regional Costumes of Poland – sixty-four in all, of each sex. Poland has sent a Boys' Choir from Warsaw, large Mixed Choirs from Posnan and Danzig, and Folk Groups from Krakow and other centres.

A small but fascinating country is SWITZERLAND, surrounded but by no means dominated by much larger countries whose three languages she shares in the neighbouring Cantons – French, German and Italian, with her own noticeable dialectic variations, particularly German; for the Swiss German has strayed at least as far as Dutch from the parental roots. Switzerland has a fourth official language too, called Romanche, derived from the Roman military occupation long ago of the valleys of the Upper Rhine, and its many torrential tributaries. This eastern corner of Switzerland is so hemmed in by great mountain ranges one can realise how for centuries it was largely sealed off from the outside world for half of every year. Now it is a paradise for mountaineers, skiers and tourists. The school children still speak Romanche at home and I have heard them singing delightful songs in that Latin-based tongue – melodies unique to the area, too. To date we have welcomed Swiss-German groups, Yodel Clubs and the like, and Swiss Romande choirs; but none as yet from the Ticino, that Southern part near to Italy, nor the Romanche villages or towns of the Grisons or Engadine, as that least accessible section of Switzerland is called. The *Echo Romande* Choir from Berne, representing French speaking Switzerland generally, sometimes includes Engadine folk songs in its programmes.

### Immigrants and Visitors

It should be remembered that when the Llangollen Musical Eisteddfod was created in 1947, although the War was over, there still resided in England and Wales – and Scotland – large communities of nationals who had fled with their 'exiled' governments at the onward sweep of the Nazi invasion. They included Free French, Poles, Czechs, Bretons, Belgians, Norwegians: some Latvians, Czechs, Germans, Austrians and Ukranians, for instance, were already here. Some had been with us for a very long time. They still maintained their ancient customs, culture, languages, traditions, music, dances; and a few of them organised choirs and dancers for their own and others' entertainments and in memory of happier days. They sent them along to compete in the Llangollen Eisteddfod, glad that such an opportunity – a truly international platform – was available.

They all helped to widen and emphasise the internationality of that Festival, and although later, some like the French, Germans, Dutch and Norwegians were able (and wished) to go back home, others remained with us and are welcomed in the Llangollen Eisteddfod today – notably the Ukranians, from both Manchester and London, Hungarians resident in the English Home Countries, centred in London, and the Indian Diwanas in Walsall and the Bhangra Group from London. Hungarian choirs came direct from Hungary until after 1955; in fact, the Male Class Trophy at the first Eisteddfod in 1947 was won by *The Hungarian Workers' Male Voice Choir* from Budapest. It may be remarked in passing, however, that the *Budapest Symphony Orchestra* under Gyorgy Lehel with the pianist Hornel Zempleny came to play for our Sunday night concert in 1968.

It may also be noted that in the following year one of our best Welsh choirs, which came Second in its class against strong opposition, was the *Gwalia Singers* – comprising sixty angel-throated Welshmen 'exiled' in London: and again in 1972 when the same choir achieved third place against formidable competitors!

CZECHOSLOVAKIA is a national name standing high in the records of Llangollen's International Eisteddfod. We have come to associate the name Bohemia with music, even in the simplest sense, from say, 'Good King Wenceslas' of the Christmas carol (St Vitus of Prague) to Smetana and Dvořák, and all those Bohemian Dances. Besides, wasn't the polka invented there in the early years of the nineteenth century? We are apt to forget that Czechoslovakia was created after the First World War, when the old Austro-Hungarian Empire was broken up. Three large provinces in the North were conveniently joined together – Bohemia to her neighbour Moravia, which in turn was united economically and politically with Slovakia and, as a far appendage, 'Carinthian' Moravia dominated geographically by the Carpathian mountain ranges, afforested slopes, fertile gorges, and those romantic haunted castles familiar from both history and fiction. The official language of the Republic, whose capital is Prague, is compounded from Slavic sources and called Czecho-Slovak; but within the erstwhile provinces many dialects are spoken, and many of their own customs, traditions, costumes, melodies and dances are zealously guarded. One becomes well aware of this when studying the fine operas of Leoš Janáček, whose home town was Brno, and much of whose music was dictated by the speech rhythms and inflexions of his Moravian dialect – so hard to translate into singable non-Slavonic languages.

We have digressed a little on this because the infinite variations to eye and ear are of particular appeal in Llangollen. Another interesting fact emerges too: in spite of Smetana, Dvořák, and the many other Bohemian composers, it has been the Moravians who have scored such a long succession of triumphs at the Eisteddfod. Prague and other centres have competed, and with some 'near misses' too, but on the whole it speaks highly of the educational standards in the Moravian cities of Bratislava and Brno, who between them carried away six International Trophies and won seven other 'places'.

### *From the New World*

The UNITED STATES OF AMERICA and CANADA are peopled by an amalgam of most of the nations of the earth. Their own 'Red' Indians, now largely confined in reservations, were in their multitude of tribes once very numerous. But then came Scandinavians who at first evidently did not stay long; Dutch, French, English, Spanish; and The Pilgrim Fathers began a long stream of immigrants which has had to be controlled, but has never ceased. The slaves brought over by inhuman traders ultimately gained their freedom, and in varying degrees of colour now number millions. Meanwhile the steady stream from Europe contained Jews escaping the periodic pogroms, Russians escaping from the 1919 Revolution; Central European Slavs, Italians, Greeks, Portuguese, Spaniards, Scandinavians all seeking that space and greater opportunity than they could find at home; anti-fascists fleeing Spain after the Civil War and then, by the thousand, escaping the grasp of Hitler and Mussolini; Hungarians after the abortive 1965 rising. To these is added a large number of Puerto Ricans, and a sprinkling of races from the Near and Far East in addition to more South Americans, Africans, and a large colony of Chinese and Japanese especially over on the West Coast.

It is necessary to remind ourselves of this situation in order to understand the curious uniformity one notices in many choirs from the other side of the Atlantic, as well as to appreciate how certain of the communities – such as of Gaelic Scots or Irish in Canada, the many Welsh Societies in the USA, and elsewhere, and other ethnic groups, try hard to maintain something of their own traditions especially in their languages, costumes and arts, in singing and dancing.

The younger generations have been, or are in process of being, assimilated by the great nation into which they have been born, and what one finds in their choirs is not the individual and characteristic tone one associates with some European countries, but rather special qualities of taste or style; and those come as a rule from their conductor or trainer. Nevertheless, in many of these American and Canadian choirs one finds a fascinating cross-mixture of tones we have come to recognise racially, if not nationally, in Europe. There is the unmistakable *timbre* of the Slavic voices, which we are apt to associate with baritones and basses like Chaliapin or Boris Christov; the rich, almost oleaginous flow of Jewish tone reminding one of a good cantor, or Tauber, Friedrich Schorr, Emmanuel List and the currently singing Otto Edelmann; the embracing warmth of the coloured man's singing, like Paul Robeson and Rowland Hayes; Grace Bumbry. All of this one seems to get in the best choirs from 'over there'; I do not think it is purely imagination on my part.

From a study of past programmes it is obvious that the news of the Eisteddfod spread and the entries from both USA and Canada have steadily increased, so that in 1970 no less than four groups arrived from Canada – from Leamington, Saskatchewan, Vancouver and Winnipeg; and the following year five choirs came from the United States – Johnson City, Delaware, Detroit, Seattle and Wyoming. In all, 'The States' has sent us well over fifty choirs and Canada more than a dozen. The travelling alone for such groups is very expensive; some save up literally for years towards the cost of a trip, making great personal sacrifices, closing the budget gap as best they can by making guest appearances elsewhere *en route*, at local radio and television stations, giving concerts, and so on. Some choirs plan whole European tours with a busy itinerary. A few have the luck to start with a state, city or university grant to get them, literally, 'off the ground'.

Of the Canadian visitors the *Anne Campbell Singers* from Lethbridge, Alberta, seem to have been most consistently successful, with a Trophy twice, and second and third placings to their credit; but Medicine Hat, New Brunswick and Winnipeg have each gained a placing. The two Alberta choirs wear the Plaid officially allotted to the Province in 1967, an attractive tartan displaying five colours: blue for the sky, yellow for the wheat, green for the pasture lands, black stripes for the coal, and the tiny squares of pink for the flowers. East to West Canada has been represented by New Brunswick, Lachine (Quebec), Leamington and Hamilton (Ontario), Winnipeg (Manitoba), Saskatchewan, Alberta and Vancouver on the Pacific Coast.

'The States', as might be expected from so many entries, has secured nine Trophy replicas to date. *Bakersfield College* (California) won in the Mixed Choir Class, and soon afterwards that Class was won by *The Brigham Young University*, Provo (Utah). The Ladies of *Smith College*, Northampton (Mass.) won their Trophy followed three years later by the *Denbigh High School* of Detroit (Michigan). The Male Voice Trophy has been won twice by the *Michigan University Men's Glee Club* with a narrow miss between those happy occasions. *Collegeville*, Indiana, secured the Youth Trophy once, and the *California Girls* performed that feat five years later.

Other placings have been won by choirs from California, Carolina, Connecticut, Delaware, Indiana, Michigan, Minnesota, Missouri, Ohio, Virginia and Wyoming – still leaving us forty more States to welcome here!

Roll up, Alaska and Hawaii!

MEXICO too has sent groups on at least one occasion, though not recently.

On our way South let us remember TRINIDAD, which jointly with Tobago every Spring holds a splendid Music Festival. Its representative from Port of Spain recently assured me that theirs was almost as colourful as Llangollen's, though in a different way: it lacks international variety. They have this over us, however, it includes a beauty competition, held of course, along the edge of a reflecting swimming pool. 'We must have that to make it go', explained the delegate, 'but we have lots of good music, too.' Madeira is another 'enchanted spot' which has come to us: she does not appear yet to hold international music and dance festivals, although we may of course be mistaken. Before leaving the Atlantic we should recall that three of the South American Republics have so far honoured us: Venezuela, or 'Little Venice' (Llangollen has its own canal too) in the north of the triangular shaped continent: Chile, occupying a 2,000 mile strip between the great Andes and the Pacific right down to the Tierra del Fuego of the Southern tip, whose choir from the capital Santiago is named after Mozart; and Argentina. In the northern part of that Republic is the survival of a memorable Welsh immigrant population who arrived in 1865 and, although now in the third generation integrated into the Argentine Spaniards, celebrated their Centenary in 1965 and proudly preserve their language, which over 1,000 people still use in their homes, and sing in their choirs. Two of these choirs have entered Llangollen classes but have failed to find the money necessary to achieve the long journey. They would have been made very welcome by the whole of their Mother Country.

SOUTH AFRICA too has sent a choir to sing here, but on a recent occasion it failed to arrive for the same sad reason – finance, not politics!

UGANDA and TURKEY have both been mentioned for their courage in face of physical adversity; in 1972 another African Republic, NIGERIA, succeeded in bring a choir (but curiously enough, not a dance group) and they sang extremely well in the Folk Song Group Class, being only one point behind third place. Their 'Leader', Steve Rhodes, both conducted and sang solo sections; he is tall, dignified, bearded, and like the members of his team very dark coloured. He wore an embroidered cap and smock and the choir were in the long colourful cotton robes of his tribe. He swayed as much as he beat time, and they all swayed rhythmically as they stood or walked, a reminder that as in the history of early Welsh (Celtish) poetry, and indeed in all civilisations, 'they never sang without dancing, and they never danced without singing, and they only possessed one word for song and dance'.[12]

But from our point of view, Madeira is at least more accessible than Madagascar in the Indian Ocean, which under its new identity The MALAGASY REPUBLIC, sent over a dance group in 1962. Its folk songs and dances have a long and varied history behind them, a zig-zag history it is fascinating to read; but for the greater part of the last century the influences have been mainly French and English, and from 1896 the large island became a French colony. After the last Great War it became independent under the name of its inhabitants, the Malagasy. The Republic's chief interest scientifically has always been its giant fossils, but a surprise arrived not long ago when fishermen brought up a decaying coleocanth, and then actually a live one – a species believed to have become extinct around 100 million years ago. The folk songs cannot pretend to compete with that, but their dance group still uses gourds as basic musical instruments – the kind of authentic touch the Llangollen adjudicators welcome.

### The Home Countries: England

It is only to be expected that the greatest number of Llangollen's choral contestants come from her nearest and most densely popular neighbour, ENGLAND. This has been especially so since the unique qualities and opportunities of the Eisteddfod have quickly become known – thanks not so much to the 'newspapers', for once the novelty of the whole affair had been reported the National press has never shown much interest in the International Eisteddfod. The Festival is its own publicity agent beyond the Welsh borders. An exception must be recorded of the annual attention paid to it by four particular journals – the *Liverpool Daily Post*, the *Shropshire Star*, the *South Wales Echo*, and the *Western Mail*, with their colour supplements and, often, authoritative articles too, from which this book has quoted from time to time. Occasionally an inquisitive reporter turns up, as from The Christian Science Monitor in Boston, Mass., scenting a good story, and finds an unusual one. The Esso Film, followed later by colour television (to which the costumed dancing is especially suited) brought in many new visitors, and they, in their turn, like the competitors, bring the Llangollen Story home to millions who have never been to North Wales, nor indeed anywhere near these Islands at all. The film (1964) is also a sad farewell to the train service from Ruabon, withdrawn two years later.[13]

Glancing down the Prize Lists, a striking fact is that one of the most important of the senior classes, namely the Mixed Choir, was won not only the first two years running but again five times afterwards, by the Sale and District Musical Society – seven times in thirteen years. A record now not likely to be equalled in any class. Twice, in the intervening period, Sale was only just beaten into Second Place. After this stupendous achievement their last win being in 1959, the fine conductor died – Mr A. Higson – and his son took the choir over. The most trying ordeal for any young conductor, however gifted, is to follow a great one, as Giovanni Battista Barbirolli discovered when he was appointed to the New York Philharmonic in 1937 in succession to Toscanini.

Other English Mixed Choirs adorning the Prize List include Birkenhead (one trophy, two placings), St Cecilia, Manchester (one Trophy, three placings), Keighley Choral Union (one Trophy, one placing) and Huddersfield Choral Union (two placings). It would be invidious, in fact impossible to mention individually the host of other contestants in this Class, in which there have been many notably fine performances full worthy of inclusion in any international contest. Reading is obviously a centre of good choral training and its Phoenix Choir, containing many pleasant faces familiar from the Bulmersh Singers of former years, was the choir which just beat the Bulgarians in 1972.

In the Female Choir Class, Fylde Musical Society has achieved the hat trick by winning the Trophy three years in succession (1950–2), but over a longer period the Bedford Singers of Stoke-on-Trent have been the Trophy winners no less than four times. It has also gone to other well-separated places – Plymouth, Earlstown (Orpheus), Macclesfield, Nottingham, and Oswestry. Among the placings, Stoke-on-Trent, Macclesfield, Blackburn, Oswestry, Fylde and Bath all appear, some more than once, suggestive of keen rivalry in standards.

The Male Choir Class on a Saturday afternoon is the climactic point in Llangollen competition, partly because it is the last contest of all, partly because of the magnificent sound a good Male Choir can make, and also because for reasons mentioned earlier (page 23) Wales itself has a particular association with, and affection for, male choirs. Saturday, too, is a free day for most of the choristers engaged, and for their supporters. The great marquee is always filled to overflowing for this event, and countless visitors and competitors are crowded around the loud speakers placed on the field.

England has quite a proud record in this Class. Colne Valley has twice won it and been just beaten twice; Rossendale twice with three placings: Birkenhead once with five placings, Treviscoe once with two placings; Felling no Trophy as yet, but in its five placings it has on two occasions come within an ace of winning. This clearly demonstrates the consistently high standard among first class English choirs; how well they maintain the ecclesiastical tradition of the fifteenth century combined with the versatility demanded by both secular and sacred music today.

Other familiar names include Redruth, Newport (Salop), Mansfield and Alfreton. In 1972 Bolsterstone won the Trophy in splendid style.

Pride of place in the long list of English groups competing in the Youth Choirs must go to Oswestry, whose boys and girls between them have secured the Trophy five times, and have been placed on three other occasions. Grimsby Junior Philharmonic have won the Class twice and narrowly missed twice; Blackpool once, with two near misses. Other places – towns, villages, colleges – winning placings include Crewe, Chester, Coalbrookdale, Darwen, Hull, and Stoke-on-Trent. Manchester Girls and Notre Dame School have each won a third place.

The Folk Song Group Contest has only twice been won by choirs from England, and each time by the Bulmershe College, Reading. Placings, however, have gone to Middlesbrough, Oswestry Girls (assisted once, apparently, by the Boys), Cheadle and – ironically enough – once to the Ukranians based in Manchester who, ethnically and musically, should be listed on their own.

In Folk Dance Parties, England came into the first three in 1953 with the Manley and Loftus Group, followed a year later by the Morrismen from King's, Newcastle. The Lichfield Men took third place in 1957 and 1958, and later the Manchester Morrismen just missed the Trophy. The first English Trophy in this Class was won in 1964 by the Britannia Coco Nut Dancers from Bacup, a triumph repeated in the following year. Looking rather like the male section of the Black and White Minstrels, they go through their solemn routine with never a false step or click (or smile), and for exactitude and authority are always high in the marking. Strictly considered, this list should also contain The St Aloysius School of

Irish Dancing, Hebburn, Durham, awarded third place in 1959. The writer hesitates for obvious reasons. In 1972 the Northumberland Killingworth Sword Dancers won the Trophy in brilliant fashion (including a merry Morris Dance too), but the Loftus and Manley Dancers from Yorkshire were deservedly only three points behind. Unfortunately for them, the Scandinavians and the Belgian *Lange Wapper* groups came in between in second and third places respectively.

Finally, many hundreds of English school groups have hoped to compete in the Children's Choir Class, but for reasons of time (Saturday being their only convenient day, as in the case of the Male Choirs) a great many have unfortunately had to be declined. Most of the children have long journeys to endure, often leaving home early in the morning whatever the weather; their performances are usually a tribute to determination triumphing over fatigue, nerves, and possibly tummy-ache too from a long day of packed lunches and bottled lemonade. The Wirral County Grammar School Girls' Choir has won the coveted Trophy six times, including 1972, Hull Orpheus Junior twice, Blackpool Girls twice; Grimsby Orpheus Junior, Mansfield Co-op Girls, Sheffield High Storrs and West Kirby County Grammar all once each. Winning their way to placings have been Chester, Darwen, Harlow, Scunthorpe, Shrewsbury, Romiley, Stoke-on-Trent and Manchester – again the Girls and Notre Dame individually. The Manchester Girls have been singing particularly well in recent years, coming second in the Children's Choirs in 1972.

S COTLAND: Even the most populous areas of Scotland find Llangollen less accessible than does the whole of England, and her entries for the Eisteddfod are consequently far fewer. Her winning of Trophies too, is proportionately low, but as one Scot put it to me after a session, 'Ye ken, mon, we gi' ye some gey grahnd fechts!' which is true. And quite apart from actual performances, many of which are on a high level musically, their young folk look very neat and bonnie in their tartans and their sashes, their tasselled stockings and their school uniforms. Their dancers too have the elegance we always associate with their traditional and ballroom dancing.

They started off handsomely by winning the Youth Trophy in the opening year of the Eisteddfod with their rightly famed Kirkintilloch Choir, which also came second in the Children's Choirs. Later placings in the Children's Class were awarded to the Musselburgh Juniors, Barrhead School, Glasgow, and Notre Dame, Dunbarton. In 1965 Scotland again won the Trophy with the Beresford Juniors from Ayr.

In the Youth Class, she won the Trophy again in 1969 thanks to the Arran Choir of Ayr, repeating the achievement brilliantly in 1972.

Through the years between, placings were won by Eskdale, Musselburgh
(three times) and the Beresford Girls of Ayr. Three placings went in the
Folk Song Group Class to The Scottish Juniors of Glasgow, The Linnets
(Girls) of Dundee and Forfar and The Arran Choir of Ayr. The Eskdale
Ladies made a place in the Female Choirs, and the Glasgow Philharmonic
in the Male Class; otherwise no other Scottish names yet adorn the Senior
'Top Threes'. In the Folk Dancing Class, I recall a recent appearance of a
group of pretty girls from Welling – presumably Scottish lasses resident
in London. They had been treating us to some elegant sword dancing, but
of course they themselves deputised for the male partners in each foursome,
and it was this detail that disqualified them from the sword dance two-
some, which is by tradition a mixed dance. A point of accuracy like this
has to be observed by the adjudicators in Llangollen where, by definition
and public announcement, they demand, 'the truth, the whole truth, and
nothing but the truth' in traditional dancing. So much Scottish dancing is
still indulged in in the ballroom – and very elegant it is, in national costume
too with the tartan kilts, swinging sporrans, dirk-carrying stockings and
the scarves and sashes often pinned with ancient silver brooches of price-
less value – that small points of authenticity have often to be overlooked.
Perhaps those young ladies will bring back some braw laddies wi' 'em
next time.

IRELAND: Llangollen, as has already been emphasised, desires to remain
completely outside politics. In certain cases the political situation is re-
motely reflected in programme billings, and when *emigré* groups now
resident outside their native land maintain their customs and culture, and
enter groups in the Eisteddfod contests. They normally attribute their
'origin' to their immediate location, as with the English-based communities
of Hungarians, Indians, Latvians and Ukranians. This information is re-
peated in the programmes. The Llangollen adjudicators consider them
exactly as if they had come direct from their own country. Absolutely no
prejudice is borne by the Organisers or the Music Board. This, surely is
the only logical and fair attitude it can take.

The same situation arises, unhappily, with Ireland. Her folk music and
dance heritage is common to the whole island. Belfast sings songs in
Gaelic as do choirs from Dublin and Cork. We noted that under *England*,
Durham in 1959 sent dancers from The St Aloysius School of Irish Danc-
ing. But so did The St Leonard's Irish Folk Dance Society of Sunderland
in 1966, as did The Tyneside Society of identical name in 1970.

For that matter, how about the Male Voice Choir of the Welsh Guards
programmed as 'Caterham' in 1960, because they happened to be stationed
there?

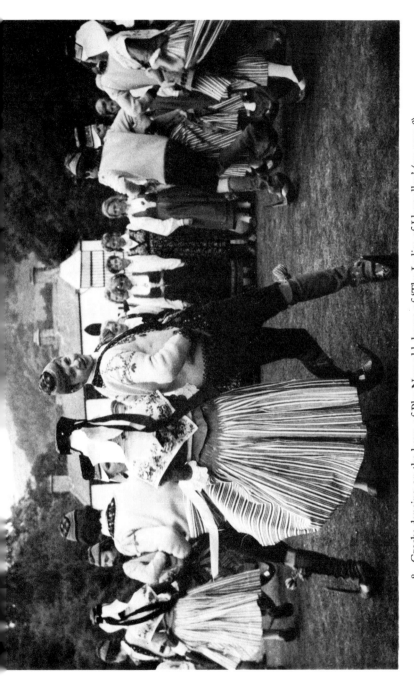

8 Czechs dancing on the lawn of Plas Newydd, home of 'The Ladies of Llangollen' (*see page 8*).

9   A Belgian dance group crossing the 'Bridge of Friendship'.

Northern Ireland. Ulster has sent us three choirs in the period under review (1962 on). But first came the Belfast McPeake Trio in a programme of 'Irish Songs and Instrumental Music' – note, 'Irish', not 'Northern Irish'. Then the Belfast Gaelic Choir, who had already won the Mixed Trophy in 1950, returned in 1967 singing songs in Gaelic and English arranged by composers of the distinction of that great Irish composer and teacher, Sir Charles Villiers Stanford. (They may have also returned earlier, with other groups also, but the writer has access to detailed entries only since 1962.) In 1971 we had two choirs from the North: The Belfast Silvertones (Youth Choir) and the Mossgrove Girls from New-townabbey in the Children's Choir Class.

In 1972 we were delighted to welcome five groups from Northern Ireland, and the general standard in the choirs was high, *The Cregagh Presbyterian Church* were only seven marks behind the Reading Phoenix whose close win over the Nadezhda Bulgarians formed the chief topic of dramatic conversation on the Field for the last three days of the Eisteddfod. The Mossgrove Girl Singers showed good form in the Children's Class and the Cregagh Ladies of Belfast, and the Collegiate School of Enniskillen in County Fermanagh, were both very good. Only the School of Dancing in Ballymena called *The Seven Towers*, charmingly costumed, neat and pretty though they were, had neglected authenticity in their efforts to create a more theatrical effect. From the adjudicators' point of view there-fore, they were disappointing and comparatively low-marked. A pity – but we loved to have them with us all the same.

Eire: The Republic has participated actively. The Guiness Choir from St. James's Gate, Dublin, lined up in the Mixed Class in 1964 and 1967. Dublin's Festival Choir came over in 1968, and *The Irish Steel Male Voice Choir* from Cobh (Cork) a year later. That same year *The Lindsay Singers* from Dublin won the Ladies' Class, and *The Lindsay Juniors* made a good showing in the Children's Class in 1970. *The City of Cork Male Voice Choir* came from the South. The *Dungeer Mummers* from Camross became familiar figures in the three years 1966–8, in the first of which they won the Dance Trophy, and in the third third place.

Wales our creator, is last in our world journey because, like all good hosts, we feel sure she would have it so. It is very hard to trace, let alone analyse, her actual contributions from the stage, even for the past fourteen years of which the writer possesses the annual programmes containing the entries for every event. The Hon. Music Director's filing cabinets are filled to bursting with duplicate copies of every adjudication save the preliminaries inevitable where entries are too numerous for the maximum allotted time in the Big Tent. All the rest are typed and then signed by the

Chairman and Marks Reader of the particular Board adjudicating the class in question.

Permanently and gloriously static with us are the annual floral decorations of Mrs Pearce and her hard-working Committee who, every year, produce some new surprise – specially effective hanging baskets, tall lupins and elegant hollyhocks at the back of the stage looking like a group of heavenward-shooting rockets; a new strain of roses, or delphiniums, or it may be giant lilies, not before seen in that famous bank of flowers. These are some of Wales's recurring visible contributions; apart from the tremendous complex and efficient organisation of Welshmen and women handling advance bookings, printing of tickets, accommodation, transport, grounds and facilities, publicity, finance; many of them doing this work all the year round. These things too, are all auxilliary to the music programmes, syllabus, material and competitor correspondence referred to in an earlier chapter of this book.

In the first years of the International Musical Eisteddfod when fewer nations were competing, lots of Welsh choirs and groups entered with gusto into the spirit of the affair and naturally many of the earlier Trophies and placings were won by Welsh units. They enter still, and mostly with the improved standards and versatility learned from their visiting friends from overseas. Although from the beginning Wales failed to make the top grade in the Mixed Choirs Class, the Ladies upheld the prestige of the Red Dragon when Penarth won their class in 1947, with Blaenau Festiniog running second. The following year Pwllheli came second with Blaenau Ffestiniog third; in 1949 Caernarvon came second; in 1958 Grove Park School, Wrexham, were third, and in 1963 and 1965 Mold (Alun Madrigal and Alun Grammar) came second. So that although the Ladies have not yet achieved their second Trophy, they obviously continue to compete with great determination and an ever-rising standard.

In the Male Choir Class, Wales is on firmer ground, as indicated in our earlier chapter (page 23). Her results are not spectacular, but the repeated entries of the same good Choirs, Froncysyllte, for example, twenty times, emphasises the peculiar quality in Welsh male choirs often described by the most jaded critics as 'magnificent' and 'thrilling'. The following Choirs have all been 'placed' second or third; Brynmawr, Morriston, Froncysyllte (three times), Rhymney, Rhos Offiws, The London Gwalia (twice). Even the Welsh Guards stationed at Caterham formed their own choir which won third place in 1960.[14]

The Women's Institute have been mentioned as forming its own choirs, and several of these have competed at Llangollen. That from Trefnant gained a second place in the Folk Song Parties of 1949, but only a few

Welsh groups have entered this Class, though some like Aberystwyth and Mold (Alun Grammar) have put up splendid performances. The Group, Dawnswyr Hiraethog, won second prize in 1958, but in general the Welsh dancing, though graceful and pleasing has never managed to gather high marks, probably because the long Calvinistic period which frowned on 'frivolous' music insisted on converting most of the many old Welsh dance melodies into hymn tunes, as W. S. Gwynn Williams explains in his standard book on the subject.[3] Although many of the lovely melodies have been reclaimed, the fun and jollity seems reluctant to come back into these historically famous Jigs and Hornpipes.

The writer hopes sincerely that no Group or Country is hurt at so little mention, or even omission, from the foregoing. It is an effort, albeit clumsy, to bring in as many countries as possible who have paid Llangollen the compliment of competing in the International Music Eisteddfod, but at the same time to minimise the space occupied by those countries who have been gracious enough to honour us by sending representatives, often year after year, and yet mention those who have achieved the Roll of Honour; that is, the Winner's Lists. These are given in table form in the Appendix for quick reference, together with other information summing up personal influences of the past twenty-seven years.

# CHAPTER FIVE

## 'A remarkable man'

THESE WORDS OF Sir Thomas Armstrong, quoted from chapter 7, epitomise his opinion of the Musical Director of the Llangollen International Music Eisteddfod, W. S. Gwynn Williams, OBE, MA, plus a string of letters indicating diplomas, either won or awarded by senior institutions in appreciation of his life's work for music. To conceive the potential of such a major undertaking as this is one thing; to carry his colleagues with him and through them to inspire the whole community to bring it into existence is another. Still harder, having established this unique affair, is the task of keeping it running year by year on an even keel, choosing the test pieces for all the competing classes and urging the standards of performance even higher, a task rendered more difficult by costs rising on every hand, restrictions in public transport and a budget which becomes annually harder to balance. His own account of the birth of the Eisteddfod has been embodied in chapter 2.

For over forty years William Sidney Gwynn Williams has engaged in activities so many and so varied, connected directly or remotely with music, both national Welsh and international, no single chapter could hope to deal with them all. His life has brought him into contact with numerous leading personalities of three generations; his reminiscences are fascinating, and ever surprising in their unexpected variety. Demands on his time and energy are continuous and exhausting. Nevertheless one hopes that in spite of all his committees, administration, research, editing, publishing, travelling and writing (including his 4,000 Eisteddfod letters a year) he will not neglect to write his autobiography. Not only would it fascinate, instruct and amuse, it would certainly contain much wisdom, musical and human too.

There is little doubt that both inheritance and environment have contrived to create the man so versatile yet so specialised, so artistic yet so efficient in business. His father, W. Pencerdd Williams lived formerly in the hills higher up in the valley of the Dee. Later he moved down to Llangollen where he built a house and christened it *Plas Hafod*, which means 'Summer Residence'. There through many winters too, until the end of his life, he lived. It was there that on 4 April 1896, an only son was born to his wife. It was there too that she died, while William Sidney was still a baby. His father, sad indeed, never loved again, but with a tough determination not unusual among Welshmen, he plunged with redoubled energy into local public life. For fifty years he remained a member of the Llangollen Urban District Council (at times being its Chairman), and was Chairman of the Llangollen Liberal Club. In addition, as Governor of the Llangollen County School, and Chairman of the Corwen Board of Guardians, he exercised a benificent influence in education and the humanities. That embraced music, for he was conductor of the local Choral Society and Chairman of the Denbighshire Eisteddfod Committee.

Small wonder that youthful William Sidney, growing up in *Plas Hafod*, his bodily wants zealously tendered by his maternal grandmother, should be moulded by so commanding and able a personality as his versatile and ubiquitous father. When W. S. Gwynn Williams – he always couples his family name with that of his mother's (she was of the Gwynnes of Newtown, and of the Morgans of Llangollen) – conducted a choir before Queen Elizabeth II on the occasion of her visit to Wales, he proudly recalled that sixty years earlier his father had conducted his Llangollen Choral Society before Queen Victoria.

Gwynn Williams was a delicate child. After a private education he attended the Grammar School on the far side of the Dee, and learned the piano and violin. He tells how he used to leave his youthful compositions on the piano for his father, arriving late from committee or rehearsal, to correct long after his son had gone to bed. Father's enthusiasm for Tonic Sol-Fa was reflected in the son, who when only seventeen qualified, by examination, as an Associate of the Tonic Sol-Fa College in London. He is now an Honorary Fellow and Vice-Chairman of the College Council and Executive Committee – another of his multifarious activities.

It is often the case that a father, doubting the security offered by music, urges his son into a more stable profession hoping that music will remain a joyful pastime. But as often as not, music eventually demands the boy's whole devotion. So it was with Gwynn Williams. In spite of his evident musical gifts, he trained first in medicine but because of his delicate constitution he was directed into a more sedentary occupation, being articled to W. R. Evans, Clerk of the Denbighshire County Council, as a future lawyer. As Maxwell Fraser has written . . . 'this explains much that might otherwise be puzzling in his career. In spite of his devotion to music, he had never developed into the dreamy musician of tradition. His tremendous capacity for work is matched by an infinite capacity for taking pains over the smallest detail of organisation and great promptitude in attending to business, which has been of untold value to those societies fortunate enough to secure his services. His quick grasp of the facts and incisive summing-up, and his ability to get things done are also largely due to this early training of a brilliant intellect. It is also typical of his abounding energy that he likes to turn back his coat sleeves and get down to the job in hand – a personal idiosyncrasy which always intrigues his continental friends, who wonder if it is a Welsh peculiarity!'

But nothing, not even the strength of the law, could keep Gwynn from music. In 1923, at the age of twenty-six, he joined the Gorsedd under the name of 'Gwynn o'r Llan' and was immediately appointed Organiser of Music to the Gorsedd of Bards. Their Prayer was set to music by him. From then on, his musical activities multiplied. For three years he directed a series of Welsh programmes for the Eire Free State Radio, travelling to and from Dublin every other week. His first adjudication for the National Eisteddfod was in 1927, at Holyhead: at that time he was the youngest judge ever to have been given that responsibility. For some years he was in charge of the publishing department of the old-established firm of Hughes and Son, whence his combined knowledge of copyright and music, coupled with his legal training and his business acumen, led him eventually to found the Gwynn music publishing house in 1942. This enabled his immense knowledge of Welsh music and literature, including the fruits of many years of research, to be known to the outside world for the first time. His press has encouraged many younger Welsh composers who might otherwise never have seen their work in print. His catalogue now comprises 2,000 titles, covering original works, standard classics, ranging from Palestrina, de Lassus and Tallis, through the three B's, Purcell, Mendelssohn to Bruckner. All are provided with Welsh text in addition to the original and English, and all with tonic sol-fa as well as staff notation.

Some musicians deplore this, forgetting that thanks to the despised tonic sol-fa many thousands of singers in choirs and glee parties (soloists too) have been given access to music they would otherwise never have had the opportunity to learn.

Gwynn Williams has found time to be Chairman of the Music Committee of 'The Welsh National' since 1953 and it is doubtful whether the comprehensive range, in choral material or geographically, of that great Eisteddfod could have been achieved without the resources of his publications. But apart from activities already mentioned he has given continuous and valuable service to the Welsh Folk Song Society for forty years, as well as Treasurer to the International Folksong Council since 1947, not to mention occupying the Chair of the Welsh Folk Dance Society from its foundation in 1948. This last association has enabled him to publish nearly all the known Welsh folk-dances together with carefully annotated directions for their performance. His book *Welsh National Music and Dance* (referred to elsewhere in this book) will remain a unique and standard work, and he has recently been commissioned to write still another. The amazing thing is, that in spite of his protestations he will undoubtedly find time to do it and when it eventually appears, its thorough documentation and meticulous accuracy will persuade all but his closest colleagues that he has had nothing else to do for a year at least!

Regarding the International Eisteddfod itself, it is perhaps not realised that without that ready instrument of international music currency, his music publishing house, it would be impossible to bring together choirs from so many different parts of the world to compete in the same great test pieces. He provides the copies of most of these, ranging from the sixteenth-century contrapuntalists to the present day, all of them in the original language, Italian or Latin say, plus translations in English and Welsh, in every case set most carefully to the rhythms and stresses of the original text. Many of these translations are made and set by Gwynn Williams himself, for like so many of his compatriots, he is a scholar-poet as well as a musician and a composer. Many fascinating folk-song arrangements introduced to Llangollen by visiting choirs from the USA, Hungary, Yugoslavia, Czechoslovakia, Spain and a dozen other countries, have been added to the unique Gwynn Williams catalogue. This has facilitated an interchange of repertoire between nations, while those anxious (as he is himself) to maintain the ancient language of the Principality may do so in fresh, and often contemporary, context.

The pecuniary value of this activity is sometimes grossly exaggerated, implying that the Musical Director is 'cashing in on a good thing' with the festival music. Nothing could be further from reality. With prices of paper and printing as they now are, even the wealthiest music publishers find it hard to make any profit at all. Most of them have to sell not only the normal, but now far more numerous appurtenances of educational music-making, from the piano and the historic modulator on the wall to the latest chime-bars recommended by Carl Orff, records of all sorts and sizes to video-tape casettes, but also the gear associated with the 10,000 'beat groups' in this country. It includes electric guitars, percussion sets, loud speakers and amplifiers, exotic instruments inspired by the Far East, and the rest. Others associate themselves with the manufacture of pianos, instruments for brass and military bands (increasingly so now for schools) as well as all kinds of stringed instruments and wood-wind. You will find nothing of all this in the Gwynn publishing house. Yet its annual issue of multilingual choral music is essential to the getting together of the distinguished groups who come from the four corners of the earth to sing the same musical masterpieces in front of the rich bank of flowers, the floodlights and the adjudicators of Dylan Thomas's 'canvas cathedral'.

What sort of a man is this Gwynn Williams? He is shortish, but not small, 'stocky' is perhaps the word. His face, which can be very serious, breaks easily into a smile. He can be persuasive, argumentative, belligerent if need be, above all patient and determined, as he has had to be, to create and maintain that Eisteddfod. The smile is often mischievous, but never unkindly. The eyes behind those glasses twinkle, betraying a sense of humour which many a time has assisted in the diplomatic solution of a tough problem in committee, on the Field, in the electric atmosphere behind the scenes in the great tent. As in an opera house, a temperamental multilingual concourse of such magnitude sometimes calls for strong-handed diplomacy. But the outcome is always smooth and amicable, accepted from 'the Boss' as a matter of course. That capacious forehead symbolises the brain power many a council and committee have learned to respect.

Reference has been made previously to the Welsh reputation for parochial mindedness and history has encouraged that tendency. It is therefore the more remarkable that a Welshman born and bred in a small, geographically isolated community, should have overcome any such inherited tendencies and brought into being the most openminded and internationally accredited of all festivals. Mr Williams is very modest about all this. He is the first to hand to his neighbours and colleagues the credit, and to attribute the success to them and to the community which is so solidly behind the affair. He himself seeks no compliments and cannot understand the feelings, if not of resentment at least of envy, sometimes discernible among his countrymen who work so hard and attain well-deserved success with their own Welsh eisteddfodau. An eminent person remarked long ago: 'Llangollen is the brightest jewel in the crown of Wales.' That it was true in George Borrow's time, geographically, was echoed by Ruskin, Browning, Hazlitt and many others. It is equally true of the Llangollen International Eisteddfod. Only I would add that the Eisteddfod is the brightest of the international musical jamborees which are now ringing the entire globe.

Recognition has come not only at home but abroad. In 1953 Gwynn Williams received the OBE from the Queen in the Coronation List for Services to Wales. From the Spanish Ministry of Education came a medal 'in appreciation of your contribution to the advance of musical education in Europe'. For several years now he has been the honoured guest of the International Festival at the Italian birthplace of Guido d'Arezzo who, nine hundred years ago, not only invented common names for the notes C up to A, the basis of modern notation and is the basis of the tonic sol-fa notation so important among the less sophisticated enthusiastic music makers, but also encouraged 'staff notation'. These together 'have made the whole preservation and interchange of musical ideas possible between men'. Italy itself has created Gwynn Williams a *Cavaliere al Merito della Repubblica Italiana* for his devoted international work for music.

No mention has yet been made of the Lady in the Case. A man could never hope to accomplish half that Gwynn Williams has managed to do without the continued interest and assistance of a devoted wife. Beti Gwynn Williams comes from Abergele and, like all true Welsh, she is a singer. As an accomplished professional, her beautiful contralto voice was well-known in the Principality and over the border too. In fact she made a most acceptable contribution on the stage of the first Llangollen International Eisteddfod, having worked like a slave behind the scenes for the whole of the preceding twelve months. Now she has retired from professional singing but one can imagine the pleasure with which she and her husband try through new songs and arias before he sends them finally to the printer. Whether as a part-time unpaid secretary or in liaison with innumerable colleagues in charge of hospitality, publicity, floral decorations, stage props or a hundred other details, she is always behind her husband, encouraging and giving a hand, as well as being a proud housewife. Gwynn once confessed to the writer that he has never had to boil an egg for himself in his whole life. Judging by his obviously sound constitution and good health his Lady provides much more sustenance than that. Gwynn Williams, like all other remarkably active men, is very fortunate in his Beti.

A remarkable couple in fact!

# CHAPTER SIX

# *What's in a dance?*

TO MANY VISITORS the most exciting events at Llangollen are the competition and demonstrations of dancing by the folk groups which come from twenty-five or thirty different countries each year. Not only is there the 'grand contest' of the opening day (the Wednesday) in the big tent, with each group performing its own dances accompanied by its own musical instruments or little band, often adding a rhythmic song to the action. Out there on the open field, many of the groups rehearse their 'party piece' surrounded by a crowd of interested spectators. Gaily coloured costumes and elaborate head-dresses flash in the warm sunshine, and look warm to the eye even when it is cloudy. The thud of the drum, the wailing of the fiddles, the skirl of the pipes, the shrilling of the fifes – there is always something to see, something to hear. After these impromptu performances, people without a spoken word in common make friendly, smiling gestures, exchange autographs on programmes, sign the books held aloft by enthusiastic onlookers. Cameras click and everyone laughs with excitement and a sort of unbuttoned happiness.

In the north-east corner of the field a large plot is allocated to the BBC, where it keeps its cranes and other equipment and holds exhibitions of photographs of TV favourites, scenes from TV plays and, of course, of announcers and personalities familiar from children's programmes. There is also a studio here, for both radio and television. In these advanced days everything, even colour TV with its accompanying sound, can be transmitted to a convenient BBC ultra-wave 'channel' and recorded on magnetic tape in whatever main centre has the necessary machines and staff available at that moment. Cameramen of the Harlech consortium wander round filming (while a colleague sound-records) characters, interviews, 'instant' performances by this winning choir or that picturesque group. All these activities help to provide more general entertainment for the wandering visitor, that is often provided suddenly and unexpectedly like the conjuring trick of a djinn, making it the more exciting. From time to time, a bout of enthusiastic drumming becomes overheard within the marquee during a contest and judges stop their performance with a signal from the little electric bell. The Stage Conductor utters a stern rebuke over the loud speakers scattered over the field. The drumming is hushed, and the competition continues.

Folk dancing is fast or slow, twirling or waltzing, athletically jumping or sedately walking, thudding or gliding, with hand-clapping and singing. At least that is how it seems to many of us who have never had the urge, or maybe the opportunity, to think about it. But folk-dancing is a highly specialised and fascinating subject, as studied by the highly qualified panel of experts who sit every year in the Llangollen marquee to judge the dancing and the music.

One of those judges is Lucile Armstrong, of French origin although now resident in London. She has all her life made a study of folk lore, not only in the literary field, but practically, in watching and listening to the survivals of customs, costumes, songs, music and dancing in many countries all over the world. In the following article, written for this book, she explains why the Llangollen contests in folk music and dancing differ from many competitors which, in order to increase 'entertainment' for the viewer – the sophisticated audience, that is – encourage modern adaptations of, and theatrical embellishments to the ancient dances. In other words they commercialise them until they bear little resemblance to the national originals either in action or in spirit, certainly not in understanding, even to many of the dancers themselves. Let Lucile Armstrong express this in her own polite words, which in fact hide the strong feelings engendered in her womanly breast when these phoney dances are offered on the flower-decked stage, as they still occasionally are. But the message has gone around, and the standard and occurrence of real authenticity and of the dancing itself, has steadily risen, as is shown by the very high marks earned by the best groups in recent years:

The folk dance competition at Llangollen International Eisteddfod is unique in the world of such competitions. In some the accent is on presentation and on the general impression that a group may make on its spectators. In others, the accent is on the novelty of the dance. Both priorities lead groups to copy steps and figures from other countries or regions, regardless of their true origin. So long as the dance a group does looks 'nice' and is unusual, it will stand a good chance of winning a prize.

Such indiscriminate borrowing is the despair of serious folklorists because they see the separate traditions of the different regions being hopelessly mixed up, so that it becomes impossible to disentangle the original. Some people may not think this important. But it *is* important if we are to know why traditions have come to us from the past and what has changed or influenced them, particularly if we want to study the effects of ecology on man. How can we foretell future trends if we cannot clearly see causes and effects in the past? How can we avoid mistakes if we cannot trace false elements to their source? Besides, if everyone copies everyone else, there will soon be no originality left in the world and a mighty dull world it will then be!

In its twenty-six years of existence, the Llangollen International Eisteddfod has come to be known not only as a competing place for international groups of dancers, instrumentalists and singers but also as a stronghold of authenticity in the performance of folk dances, folk songs and folk music.

The entry form asks for two contrasting dances, songs or tunes 'traditional of your own country'. This last is the vital point, *traditional of your own country*. People know too little about the traditions of their own country or region: *when* particular dances, songs or tunes were performed, *why* and even *how* they were performed. People think that if an old tune is played on any instrument or an ancient dance performed by anyone of any country or region, it becomes a 'folk' tune or a 'folk' dance. On the contrary, a true folk tune, which was originally played on a particular instrument by an anonymous performer steeped subconsciously in the traditions of his own region, sounds quite wrong when played on a different instrument by someone ignorant of the character of that region. The original performers played their tunes and danced their steps and figures for a specific purpose, usually religious, but also for secular social rites like the sowing of seed or the gathering of harvest or rituals such as the hunt. A dance loses its point, its meaning, its character and flavour if performed by people not thoroughly versed in the customs of the community where that dance was evolved.

Folk dances were never 'invented' by one person. They were created by groups of people sharing a faith and the purpose of the dance was to express the power of this faith. When a faith was replaced by another faith, the most vital dance steps and figures, with their accompanying tunes, were kept alive, because of their hold on performers and spectators alike but with the difference that they were then incorporated only into social functions and their initial meaning and purpose were lost. With careful study these origins can be reconstructed, but only if the dance steps and figures, with their appropriate tunes, have not been altered or adulterated in any way.

What is fascinating to a folklorist is to note and compare through their expression in music and dance, the infinitely varied facets of the same basic thoughts and faith, interpreted differently by men at different times and places. The faiths manifested in this way may have been forgotten, or replaced by others but the same need to believe lives on through new faiths. It is most important that our grandchildren and future generations can trace for themselves, through the authentic performance of folk dances and music, the traditions of the past.

Once dances cease to be performed precisely in their traditional style, it is useless to try to 'revive' them. No written instructions can ever re-create the true style. Many different methods of recording dances have been tried but not one has been successful.

Meanwhile, it is most important to be able to see authentic folk dances performed correctly in their traditional styles by people from the countries where the dances originated. And this is just what you *do* find at the Llangollen International Musical Eisteddfod. Dances are rated first for authenticity and style; then technique is taken into account while 'embellishments' are strictly ruled out. Yes, it's difficult, but it's worth it!

## CHAPTER SEVEN

# 'Trial by Jury'

I T IS NOT QUITE nine o'clock on a bright July morning. The sun is
already hot, though woolly clouds on the horizon promise cool
shadows soon. Already there is much activity on the Eisteddfod Field.
Groups of early visitors wander around, curious at the manifold prepara-
tions for another day's programme. Men with mallets are giving the giant
tent-pegs a reassuring tap because there was a stiff breeze during the night.
Numerous small boys and girls by both main gates are selling official
programmes and the coloured supplements issued daily by local news-
papers. Filing past the ticket kiosk towards the Overseas Reception tent
comes a French dance group, resplendent in traditional costumes and laces,
head-dresses and top hats. A choir is already thrusting into the rear of the
big marquee, anxious not to be late for an ordeal that nevertheless seems
to impart to competitors its own peculiar nervous thrill.

At the far end of the Field a lorry disappears taking away yesterday's
debris of newspapers, tea cartons and ice cream tubs. The various re-
ceptacles provided by the authorities, one at least as large as a lambing pen,
never seem able to accommodate it all. Nearer, the large catering tents
are buzzing with preparations for feeding the hosts who will soon be
demanding sustenance, from mere coffee to a full meal of juicy Welsh
mutton. Clerks water the flowers screening the wheels of their peripatetic
banks: BBC technicians are fiddling with cameras, testing lines and mikes,
swinging cameramen high into the air on spider-armed yellow cranes
which challenge the approaching clouds. The transportable post office is
ready to sell stamps and accept cards, letters, cables, for Wellington, Salop,
or Wellington NZ, Caernarvon or Cape Town. The organ aubade from
the central marquee beckons over the loud speakers and, if the wind
happens to be westerly, can be heard by approaching visitors long before
they leave the main road from the town.

In the marquee itself, many local inhabitants are busy, each with his or
her own job to do. Ladies are putting final touches of renewal to the riot
of colour bordering on the stage and sprinkling the myriad flowers to
keep them fresh. Backstage, ushers are marshalling the long queue of the

*Residentie Vrouwenkoor,* arrived last evening from The Hague, who have to be the first on the platform for the opening competition of Women's Choirs. Two dozen girls from Blackpool sit close by, quiet and a little tense, for their turn comes next. Electricians switch on their flood lights and technicians give their cameras and circuits a final check signal to the control van in the BBC's encampment. Meanwhile the organist continues to dispense the morning music from a bower of delphiniums, paeonies, sweet williams and perfumed roses. A couple of interpreters stand by (the district boasts that it is able to provide all of them) in case of need. The morning's Stage Conductor, programme in hand, looks anxiously around; it will be his duty to welcome each choir on the stage, introduce it to the fast gathering audience (correctly pronouncing all those awkward foreign names), to observe that the judges are in their appointed place and to set the session in motion.

But first the Musical Director having frowned at his watch (for it is already five minutes past nine) receives a nod from the Stage Conductor, mounts the wooden ramp from behind the stage with his parson friend and, on the platform, with an almost imperceptible gesture, has the waiting audience on its feet. After a short prayer, a hymn is sung and the Stage Director takes over. The Dutch choir files on. Its conductor walks over to the grand piano and strikes a lingering chord, then assumes his place on the rostrum. The adjudicators ring a bell, and the music begins.

The adjudicators themselves are what can be termed, without disrespect, 'a mixed lot'. The following description of a typical panel, the personnel of which changes not only every year but also, slightly, from session to session as adjudicators go off to hear preliminary heats of soloists or of groups when entries are too numerous for a complete contest to be held within the limited time available in the big tent – Children's Choirs on a Saturday, for instance, and Ladies' Choirs quite often.

From right to left, as viewed from the stage, first comes a Cypriot, permanent conductor of the Salonika Symphony Orchestra and recently retired Principal of the Conservatorium there, a lively scholar and composer who is an authority on folk music, and indeed music of every important school and style. Then a quiet little man from Amsterdam, the leading choral expert of Holland, as well as the 'Gerald Moore' of his country. Next to him a white-haired, bright-eyed professor, composer, examiner, adjudicator especially associated with the theatre, and particularly with the late Sir Tyrone Guthrie at the Edinburgh Festival, but also with films and television. Then, a scholarly and internationally acclaimed composer of Hungary, now professor at a Swiss University, and an energetic Welshman who is not only a fine musician and assessor but is himself a choir trainer, already of international repute. He is young for Llangollen; looking to the future, his yearly acquaintance of new styles in modern music and unorthodox choral arrangements, is aimed to balance maturity, international knowledge and experience with the fresh exuberance and perceptivity of the younger generation. Not that the older judges live in the past. On the contrary, in their various capacities every single one of them has constant contact with young performers, and performers from the first examination grade to the most brilliant pupils in their universities and colleges and the fully-fledged composers whose works they hear and indeed frequently conduct with leading symphony orchestras in five continents. (Or should we say seven? Llangollen is confidentially expecting an Antarctic choir one of these days – are there any flensing songs or harpoon ballads? Cupid works with harpoons of classic design.) Next comes a muscular Yugoslav, a truly musical administrator running the Belgrade Opera whose chorus is outstanding in its excellence, and a young Welsh DMus, composer, professor and lecturer who is Head of the Music Department of one of the colleges of the University of Wales.

It is one of the Musical Director's responsibilities to choose not only the jurists for each competition but also the spokesman or chairman of that particular panel, and the recorder of marks. These two sit in the centre of the group and the chairman, on this typical occasion, is benign, informal, self-evident authority, Sir Thomas Armstrong, whom we quote at length in chapters 4 and 7. His recorder of marks is a silver-haired, pink-faced gentleman of distinguished appearance. He is one of England's foremost composers, a world-toured adjudicator and examiner of over forty years standing, and Senior Professor at a great London College of Music as well as at London University. When, as happens once each year, he is Chairman of the Adjudicators for a particular senior class, his own spoken comments and assessments are unique. He is a born orator, and his language is rich in its imaginative vocabulary, its highly personal rhetoric, its humour. Her Majesty the Queen recently created him a Companion of Honour, a high mark of appreciation indeed in any profession.[16]

Many people observing the wagging heads of the adjudicators and noting their consultations, wonder how this judging business works. How seven, sometimes nine, gentlemen sitting together manage to crystallise their

10  The band of young Austrians which accompanied the 'Innviertler Schulspatzen' dancers. The ruins of Castell Dinas Brân are in the background.

11  Latvian folk musicians on a barge. The Chester Canal runs alongside the Eisteddfod Field.

collective opinions and evaluations which are given with such apparent ease (and wit) by their spokesman within minutes of the close of a contest which may have involved twenty-five choirs and five hours of concentrated listening.

After every single piece has been sung, all the adjudicators contribute their opinions, make comments and suggest or agree percentage assessments, with the object of assisting the chairman to make his written notes comprehensive, and the recorder to keep a faithful tabulation of the marks agreed. Obviously some performances are such as need little more than a word or two from the chairman with confirmatory nods from his colleagues. Conversely, some involve considerable interchange of individual reactions, as when, for instance, an Italian choir has sung a motet or madrigal by Palestrina. The traditional Italianate style of singing this music, combined with the inherently distinctive and characteristic tone of the Italian voices, is quite different from the effect made by a good choir from, say, Bradford or Bratislava or Bangor. Allowance must be made for this and no choir may be prejudiced because of traditional or tonal difference. On the other hand, musical qualities are evaluated, such as tonal *balance*, intonation or 'tuning', accuracy, tempo, rhythm and the inherent *feeling* for the music and the text. Two choirs singing the same anthem or motet might be equal in every respect save that one impresses the judges as having the real spirit of the work, while the other displays respect rather than affection for it, a simulated understanding rather than genuine conviction.

How do adjudicators begin their assessments? You, seated in the audience, may well ask. Experience of many contests of similar standing is obviously helpful to a judge, especially experience of the Llangollen Eisteddfod itself, which may claim with no desire to boast, an average of performance second to none. Usually three or four of the adjudicators have in previous years served at the same table. When the first choir has sung, the panel pitches on a 'fair' figure for its first piece, then again for its second, and similarly for its third item. From time to time, say from number ten onwards, but it might well be much sooner, depending on the quality shown by the choirs following up the first, the judges have to pause and think back on the earlier performances to make sure the comparative evaluations are fair and true. This may involve adjustments to earlier marks, for the first choir(s) may have been over (or under) valued so that successive groups who are better, or not even so good, cannot be properly aligned until the first marks have been revised. This is not 'cooking the books'; on the contrary, it is done solely with the object of achieving final results as objectively and dispassionately as is humanly possible.

Nor are the reputation and previous history of a choir allowed to affect the marking. A famous ensemble which has just had a brilliant victory in another contest, yet sings below its best at Llangollen, is regretfully marked accordingly. Truth to tell, the conductor himself, and his choir, are aware of their slip from grace. These things happen and thrilling though it is to win a trophy no choir need feel discouraged if, when it has sung its best, it is then surpassed by another choir. It is noticeable that although Llangollen awards may evoke hysterical joy from supporters hearing the adjudications, the choirs who have failed to win take their defeat in good part, determined to learn from the adjudicators' criticisms and to do better next time.

The spokesman, or chairman, of the panel has the hardest task. For within seconds of the start of a choir's piece he begins writing his first impressions on the official form. All the jurors are making the same mental comments: they concern technical points about the choir's attack, intonation, tone, tempo, diction, balance of voices. The bass line may be weak – it often is with young choristers – a soprano note rather harsh or slightly off-pitch or not properly sustained. He soon knows whether the style is right or whether an unorthodox interpretation is convincing as may happen, especially in romantic or modern works, where the conductor is musically imaginative and intelligent; but wanton exaggeration can amount to caricature. The experienced adjudicator notices all or most of these things instantly. As the singing proceeds other qualities are noticed, whether accomplishments or faults, or characteristics of the choir itself, such as liveliness, lugubriousness, over-eagerness and so forth. The chairman's colleagues in the moments following the performance remind him of a technical point or two, a misreading of a note in a tricky chord at X, a curious sudden sharpening of the speed at Y, unspecified by the composer. They contribute a telling word or phrase which he decides to write into his notes. Finally he confirms that his *overall* impression, success or otherwise in realising the composer's intentions, is shared by colleagues and crystallised in a correct assessment mark. Then, and then only, does he signal to the adjudicator nearest the bell-push to ring the bell for the next piece to begin.

The adjudicators have already been given copies of all the music to be sung, but not the 'own choice' pieces. The collecting of the latter is one of the functions of the complex organisation behind the scenes. Every choir is asked, and later reminded, to produce two copies of their own piece and all those needed for a given session are labelled and arranged in order for the adjudicators' table. It may vary from a new and perhaps 'gimmicky' arrangement of a folk song published by an American university to a modest setting of a Norwegian poem, brought in the form of roneo'd sheets from Bergen; a highly complicated patter-chorus in Serbo-Croat from Belgrade to a sophisticated version of *Waltzing Matilda* bearing a Melbourne trademark. Without these copies it would be impossible for the judges to offer useful comments on the performance, or to assess a fair marking.

The final act in the adjudication falls heavily on the chairman's shoulders, for he is the official spokesman for the panel. Within minutes of the end of the competition, he and his colleagues march on to the stage and they all sit solemnly in line while he alone stands and delivers, over the public address system, the panel's considered judgement of every choir that has sung. He must be clear, concise, constructive, diplomatic, amusing, authoritative, expanding the notes he has written so quickly and coolly during the heat of the contest. He is as well served by an accurate memory as by command of the English tongue. A conductor once said to the present writer, 'I like to be judged by X, he's so charming about it I don't realise until afterwards he's told me off properly – but he's right, though!' The adjudication, though directed principally to each choir (who are entitled to a précis copy of it afterwards signed by the chairman and mark recorder) must at the same time be expressed in a way that appeals to, and informs, the many thousands who have been listening intently and in-telligently, probably to the whole of the contest. Small wonder, then, that even after a quarter of a century of trial and error Mr Gwynn Williams's list of adjudicators 'tried and not found wanting' is not a long one. Even so, he tries out fresh judges each year, from home and overseas and, of course, an important quality in a foreigner is that his English must be intelligible over the PA system, which restricts the choice even further. Comparisons can be invidious but none will deny that Sir Thomas Arm-strong's adjudications are models of their kind, whether for a long and exhausting choral contest or when judging simple songs and instru-mental pieces. They are so perfectly conceived and spoken, I feel sure they could be printed and published without any alteration save, perhaps, the actual identification of the performers concerned. Professional and amateur musicians alike would find them entertaining, informative, even inspiring.

I wrote 'the final act', but there is of course one more important ceremony, the reading out by the recorder of all the marks awarded to the choirs. As the audience writes them in their programmes, one senses the mounting excitement, for not until the final number is heard is it quite certain which choir has actually come first. The quality of performance here is such that often the three leading choirs are separated by only one point or two. It is then, and especially if the winning choir is from a distant land, that the joyous shouts from it and its supporters, augmented by the applause of that great audience, make the very ground shake and the flood-lights threaten to crash. The winning conductor is called to the stage to receive his trophy from the president of the day, the now famous plaque which has found its way to many countries with its Welsh Dragon surmounted by the Harp, the inside of the Ring bearing the words:

'Byd gwyn fydd byd a gano, gwaraidd fydd ei gerddi fo'

'Blessed is a world that sings, gentle are its songs'

# CHAPTER EIGHT

# The evening concerts

## The Tuesday–Sunday balance

FROM THE BEGINNING the Eisteddfod authorities felt the evening concerts should provide not only entertainment for the many visitors to the festival, but a further welcome opportunity for the various dance groups and choirs to display their abilities in repertoires not only wider than the scope afforded by the rules, set pieces or time limits imposed necessarily by the contests, but on ground more familiar to the performers themselves. Many a choir puts up 'a better show' in its evening appearances than in the test pieces of the competition, and ceremonial and dramatic dances may show a completely different facet of a group's folkloristic abilities from the two shorter items offered for the contest. Adjudicators themselves who come along to the evening concerts have all remarked this.

At the same time, the audience, comprising mainly Welsh men and women and longer-distance visitors who wish to hear and see as much choral and authentic folk music and dance as possible, is attracted by such programmes. As a general rule the groups which have performed best in the previous year's contests are invited to appear in the next year's concerts. In addition there are the more unusual and spectacular newcomers like the Nigerians, Brazilians, and Obernkirchen Children, or the courageous groups who insist on overcoming every conceivable physical obstacle to their transit, like the Uganda and Turkish dancers.

This, however, is only part of the picture. The scarcity of orchestral music in Wales until the coming of the BBC and the Welsh Arts Council between the two World Wars has already been mentioned in chapter 3. The Eisteddfod decided to introduce a definite symphonic ingredient in the Sunday concerts, and invited John Barbirolli and the Hallé Orchestra in 1947. They opened the series with Weber's magic horn call in *Oberon*, continuing through the ever-happy *Fourth Symphony* of Dvořák, Mozart's *Eine Kleine Nachtmusik*, to Delius's appropriate *Song of Summer*; ending with Richard Strauss's rumbustious but brilliant suite from *Der Rosenkavalier*. They returned again in 1954 by which time the conductor had become Sir John Barbirolli. In the meanwhile the London Philharmonic came five years in succession, under Hugo Rignold, Sir Adrian Boult (twice), Jean Martinon and Josef Krips. Between them they brought to the series several of Beethoven's symphonies, Schubert's 5th and carried the orchestral picture a good deal further, even encompassing Rachmaninov's Second Piano Concerto played by Moiseiwitsch.

A change was then essayed with Honegger's *King David*, combining drama, chorus and a distinguished cast headed by Joan Sutherland. John Pritchard conducted and Emlyn Williams undertook the narration. But the Sunday concerts may not be recalled as one sole series; they are an ingredient in each week's five-concert plan as a unit and experiments had been carried on concurrently on the opening (Tuesday) nights, in an effort to balance up each whole week. The opening concert is a very important occasion. In 1947 it was purely choral and the following year, when Sunday had the Glasgow Orpheus Choir under Sir Hugh Roberton and Scottish soloists, Tuesday was taken by Basil Cameron and the LPO in an attractive romantic programme. After this, while the LPO had its run on Sundays, Tuesday became adventurous in a way which led eventually to the present practice. 1949 opened with a 'Celebrity Concert' of distinguished soloists, all British with the exception of one German. But 1950 switched to Opera, a magic opera that – *The Immortal Hour* by Rutland Boughton. There were fears that its delicacy might be obliterated by the long canvas tent with its vertical and sloping poles like a row of derricks up the centre, loud speakers repeating percussive sounds and stage exclamations like echoes down a vast corridor. In spite of these things, the opera got over amazingly well and was loved by the large audience. The following year Ballet was tried: *Ram Gopal and his Indian Dance Company* proving sufficiently popular to encourage the *Rambert Ballet* in 1952, in a programme exemplifying Mim's (now Dame Marie's) genius for planning. It comprised Ivanov's *Nutcracker* (to Tchaikovsky), Ashton's *Façade* (to the now popular Walton suite), Gore's ballet to Rachmaninov's *Winter Night* and Dame Ninette de Valois's jolly *Bar aux Folies Bergères* to Chabrier's music.

This success led to London's Festival Ballet the following year, then the *Ballets de France de Janine Charrat*, the Parisian Première Ballerina Assoluta whose dancing delighted television viewers in those comparatively early days of television. This was 1954, balanced against 'JB' and his Hallé on the following Sunday.

The next year, when Sunday brought the unusual *King David*, the Tuesday concert boldly made a revolutionary change involving even greater risk: the English Opera Group's production of Benjamin Britten's *The Turn of the Screw*. Admittedly not everybody's meat, the opera was nevertheless well attended (partly because the Eisteddfod's reputation was such as guaranteed a large pre-sale of season and reserved seats), and Britten's rather difficult work was accepted by the audience in its stride.

Since then, Tuesday opening concerts have settled down to the Dance in a myriad forms. Markova and the Ballet Rambert; two years of international folk dancing and singing; *exotica* like a return of Ram Gopal while the African Dancers from Senegal appealed so persuasively for rain that it poured for the rest of the week. Luisillo and his Spanish Dance Theatre twice; London's Festival Ballet again and stars of the Royal and Kirov Ballet Companies; National Ballet from Czechoslovakia; folk dancing and singing from Bulgaria, Poland, five South American republics and again from Africa, in this case (1969) Nigerians and Biafrans united in a quite famous group under Chief Ogunde. The party contained several of his pretty young wives whose physiques were so indisputably beautiful that Wales, traditionally rather prim, thoroughly enjoyed their dancing, whether topless or otherwise. One further *Fiesta d'España* in 1971 takes us to the 1972 Eisteddfod which opened with a complete Austrian evening as told on page 36.

Meanwhile, the Sunday concerts closing each festival have passed through various phases of orchestral and/or choral presentations. The City of Birmingham Orchestra made its first appearance in 1956 under Rudolf Schwarz who repeated Beethoven's *Eroica* Symphony, followed in 1957 by the London Symphony Orchestra's debut in the Big Tent under Sir Eugene Goosens, who obviously felt it was time we had a Tchaikovsky symphony and chose the E Minor, while Peter Katin repeated the Schumann Piano Concerto played by Denis Matthews four years earlier. A change is recorded for 1958 when E. T. Davies of Bangor University, a well-known Welsh composer, had won the Festival of Wales award for that year with a massive choral work *Deo Gratias*.

A further essay in choralism, and a risky one, was the following year's presentation of John Tobin's scholarly original version of Handel's *Messiah*, with Heather Harper, Monica Sinclair, Andrew Pearmain, David Galliver and John Carol Case. This must have been a surprise to the tone-conscious Welsh who, while deprecating (if they did) the gigantic Handelian performances at the Crystal Palace in the late nineteenth century, still expect a good fat sound from a choir much larger than Handel ever dreamed of even for Dublin, let alone in the Foundling Hospital.

The remarkable Obernkirchen Children's Choir provided in 1960 the main Sunday concert fare from that same platform on which they had delighted the adjudicators seven years earlier. Rudolf Schwarz returned in 1961 with the LPO and brought still another orchestral colour – Sibelius with his Second Symphony, written exactly sixty years earlier; also Tchaikovsky's *Romeo and Juliet*, so beloved now one cannot credit the stupidity of the Viennese audience who so blindly accepted Hanslick's venomous condemnation, or of the Parisians who were so cold if not actually hostile to it.

The Vienna Boys' Choir in 1962 held the stage for the Sunday night Concert, varying the menu by giving a full dramatic production of a little known but attractive opera by Johann Schenk (1753–1836), *Der Dorfbarbier* (The Village Barber) named Lux who was also the local surgeon selling, of all remedies, *ham* of reputedly miraculous powers.

Orchestras of differing styles entertained us the following two years. First the *Grande Ronde Symphony* of Oregon, USA, in an all-American programme including the Charles Ives Third Symphony and Ferde Grofe's popular *Mississippi Suite*. This remarkable orchestra is sixty-five to sixty-seven players strong, all amateurs, a high number from a town (La Grande) of only 10,000 inhabitants. It is explained by the fact that its achievements under the founder-director Dr L. Rhodes Lewis have so raised its musical standards and attracted international acclaim, that it is an honour to qualify as a member. Some players motor in 160 miles for the rehearsals and for the concerts which increase in number annually and usually have 'standing room only' attendance. International artists pay the organisation the compliment of playing and singing with the orchestra, which has collected many honours and prizes.

In 1964 Wales's own orchestra, the BBC (from Cardiff), augmented, conducted by Rae Jenkins, with Elizabeth Vaughan and Robert Thomas, gave the Sunday concert. It included a work by the now international Welsh composer Grace Williams who, like the historic Geraldus Cambriensis comes from Barri (Barry). Berlioz, Bax, Dvořák and Sibelius were the other principal composers represented and so the Llangollen orchestral repertoire gradually unfolded itself.

Another experiment was tried in 1965 when three fine brass bands (Black Dyke Mills, Brighouse and Rastrick, and Foden's) massed under the late Dr Denis Wright, who was also an adjudicator that year but not, alas, as was so often believed, a relative of the writer but a close friend and a fine practical musician who is sadly missed. This Sunday concert was followed a year later by a magnificent symphonic programme by one of the outstanding military bands of the world, *Les Guides* of Belgium. Another is the Garde Republicaine of France. The full title is *Le Grand Orchestre d'Harmonie de la Musique des Guides* and under its Music Director Captain Yvon Ducene played works by Jean Absil (Belgian), and French composers Dukas, Schmitt, Berlioz, Ida Gotkowsky, Gaubert and Ravel.

The extraordinary degree which this 'Harmonie' (international for Military Band) can substitute wind tones for the absent strings of the orchestra, is astonishing.

Since then Sundays have turned to choral and orchestral masterpieces almost as completely as have Tuesdays to Ballet. In 1967 Verdi's *Requiem Mass* was given movingly by the City of Birmingham Choral Union together with the choir of the Birmingham School of Music under Harold Gray, with the British Concert Orchestra. The occasion was the more memorable in that through the sudden indisposition of Joan Carlyle in the important soprano part she was replaced almost overnight by a young singer from Bulgaria, Anastasia Botikova. It could be rewarding for an organisation like Llangollen Eisteddfod, having 'discovered' a talent such as this – the lady's performance was impeccable and her voice, like her appearance, is attractive – to follow it up by placing her again in an important solo spot, say on a Friday night. She could be regarded as 'Llangollen's own'.

Beethoven's Bicentenary Year 1970 was marked by Sir Charles Groves with the Royal Liverpool Philharmonic Choir and Orchestra and four first class soloists in the Ninth (or *Choral*) Symphony, preceded by the Eighth. The following year Sir Charles brought the same main resources to the new, larger Big Tent to give a performance of Elgar's *Dream of Gerontius* which we who heard it are unlikely to forget.

Finally, as we go to press another memorable performance is fresh in our minds from Harold Gray, with the Hallé Choir, Birmingham Choral Union and the City of Birmingham Symphony Orchestra. The work he presented is still unfamiliar even to many Berlioz lovers, the composer's *Grande Messe des Morts*. This requiem, composed in 1837 for the soldiers killed in the Algerian Campaign, was conceived on a gigantic scale, calling for resources it is rarely possible to provide, such as many hundreds of voices, a vast orchestra including sixteen kettle drums and fifty harps, and four brass bands. Fortunately, the new Eisteddfod stage, hastily denuded of all its beautiful floral decorations after the concert on the Saturday night, could hold a chorus and augmented orchestra sufficient to give us a very acceptable flavour of this French masterpiece, and the concert will go down as a highlight on the lengthening list of Sunday performances.

### Wednesday to Saturday

In addition to the above, there have of course been 108 other concerts, four every year from Wednesday to Saturday inclusive. These are by no means haphazard. Each night has a definite pattern or character but as with the opening and closing concerts, some experimenting has occasionally been done and certain events have inspired special efforts, as in Festival of Britain Year.

Remember, first of all, that the basic artistic material of the weekday concerts after Tuesday comes from the groups of dancers and the choirs visiting the Eisteddfod for the purpose of competition. Those known from previous experience to be good are the first to be included, when it is believed they will again be present. If a party visiting Llangollen for the first time proves to offer something unusual and special in the way of folk lore, or is spectacular in costume or performance, or by sheer quality or otherwise is unique in the experience of the Eisteddfod, it is often fitted in at the last moment. That is why some concerts run on until midnight!

This is not enough, however. In addition solo singers or instrumentalists are engaged, usually of international prestige. Even so, the various days do have certain characteristics: as we hope to show.

Most firmly assured in its perennial policy is the Wednesday Concert given entirely by folkloristic groups, dancing or singing. Normally no soloist is engaged beyond this. Everyone who is specially interested in international folk dancing tries to come to this concert.

Thursday is a mixed evening which contains folk elements but also straightforward choral singing and a an international 'star', who usually has been a singer (for Wales loves singing above all musical art) but is occasionally an instrumentalist. Menuhin himself played on a Thursday (unaccompanied Bach and an interesting mixed group, as one might expect of him); so did the composer Alexandre Tcherepnine (son of the famous Nikolai, composer and conductor of operas and ballets) and his dainty Chinese wife Lee Hsien-Ming, with whom he played two-piano duets. In the same concert Amy Parry-Williams and Alwena Roberts collaborated in Penillion songs with harp. The Thursday vocalists include so many world-famous names it would be invidious to single out any of them.

The concerts on Friday evenings are definitely of a more serious trend and the international visitors have ranged from Spanish harpists and guitarists to violinists, cellists and pianists. Programmes give the detailed list for all these evening concerts which reads rather like three main international gramophone catalogues rolled into one.

A notable exception on a Friday evening was the inclusion in Festival of Britain Year (1951) of a major group of Songs of Praise sung by the massed choirs of no less than nine nations. This combining of choirs for a united event is fairly common in national festivals. It was first introduced by Miss A. N. Wakefield in Kendal, Westmorland and provided a band of common interest and activity for all the competing choirs, quite apart from the day contests of choir versus choir. It has also for many years been an important feature of the National Eisteddfod of Wales.

Such collaboration on an international scale, involving choirs so widely dispersed as Llangollen contests involves, is difficult. But in 1951, with the aid of extra funds provided by the Welsh Arts Council, W. S. Gwynn Williams achieved an objective he had dreamed of for years. He massed 1,000 competing singers to sing *Allelujah Gentium*, a collection of Songs of Praise by Bach, William Byrd, Victoria, Lassus, Palestrina, Robert Williams and Handel, with a Gregorian Hymn of the twelfth century inserted in the middle of the group. The choirs taking part were from Austria, Belgium, England, France, Germany, Italy, Portugal, Spain and Wales, and it was broadcast live from the stage by ten countries. 'It was a big risk, but it went off wonderfully well and made quite an impression', writes Gwynn Williams who conducted, with Francon Thomas at the organ.

Saturday is the most 'popular' of nights, in the sense that its repertoire is designed to meet rather less sophisticated tastes. This does not imply 'pop' in its current jargon, but whereas on a Friday evening we have listened with rapture to Rostropovitch playing unaccompanied Bach on his 'cello, we would expect instead on Saturday to find a brilliant violinist throwing off Paganini's fireworks or charming us with a piece by Kreisler. Visiting choirs and dancers are as usual present in full force, and many a 'highlight' in spectacle or sound is remembered from a Saturday night, for instance the Rosny Children's Choir in 1971 and the courageous Turkish dancers in 1972. There is always an outstanding singing guest too; and the Home Fleet has been represented, for example, by Joan Hammond, Heddle Nash, Margaret Price, Margaret Rees, Amy Shuard, and Sir Geraient Evans. The many distinguished visitors have included names like Los Angeles, Susanne Danco, Mattiwilda Dobbs, Luigi Infantino, Gloria Lane and – well, the list again looks like a combined international gramophone catalogue. For many of the audience, Saturday means Farewell until Next Year, but the great Sunday evening symphony concerts have their own following.

One unique feature of these concerts has not yet been mentioned. At the close of the programme the organist steals back on to the flower-hidden bench and plays the Welsh and English National Anthems. But that is not the end of the evening, even if the concert – with the advertised interval eliminated because of late running – has extended to around midnight

already. For then, by a tradition which began with the installation of the
electric organ, a group from the audience moves forward towards the
stage while the organist begins a non-stop medley of national songs, mostly
Welsh. Then the people begin to sing, in spite of pleas by the Stage Director
'to clear the Tent'; and more of the former audience joins in, including
many who have partaken in the joyful noise for years and others, new to
the Eisteddfod, intrigued at the unusual proceedings. For 'joyful noise' it
really is. While the microphone and public address system is left switched
on, groups surround the loud speakers mounted on the Field and join in
the sing-song. 'Real singin' together this is, bach!' exclaimed an excited
Welshman in unmistakable intonation as I passed by and as I wended my
way up the steep hill to the farm with my wife and family, we heard
*Jenny Jones, David of the White Rock*, and *All through the night* come rolling
across the meadows. It warmed our hearts like Christmas carols heard
across the snow, and the whirring of the cars raising clouds of dust
as they drove in homeward procession from the top field could not spoil it.
After *Cwm Rhondda* there was silence but for the noise of the cars. Some-
one, out of consideration for the staff (largely volunteers, too) and the
technicians must have switched off the mikes and the lights simultaneously
for when we looked back down the silent hill all that could be seen were
two outdoor lights to guide the column of visitors from the premises.
Behind them, the dim white ghost of the cruciform marquee.

   We visitors do tend to take too much for granted, and there is now a
restraining hand on the all-night serenading and dancing that enlivened
the town in earlier years. But altogether it makes Llangollen memorably
unique in the world.

   Long Live the Land of Song!

# CHAPTER NINE

# 'No Limits'

'There seem to be no limits to what could emerge in the end'
SIR THOMAS ARMSTRONG

THERE IS NO DOUBT that the experience of this little Welsh town's annual carnival – for such is the Festival spirit that it amounts, in the public's mind, to that – appeals to the ordinary person quite apart from any specialised approach whether musical, or folkloristic or with a connoisseur's eye on the dancing or purely on feminine beauty. Yet the foundation of the whole festival, as in the countless other *eisteddfodau*, grand or modest, which Wales has inherited for a thousand years, is music. Poets have been the pride of Wales since the days of Iolo Goch. Poetry, which is the music of the spoken tongue, has been a main subject of contest, possibly since the time of the ancient Druids from whom the Bards are descended. There is written evidence, from both Greek and Roman sources that Druids recited poetry to some sort of strummed accompaniment on a stringed instrument that may or may not have been the true progenitor of the harp. What precise connection there was, if any, between the pulse of the accompaniment and the rhythm of the speech, we have no means of knowing. It is difficult to believe there was none. Llangollen has retained poetry in the form of fine words wedded to music, for in that guise, any visiting choir can grasp the spirit, and thus be able to interpret, the combined work of art in which the poem has been enshrined, and is often enhanced, by the composer. But not only music, traditional dance and pantomime are the very stuff of international communication. A child from Bali, a bushman from the high veldt, an Eskimo and an Indian from the Amazonian forests can all understand gesture, facial expression and the mood of a dance, be it a furious representation of a conflict or a sombre lament for the passing of the dead, the joy of a wedding celebration or a child's lullaby. Therefore Llangollen has included in its contest the enactment by national groups of traditional dance-ceremonies and the singing and instrumental music that goes with them, not bowdlerised, or raucously played by modern electric guitars or meretriciously shining drum sets but on the instruments employed to make that music for many generations.

The core, therefore, of the Llangollen Eisteddfod is *art*: music from the sixteenth century to the present day and dancing of every national style. To maintain the highest standards of performance, and the purity of styles, a panel of expert judges from several countries is engaged every year as described in the foregoing chapter. One of the most distinguished of them, who has now (1972) served on the panel at Llangollen for seventeen years is Sir Thomas Armstrong, MA, DMus, until 1968 Principal of the Royal Academy of Music, London, and as active in his retirement as he ever was 'in harness'. He tolds honorary but actively important positions in the musical world – he is Chairman of the Musicians' Benevolent Fund, for example, and gives much time to it – and is in constant demand for his wisdom and experience in many musical fields. He has held, and still holds, posts of high importance as organist, professor, conductor, administrator, trustee. There is no more versatile or highly regarded personality in our world of music than he. A first class judge of performance, his impromptu adjudications, like his public speeches, are models of clarity, reflecting his humanity and great wisdom.

As he came to his tenth Llangollen Eisteddfod he wrote the following article and we are indebted to him and to the *Liverpool Daily Post* for permission to quote it here:

Llangollen has to be seen to be believed. That great marquee assumes, in some lights, the proportions and the aspect of a cathedral; and its atmosphere, when the organ is being played and there are few visitors yet arrived, is memorable. Memorable, too, are the banks of flowers, renewed each day and tended with loving care by ladies who seem to embody, in their skill and smiling vitality, some finest aspects of the Welsh people. The blooms themselves testify to the fertility and exuberance of a magnificent countryside: they are more vigorous, fuller, and brighter in colour than one had realised.

Like some of the boys and girls who come to the festival from village and farm, they make their cousins from overcrowded cities appear pale and lifeless. Llangollen must be seen to be believed. But seeing isn't enough. There must be imagination to open one's mind to the deep significance of it all, to the wealth of human aspirations, experiences, endeavours, achievement, and tragedy too. For a race so vital, so romantic there is not only triumph. In many a family and community there is tragedy – tragedy that that does not always claim the attention of the world, but penetrates deep into the fabric of Welsh music and the mood of many Welsh songs. Ever-present, too, is an inescapable background of Welsh Nonconformist religion; and where there is Calvinism, there is many a course set for tragedy. When strong tides are contained there are times when the dam bursts.

But imagination is the prevalent characteristic, and the visions that it engenders. Think of the optimism that enabled a few men in a little community to plan an international festival, with no resources to rely on, other than those which their own locality could provide. There was no public money at the start. There was no powerful backing from the musical world. But there was imagination.

There was idealism; and these organisers decided to invite to their valley, and to entertain in their homes and houses, their visitors from all over the world. The same qualities of imagination have enabled them to cope with enormous developments that have followed their initial achievements, and there seem to be no limits to what could emerge in the end.

What about the musical standards of the Eisteddfod? To be frank, they still vary. When tests are set by the Eisteddfod Committee, they are generally very good ones, suitable to the occasion and acceptable from the musical point of view. And the performances, by any standard, are often magnificent. But when the choice is left to individual competitors the result can sometimes be disappointing. It is sad to hear a splendid male-voice choir, capable of producing a sound as thrilling as any that music knows – and to hear it wasting its strength and sweetness upon some totally insignificant little piece.

Things are better than they were in this respect: but there is still some way to go, both with groups and with individual soloists, who sometimes include, in folksong classes, items that offer little scope for distinguished musical treatment. Among the set pieces there is fine music, drawn from many epochs and nations, and edited in most cases by that indefatigable visionary, Mr Gwynn Williams, who has supplied the musical initiative and inspiration for so many festivals. With Mr Gwynn Williams's imagination goes a stern sense of what is practicable and musically profitable. A remarkable man. It is only natural that the choral and ensemble sections should be stronger than the solo ones. The dancers and players, often dressed in their colourful national costumes, and the choirs – more sedate but no less individual – these are the real substance of the Eisteddfod, and the sources from which the life of the festival flows.

It must be so, for music is a social art, and behind all the endeavour at Llangollen, the social element is strong. But music exists, however important its social and educational influences may be, for itself alone. All other considerations are subsidiary. And it is the music that makes Llangollen.

If the music heard in the Eisteddfod is largely the music of ensembles – if the festival caters rather for group activities than for the production of virtuosi, this is part of its strength; but the brilliant individual singers and players are welcome too, and make to the general achievement a notable contribution. The Eisteddfod, as a whole, is one of the most remarkable and creative activities that I have ever shared. But it has to be seen to be believed, and only personal experience of its particular character can convey any adequate sense of its scope, its influence and its possibilities. There may be some criticisms that the fastidious observer could make, for not every detail of the long day's work could be acceptable to everybody: of this the organisers are aware, and they are constantly striving to raise their standards in every direction where this is possible.

But once you are immersed in the life of the Eisteddfod, your criticisms evaporate in the warmth that is engendered there. They are blown away in the gales of vitality and creative force.

You will have noted Sir Thomas's insistence that 'Llangollen has to be seen to be believed.' That is the plain truth. Nothing that is written or photographed, or shown on television or reported on radio, can wholly give the thrill that a visit to this remarkable festival inevitably creates for every visitor. He suggests that in such matters as the selection by choir masters of their 'own choice' items there is room for improvement. This is in fact less true now than it was when the article was written nearly a decade ago. Taste in such serious musical matters is gradually rising, thanks to increasing familiarity with better music through the 'mass communications' of our age, in spite of all the pessimistic and cynical comments of a decreasing minority of blinkered or prejudiced intellectuals. But Sir Thomas agrees that Llangollen has not only brought together the people of many countries in common interest and friendship, but that its standards are the highest Wales – or indeed any country – has ever experienced; and that, in his own words to the present writer, 'It would be a tragedy if the Llangollen Festival were allowed to disappear.' It is up to all of us, realising its value, not to allow such a tragedy to happen.

12  Yugoslav (Skopje) dancers, winners of the Folk Dance Trophy in 1967. The group, Vlado Tasevski, were so excited that they danced all the way back down the hill, over the bridge (where this picture was taken), and on through the town.

13 The Rodna Pessen choir of Bourgas, Bulgaria, after winning the Mixed Choirs Trophy, which is specially cast in bronze every year, in 1970. In that same week, this choir also won first place in the Female and Male Choir contests, thus equalling the feat of another Bulgarian group, Rodina of the House of Culture 'Zora', Rousse, four years previously.

# CHAPTER TEN

# *Retrospect and Prospect*

O F MARRIAGE, they say, the first ten years are the hardest. Or some say twenty.

If ever you take it into your head to start an international competitive festival, think of Llangollen. It began with many practical problems to surmount, problems which are not inherent in the general festival. Its very conception arose in part from the desire to create something to assist the émigré groups resident here because of the War who were unable to enter the exclusively 'Welsh National' Eisteddfod they envied so much. Thus Llangollen set out to be international in approach and appeal and it succeeded at once in attracting a multi-national clientèle and international prestige and reputation. Fourteen nations entered that first Eisteddfod, several of them coming over from the continent. To assist the latter, the Festival defrayed transport expenses between London and Llangollen, tother with the subsistence of the dancers and singers during their stay in the town. The prolonged sojourn made it possible for them to partake in, as well as enjoy, evening concerts in the Big Tent; and the local population opened their hearts and hearths to the visitors.

They were made to feel at home; the word went abroad, and ere long more than twenty countries sought representation in the annual contests, which were judged by authorities from several nations. The choirs could be compared in test pieces of 'supra-national' importance, from the great pre-classical polyphonic schools, through Bach and the Classics and Romantics, together with music of their own country and of their own choosing. All folk singing and dancing was welcome, provided it was authentic and accompanied in the true traditional manner of its country of origin and as far as feasible played on traditional old instruments or their modern replicas.

Thus the Eisteddfod grew, and its practical problems with it. Soon the 'dormitory' for the visiting competitors had to be extended beyond the confines of Llangollen town. Some countries began sending a group of well over a hundred singers and dancers, covering all the categories fo the competitions entered, even a children's choir for the final Saturday as well as the male voice choir. That involved laying on a special service of private buses linking with the outlying villages, and all the administration that and the many hundreds of 'billetings' involved. Lodging fees have steadily increased with the cost of living, as did the London train fares. Until 1966 there was at least a rail connection with Ruabon, but even that has been withdrawn and it is usual now to send coaches to meet the choirs at Chirk, on the Welsh–English border, or to bring them from London all the way by coach.

It may justifiably be said, therefore, that the first twenty-five years have all been 'hard'. There are now nearly 12,000 competitors, the great majority of whom are heard and seen in the Big Tent; and the annual audience exceeds 180,000 including the evening concerts and the ballet of the Tuesday evening, and the Choral concert on the following Sunday which follows a Thanksgiving Evensong in the Marquee (looking more like Dylan Thomas's Canvas Cathedral than ever) presided over by a high dignitary of the Church – Roman, Anglican, Welsh, all have their turn. The festival hymns printed in the general programme are sung in Welsh or English.

On the problematic side of the account the general budget has risen from the privately suscribed £1,000 of the first Eisteddfod to over the £35,000 mark; and without the generously enthusiastic voluntary help of local inhabitants the world-famous institution could never have survived at all. The sturdy child of the late nineteen-forties has grown to a giant remarkable in Wales, and for Great Britain, indeed unique in the whole world of music. We have heard that in Vienna, Johannesburg, Singapore and Hong Kong learned professors still try to pronounce Llangollen. Sixty countries have now participated in the contests, from all five continents, and both sides of 'the Curtain' – thirty-two in 1971, including five choirs from the USA, and even one from Tasmania; thirty-two in 1972, including five from Canada and one from Australia. Before that Eisteddfod had closed, all season tickets for 1973 had already been sold, and every choir had taken away the published Syllabus for 1973 with the hope of returning soon.

If you possess a programme, note the prodigious size of those devoted working committees on 'Interpreters . . . Finance . . . Grounds . . . Floral Decorations . . . Publicity . . . Tickets . . . Hospitality.' This last includes representatives of no less than thirty-seven places round and about Llangollen, from a large town like Wrexham to a hamlet like Pentredior. This 'hospitality' is extended to help visitors searching for hotel, boarding house and farm accommodation which during the Festival period is extremely hard to find. For that week, and probably longer, the familiar 'Bed and Breakfast' notices completely disappear. Without all this voluntary help, which occupies many people for most of the rest of the year, an event of this magnitude would be unthinkable.

Glancing through old programmes memories go back to the early morning scent of honeysuckle at the door of Tower Farm; to golden sunshine drenching that green Field set among the mountains; to the comparative cool of the Big Tent, its myriad red chairs filled with listeners silent in rapt attention to every detail of the competing performances; to evenings of brilliant flamenco, slavonic gymnastics, african eroticism, virtuoso pianism, superb operatic singing; Beetnoven, Verdi, Berlioz, Gerontius. But also to stolen hours by the river Dee, whether sunning on the islands near the town or dreaming in the cool Handelian shades of Llantysilio, and nights of nimble dancing and full-throated singing on the famous Bridge. Pack horses have changed for lorries and buses, but at least the steam trains of a century of industrial 'progress' have ceased to irritate the dignified structure.

What a wonderful spectacle that Eisteddfod Field offers the eye! A hundred different exotic butterflies settling on a giant buddleia might be a deserving simile. The cool meadow carries not only the great Tent, but many other marquees and tents besides: of all shapes and sizes, they are devoted to reception of competitors, information for visitors, restaurants, milk bars, first aid and ambulance, police, publicity, a fire engine piped to the canal in its rear and adequately equipped to deal with anything on the Field, and other services; four peripatetic banks and a transportable post office; tents for British Rail, Women's Institutes, the National Union of Teachers, the Wales Tourist Board, an Advance Booking Office, even an exhibition or two. There are also some permanent buildings, mainly executive offices and toilet facilities which represent a considerable investment by the Eisteddfod in past years, as do various less obvious facilities such as underground drainage insurance against the possible unforeseen storm, and needed for the health of the turf especially in the winter months, for the grass worn thin by millions of feet must grown fine and firm again for the next summer; and the shaping of the ground to enable the Big Tent to achieve its present size with comfort for the spectators.

Yet are still left acres of unspoiled emerald lawn, on which thousands of people wander: visitors in sober black, young folk in strange with-it rigs varying from ancient Egyptian priesthood to smart officers' uniforms

of both World Wars – regimental badges removed, of course! Inter-
mingling are groups of competitors in distinctive costumes, national or
'folk': flamboyant eastern silks, exotic Iberian shawls, elaborate mantillas,
Indian saris and Mexican blankets. Contrasting old-world visions from
the Netherlands, Brittany, Normandy, or the sombre neatness of Scandi-
navians in their anciently embroidered scarves and jackets. Even our
English Morris Dancers wearing giant birds'-nests overgrown with flowers
fail to look out of place at Llangollen.

When it is hot – as it was in 1971 – many seat themselves against a guard
fence here, a barricade there, gossiping, conversing in mime, laughing,
sipping cartons of tea, listening to the performances relayed from the Big
Tent; music interspersed with introductions and an occasional announce-
ment exhorting someone to move his car or to claim a missing infant who
is probably having a high old time bashing the typewriter in the Police
Tent. The speaker is momentarily drowned as an athletic Ukranian, in blue
sharavári, red cummerbund, light brown riding boots and embroidered
tunic suddenly springs high in the air like a Jack-in-the-Box to the applause
of the group around him, clicking their cameras and hopefully tendering
their autograph books. Here and there a young couple steals away for a
stroll on the canal towing path near by; Viking and Latin, Slav and Celt,
Old World and New, sometimes with no common language but a smile
and the pressure of a questing hand. As the fair Swedish boy said when dis-
covered with a vivacious Portuguese dancer, as he waved a pocket dic-
tionary to an inquisitive journalist, 'We communicate.' Z Cars could find
some interesting story lines up here, leading not so much to drug traffic as
to an Interpol Marriage Bureau, if there be such an institution. Occasionally
a drum thuds, as a dance group practises (in which case the loud speakers
will soon ask the drummer to stop interrupting the choirs – a passing jet
plane is a less avoidable hazard), or as it is posing for a photograph.

Long before the evening is over most of the ice cream supplies and
hamburgers have run out, and milk bars have run dry; but fresh supplies
will arrive early tomorrow morning from Chirk and Wrexham, to feed
the flocks that begin to pour in when the turnstiles open at nine o'clock.
They total approximately 40,000 each day. The great Barnum dared not
think as large as this . . .

In the Tent itself, judging is proceeding as described earlier in this book.
It is expedited by the skilful handling by the self-taught stewards behind
the scenes. While one choir is singing, the next is ready, lined up on the

ramp leading to the prompt side of the stage; the next is waiting in the adjoining Artistes' Room (where final touches can be put to make-up and costume when necessary), while the choir behind that is already forming up on the grass outside. Directly the competing choir has finished, it makes a smart right turn, and files off on the OP side. The Stage Conductor, as the Master of Ceremonies is called, announces the next choir, with a few interesting facts concerning its origin, accomplishments, its journey (some are three days by road, rail, sea, rail and finally road again reaching Llangollen; others are fitting it into a world tour), the normal occupations of the choristers, and so on, finally giving the translated title of its 'own choice' piece with a précis of its sense. By this time the judges have agreed their marks, and perhaps on any adjustment to previous marks in that competition in the light of the later performances. The new choir marches on, the judges' bell rings and off we go again.

In 1971 an American Glee Club startled everyone by repeating their clever trick of a year earlier. Conditioned, no doubt, by today's passion for split-timing, the choir, in two equal parts, rushed in from both sides simultaneously, interlacing with the precision of four passing trains. Their well-rehearsed act won a round of applause, and amused smiles from the adjudicators; it is unnecessary to add that they were marked solely on the merits of their musical performance. They left the stage in similar fashion, in two files each way, outwards. One wag suggested that since the Prompter's Side here is the actors' left, and in the USA their right, the choir, perplexed, was determined to be international in its approach – and retreat.

The Stage Conductor has a task calling for efficiency and tact. He has, and is, a personality in his own right. His title implies much more than 'Master of Ceremonies' or 'Announcer', and the part he plays throughout every day's competitions and the evening concerts is vital. He must be prepared to spin out the time by talking agreeably to the audience during an awkward pause. He must be polite but firm with over-boisterous competitors and their fans in the North Transept of the Tent, or with a group on the outside field that starts banging a drum in the middle of a choral contest item; to announce with equanimity a police message regarding a lost bunch of keys, an SOS for a doctor, a nervous children's choir or an equally nervous Prime Minister. It is therefore fitting to recall some Stage Conductors' names from former and more recent times: Caerwyn, a famous figure of the Welsh International Eisteddfod for many years; the late Meic Parry, Pat O'Brien and Hywell Davies; D. Jacob Davies, and a 'team' of recent years, T. Glyn Davies, Havard Gregory, Dillwyn Miles and Hywel D. Roberts. The last-named has been most helpful and encouraging in aiding the writer with this book. His long connection with the Eisteddfod makes him rich in reminiscences springing from his interest in people, deepened by that personal warmth which imbues all his work on the stage.

The Folk Song, Dance and Traditional Instrumental Classes produce the most colourful costumes, but the youth and children's choirs often wear their own neat uniforms. These are smart, and contribute to the kaleidoscopic picture to be seen all day upon the Field and in the Tent. The Island Singers wear the French dresses dating from several centuries ago, and a German 'Liedertafel and Male Choir' turned up complete in the stove-pipe hats, pearl-buttoned waistcoats, long-tailed coats and buttoned boots of their forefathers' time. Nothing could be more charming than the Norman and Breton groups waving their morning greeting to the tartan-kilted girls from Dumbarton, the girls in their Alberta plaid from Canada, and the bonny emerald-green colleens from Newtownabbey in Ulster, all displaying lower limbs worthy of any revue or beauty contest – and pretty they are, too. Well-tended hair, often rippling to shoulders clad in blouses or sweaters and sometimes to the waist, with neat school or club ties and trim figures – and a discipline which is obvious yet not of Victorian severity. Llangollen affords a liberal and varied education to the visitor, geographical, and sociological, historical and psychological as well as musical and linguistic. Newcomers, savouring the Llangollen scene, including the great banks of fresh flowers bearing up the stage in front and forming a multicoloured bastion at the back, all turn and say in whatever language: '. . . but I had no idea it was like *this*!'

The final Saturday concert of Llangollen's Silver Jubilee ended on a particularly happy, yet typical, note. We already had had a novel experience from a young Swedish group, the *Treklangen* of Linköping, in their modernistic dance movements. 'Dance' is scarcely an adequate word as it involved mime and dance with mouth-music generated by the dancers themselves. Clad in green slips with white sleeves and socks, they looked like wood-elves or fairies (whichever are the prettier) as, wide-spaced, they lined up diagonally to the audience and several ranks deep. The miming and graceful movements were done to their own 'music' – whispering, murmuring, moaning, twittering, roaring, whistling, rushing just as one imagines it in Tolkien's remarkable fantasies of Middle-Earth and long, long ago. Their only props were shiny coloured cylinders and handfuls of scintillating autumnal leaves.

At about half past ten – early for a Llangollen concert; some of them go on until midnight – the Stage Conductor announced the Rosny Children's Choir from Tasmania. This choir had already distinguished itself by performing brilliantly in the Traditional Folksongs Class earlier in the week; there was an additional interest in meeting the first Australian choir ever to appear in the Northern Hemisphere. On the children filed, their ages, boys and girls, ranging from 6 to 16. Blue, white and red were the dominant colours – blue frocks or skirts for the girls, blue knickers for the boys; white blouses where appropriate, white sleeves all, and white socks everyone under a line of attractive pink knees. Red berets and ties for all, and black shoes: and four rows of smiling pink faces lined up facing their slim young conductor, Jennifer Filby.

First they sang popular Australian songs by Frank Hutchens; then, and quite beautifully, *The Angels and the Shepherds* by Kodály with its eight-part finale. To this, the massive audience listened in rapt silence, broken at the end by loud cheering. The Welsh public is not so moronic as is often supposed, thanks to the gradual rise in musical appreciation of the present era. But a real Saturday night treat was now to come.

Miss Filby, beckoning to a small boy in the front row of the choir, retired to the side. He was a stockily built laddie, and after stumping up to the rostrum gave a brief nod to the audience. Turning back to the choir, he made sure that all eyes were on him, including the accompanist's; in the expectant hush, he gave a professional down-beat, and the piano began its introduction. Satisfied, he turned to the 'mike' – and us, and began to sing *The Happy Wanderer*. From that moment we were 'with him': we saw his smiling face and twinkling eyes, we heard every syllable of the text: his comic-actor face reflected every mood of the song, his energy was infectious and apparently unlimited, his personality enchanting.

At 'My knapsack on my back' he turned to the choir who joined heartily in the refrain 'Val de ri, val de ra', and so to the next verse, then the next, each with more gestures and facial expressions from the soloist and more gusto from the chorus; right to the end. The applause was tremendous, the demand for repeat spontaneous and compelling. The last verse and chorus had to be done again. And again. And again. By now the enthusiasm of the vast audience knew no bounds; most people were on their feet, some even standing on their chairs, clapping, whistling, cheering, calling. Even Gwynn Williams, with his legal training and a lifetime's experience in the necessity for moderation in all things, especially approbation of a performance, afterwards described the scene as 'the grandest ovation ever given to a Choir in the twenty-five years of this Eisteddfod'.

The Stage Director stopped the performance to prevent the children from exhausting themselves. But then came the most unexpected and sweetest surprise of all. A gesture from the Director silenced the audience, who had already realised, through the immobility on stage of the choir, that something was about to happen. It did. A tiny girl stepped forward and presented Mr Gwynn Williams with a large plaque bearing the Arms of the City of Hobart, Capital of Tasmania, in bronze mounted on Tasmanian myrtle wood. With it was a letter from Hobart's Lord Mayor, Alderman R. G. Soundy, bearing greetings and good wishes 'to all the assembled choirs' and 'in grateful thanks of our people for the hospitality extended to The Rosny Choir by the people of Wales'. There had been no time before the choir left Hobart to have this message engraved on the Plaque, but the present Eisteddfod Chairman, Mr H. G. Best, JP, took it home where it at present occupies a proud position among the multitude of similar trophies and souvenirs sent to the Festival from all over the world.

This happy event will long remain a highlight between the quarter century now survived, achieved and enriched by the Eisteddfod and that which began in July 1972.

So many people have wondered and asked about the Rosny Choir, the present writer feels that the following facts, kindly supplied by the Lord Mayor of Hobart, will be of general interest. The Choir was formed as a natural offshoot of the city's Eisteddfod Society founded twenty-one years ago by the former Lord Mayor, Sir Basil Osborne, CBE, who acted as Honorary Treasurer of a fund set up in 1970 by the present Lord Mayor to raise the further 20,000 dollars needed to enable the Choir to make its proposed world tour; it itself had already raised an equal amount. The little girl who presented the plaque in Llangollen was Susan Weldrick, aged 9, chosen because her grandfather, the Rev. William Rowlands came from Gowerton, South Wales. Her uncle, the late Father Leo Rowlands was a Welsh composer several of whose songs are included in the choir's repertoire. One of them, *There comes a galley*, was sung by them in Westminster Abbey.

The talented young man who sang and conducted with such professional gusto is even younger – he was 8 – and his name is Peter Schmidt. That accomplished accompanist was his big brother Louis, who often plays piano solos in the choir concerts. Both are Tasmanian born, their parents having emigrated from Hungary over twenty years ago.

The song itself which helped to generate such enthusiasm, *The Happy Wanderer*, had already a special connection with the Llangollen Eisteddfod. It was brought there the very first year Children's Choirs were catered for, in 1953, by the famous Obernkirchen boys and girls who won the First Prize. They sang it, of course, in German, and it was a popular choice: as such; and being the winning choir, they recorded it for the BBC broadcast. At first it was believed to be a German folk song. An English publisher spotted it and brought out an English version and licensed commercial recordings. The Australian edition attributes it to a Friedrich Wilhelm Mueller. What is curious, is that all these things were set in train, negotiated and realised without Llangollen, who had created the opportunity, knowing anything whatever about it!

A final note regarding the brave little choir from Tasmania. For them, Llangollen was but one event in a long and exciting world tour during which they often sang for their suppers, but more often for the sheer pleasure of giving pleasure – at airports, on launch trips, in hotels, cafés, universities, hospitals, picnic grounds – whenever invited and occasion arose. Their many official engagements included their host village in Wales, Rhos, at York Festival and in York Minster, in Westminster Abbey, St Martin's-in-the-Field, Hereford Cathedral, Liverpool, Birmingham, Australia House London, several broadcasts on Radio and TV, and one least expected in Trafalgar Square where they were feeding the pigeons. They started Mary Poppins's song *Feed the Birds* – to the delight of a quickly gathering crowd of Londoners and Overseas visitors.

The pictures in this book reflect only a small facet of the activities of Llangollen and the manifold visions that please the eye. The scenic setting is in itself worth a visit. That most important ingredient of all, the music, we cannot reproduce here. Lucile Armstrong's article (chapter 5) concentrates on the authenticity of the folk music and the dancing, but of even more immediate impact on the spectator's eye is the riot of costumes of every conceivable colour, period, taste, and design; and of the visual characteristics, often elegant and beautiful, of their wearers. Not infrequently a group having appeared in one set of costumes for their contest will turn up later in quite different ones for their programme in the evening concert. Their dances are probably from different periods or are of utterly different nature. This is especially so where countries have passed through different régimes, or have in fact been occupied by another race. The effects are always apparent in the arts and craft of the people; from the folk music itself and its instruments to the architecture and costuming of the wealthier classes. Nevertheless the people, whether through isolation from main centres, or by permission of the new rulers, or if necessary secretly, continue to remember and treasure their own culture and preserve their customs, dances, music, costumes. It applies to most of the countries bordering on the Mediterranean, and its many islands. It is happening all around us today in Europe, as it has done in great tracts of the USA and Canada, all over Africa and Asia. The comparative stability of our own home countries accounts for the 'monotony' and dullness complained of by the British of their own dances and costumes – the Morris Dancers, various Sword Dancers, the Scottish and Irish kilts, the Welsh costume, and so on. They are apt to forget the old adage, 'Familiarity breeds contempt', and the foreign visitors to these shores are as interested in our dancers and their costumes as we are in theirs – largely because their own are largely unfamiliar to us, if indeed we have ever seen them at all. Let us remember, too, that many of those gorgeous silken robes and etherial scarves from the warm countries are scarcely suitable for our English, Scottish, Welsh or indeed Irish climate.

Every year brings something new in personalities, costumes, singing, dancing, music. In 1972 the Nigerians arrived for the first time, and the Linnet Girls' Choir came all the way over from Sydney, as the Rosny children had come from Tasmania the previous year. A fine Bulgarian mixed choir was pipped at the post by a fine English choir from Reading, with Yugoslavia just behind in third place. It is only fair to add that the same Bulgarian company's Ladies won their Trophy outright. In that 'high spot' of the week, the Male Voice Choir Class on the Saturday, the Fostbraedur men from Iceland came a brave second to England's Bolsterstone, whilst Wales again had to look outside the Principality and obtain third place with some excellent singing by the London Gwalia Choir. Earlier in the day the Wirral County Grammar School for Girls beat their own – and everyone else's – record by winning the Children's Choir Trophy for the sixth time.

Nothing has so far been mentioned of the solo contests held each year at Llangollen. Of these the most important by far is the Vocal Open contest for singers, raised in 1966 almost to Trophy status and named the *Princeps Cantorum* competition. Most festivals have an open contest of this kind, but only one – Tees-side – runs one on this high international level. It divides vocalists into six natural categories – soprano, mezzo-soprano, contralto, tenor, baritone and bass. The Preliminaries or heats are held on the Thursday in various halls and chapels in the town. The three highest-marked singers from each class sing again next morning in the big Tent, adjudicated by the original judge assisted by one or more colleagues of the Music Board. The results are publicly given from the stage, and early that evening the first from each category is re-heard by a panel of three judges in the Town Hall. No marks are given, but three are agreed by them as the most promising for stage appearance that night during the Friday Concert in the Tent. For these final hearings all the singers have to choose two fresh and contrasted songs, to display their versatility. In 1972 the bass, the contralto and the soprano won their way to the final, which was judged by a panel chaired by Sir Thomas Armstrong. The winner was the vivacious 21-year-old soprano Penny Speedie. Sheer technique of manipulation of her beautiful voice was enhanced by innate musicality and musicianship – by no means quite the same thing: the first is inborn, the second craftsmanship – strengthened still further by early training as a pianist. This point is worth noting by any who really hopes to make the grade as a professional singer. Many of our greatest singers have started as pianists – Kathleen Ferrier, for example. So did Gwen Catley, who because of it was able to learn the complete rôle of a difficult opera for Stanford Robinson in the early days of the BBC's Third Programme. It was by Donizetti, called in English theatres *The Elixir of Love* and Miss Catley had precisely two days to learn it, most of the time accompanying herself on her home piano.

Similarly the Solo Folk Song Class attracts singers from many countries, and is therefore judged, even in the inevitable 'Prelims', by two or more adjudicators, one of whom is a Welshman, for naturally many Welsh girls enter the class, and very sweetly they sing, too. These singing classes are divided into under 16 and over 16 age groups. The piano classes are Junior (under 16) and Senior. Open, so that a young genius not yet 16 can enter the latter if his confidence tells him he is justified. The class for Any Orchestral Instrument does not attract many entries, but sometimes first class young talent shows up, such as Paul Mayes, aged 16, who in 1971 played a Boccherini concerto beautifully, and young lady trumpeter Barbara Sawyer from the USA, playing a tricky set of variations in modern idiom by Marcel Bitsch. The main attraction however of Llangollen is its folk dancing and its choirs, and in those lie its strength and unique quality.

What of the Future? We have enjoyed the fruits of the enthusiasm and hard labour of many hundreds of devoted people. We leave every Eisteddfod regretting its end, but with many happy memories, and with next year's Syllabus already prepared and printed in our pocket. This book has tried to how from nothing material, but from conviction, courage and inner strength, the Festival has grown greater and stronger each year, so that anticipation turns not to next July but to the next quarter-century of the Llangollen International Musical Eisteddfod; to a Golden Jubilee by which time, we hope, not sixty but one hundred and sixty nations will have participated. It may need two weeks, a second marquee, two fields, ten more adjudicators and even the relaying of the rail track from Ruabon. But whatever it is, you may be sure Llangollen will rise to it.

Of one fact we may be certain: its standard and prestige will continue to rise; its impact, already world-wide, will strengthen even more. The friendly meeting of people with people on that mountain-ringed green field in little, beautiful, warm-hearted Wales will contribute positively to world understanding, and help to lead us all back from the brink of chaos to humanity and justice. Laughter heals, not weeping; argument leads to blows, singing to smiles and companionship. Wise are the words embossed on the Llangollen Trophy:

> Blessed is a world that sings,
> Gentle are its songs.

## NOTES

1. Llangollen Bridge. The attributing of the present bridge to Bishop John Trevor is based on information given in the famous Welsh Encyclopaedia *Cymon* (1875) by Owen Jones, who quotes the actual date of its construction as 1345. *Highways and Byways in N. Wales* (A. G. Bradley, Macmillan, 1901) gives its date as XV Century and describes it as 'the first stone bridge in Wales', but the late Robert Richard in attributing the bridge to Trevor quotes the latter's dates as 1300–57. Later research, however (eg by R. T. Jenkins) suggests that although, after the destruction of the timber bridge, Bishop Trevor built a stone bridge in line with the then common practice of the Church to assist in communication, his in turn was destroyed and was replaced by the present structure which is commonly attributed to him.

2. It is a mistake however to regard the two 'Eisteddfodau' as rivals. Llangollen, in its 'cup and echo of hills', is unique and has proved what can be done in a tiny isolated place, almost entirely without musical resources of its own, in the International field. Tees-side, organised bi-annually on a broader repertoire especially instrumentally, is in a large, densely-populated industrial area. Encouraged by international standards, its influence in the musical activities of its area steadily increase, just as it has developed a character of its own. Both great Festivals stand firmly together on one common platform: the friendship and understanding of people from everywhere with each other, through their common inheritance of music and dance.

3. W. S. Gwynn Williams goes fully into the subject of Penillion Singing in his standard book, *Welsh National Music and Dance*, Chap. 6 (Curwen).

4. The writer has been assisted in my modest enquiries – and I make no claim to 'research' other than among many books – by the excellent brochure *Music in Wales*, containing the BBC Annual Lecture of 1961 by Dr Daniel Jones, whose wide scholarship and balanced judgements I much admire and most gratefully acknowledge.

5. *Encyclopaedia Britannica.*

6. *Newnes' New Imperial.*

7. *A History of Musical Thought* (Crofts, New York).

8. *Science and Music* (OUP).

9. See W. S. Gwynn Williams, op. cit.; and Dr Percy M. Young discusses it at some length in his *History of British Music*, pp. 25 et seq. (Benn).

10. A. L. Lloyd is on the Ed. Board of the English Folk Song and Dance Socy. and is connected with the International Folk Music Music Council. He has made a special study of the folk music of Mediterranean countries and recognises the subtle differences in vocal tone colour between groups and choirs of these countries.

11. Treklangen = three sounds, or a triad.

12. Sir John Morris-Jones, Cerdd Dafod, Rhydychen 1925.

13. *The World Still Sings*, prod. Esso, dir. Jack Howells. Available on loan from Petroleum Films Bureau, 4 Brook St., London W1Y 2AY (16 & 35mm).

14. For many years the conductor of the Froncysyllte Choir was Mr Lloyd Edwards, and, whether victorious or not, it sang with great credit in the Eisteddfod almost a score of times. In 1971 he died, and in that year and 1972 as a memorial gesture to him the choir has donated the £150 First Prize to the winning choir of the Male Voice Class – a gesture to repeated, it is authoritatively stated, in 1973.

15. Ecology – that branch of science which treats of plants and animals in relation to the environment in which they live.

16. After all, there need be no secret regarding his identity. He is Professor Doctor Herbert Norman Howells, CH, CBE, DMus (Oxon), FRCM, FRCO, HonRAM, MusDoc(hc)(Cantab 1961). Unhappily, last moment illness prevented his attending the 1971 Llangollen International Music Eisteddfod, but he is due for a special welcome in 1973, for in the meantime, on October 17, his eightieth birthday was celebrated by a large and distinguished party at the Royal College of Music, London. As usual, his blue eyes were sparkling with tricksy humour, exemplified when, to quieten the crowd in order to reply to a suitable speech and presentation, he mounted the stage, struck a queer chord on the piano and cried: 'Ladies and gentlemen, many years ago I sold that chord to John Ireland for half a crown, but he never used it!'

17. See Chap. 3.

# The International Eisteddfod
## as seen by Dylan Thomas

LLANGOLLEN. A town in a vale in rolling green North Wales on a windy July morning. The sun squints out and is puffed back again into the grey clouds blowing, full to the ragged rims with rain, across the Berwyn Hills. The white-horsed River Dee hisses and paws over the hills of its stones and under the greybeard bridge. Wind smacks the river and you, it's a cold, cracking morning; birds hang and rasp over the whipped river, against their will, as though frozen still, or are wind-chaffed and scattered towards the gusty trees. As you drift down Castle Street with your hair flying, or your hat or umbrella dancing to be off and take the sky, you see and hear all about you the decorous, soberly dressed and headgeared, silent and unsmiling inhabitants of the tame town. You could be in any Welsh town on any windy snip of a morning, with only the birds and the river fuming and the only brightness the numberless greens and high purples of the hills. Everything is very ordinary in Llangollen; everything is nicely dull, except the summer world of wind and feathers, leaves and water. There is, if you are deaf, blind, and dumb, with a heart like cold bread pudding, nothing to remark or surprise. But rub your eyes with your black gloves. Here, over the bridge, come three Javanese, winged, breastplated, helmeted, carrying gongs and steel bubbles. Kilted, sporraned, tartan'd, daggered Scotsmen reel and strathspey up a side-street, piping hot. Burgundian girls, wearing, on their heads, bird-cages made of velvet, suddenly whisk on the pavement into a coloured dance. A viking goes into a pub. In black felt feathered hats and short leather trousers, enormous Austrians, with thighs big as Welshmen's bodies, but much browner, yodel to fiddles and split the rain with their smiles. Frilled, ribboned, sashed, fezzed, and white-turbaned, in baggy-blue sharavari and squashed red boots, Ukranians with Manchester accents gopak up the hill. Everything is strange in Llangollen. You wish you had a scarlet hat, and bangles, and a little bagpipe to call your own, but it doesn't matter. The slapping bell-dancers, the shepherds and chamoishunters, the fiddlers and fluters, the players on gongs and mandolines, guitars, harps, and trumpets, the beautiful flashing boys and girls of a score and more of singing countries, all the colours of the international rainbow, do not mind at all your mouse-brown moving among them: though you long, all the long Eisteddfod week, for a cloak like a blue sea or a bonfire to sweep and blaze in the wind, and a cap of bells, and a revelling waistcoat, and a great Alp-horn to blow all over Wales from the ruins of Dinas Brân.

Now follow your nose, and the noise of guitars, and the flying hues and flourish of those big singing-birds in their clogs and aprons and bonnets, veils, flowers, more flowers, and lace, past the wee Shoppes, through the babel of the bridge, by the very white policeman conducting from a rostrum, and up the tide of the hill, past popcorn and raspberryade, to the tented Field.

Green packed banks run, swarming, down to the huge marquee there that groans and strains and sings in the sudden squalls like an airship crewed full of choirs. Music spills out of the microphones all over the humming field. Out of the wind-tugged tent it rises in one voice, and the crowd outside is hushed away into Spain. In a far corner of the field, young men and women begin to dance, for every reason in the world. Out skims the sun from a cloud-shoal. The spaniel ears of the little tents flap. Children collect the autographs of Dutch farmers. You hear a hive of summer hornets: it is the Burgundian *vielle*, a mandoline with a handle. Palestrina praises from Bologna to the choral picnickers. A breton holiday sings in the wind, to clog-tramp and *biniou*.

Here they come, to this cup and echo of hills, people who love to make music, from France, Ireland, Norway, Italy, Switzerland, Spain, Java and Wales: fine singers and faulty, nimble dancers and rusty, pipers to make the dead swirl or chanters with crows in their throats: all countries, shapes, ages, and colours, sword-dancers, court-dancers, cross-dancers, clog-dancers, dale-dancers, morris, celidhe, and highland, bolero, flamenco, heel and toe. They love to make music move. What a rush of dancing to Llangollen's feet! And, oh, the hubbub of tongues and toes in the dark chapels where every morning there's such a shining noise as you'd think would drive the Sunday bogles out of their doldrums for ever and ever.

Inside the vast marquee that drags at its anchors, eight thousand people – and you – face a sea of flowers, begonias, magnolias, lupins, lobelias, grown for these dancing days in the gardens of the town. Banks and waves of plants and flowers flow to the stage where a company from Holland – eight married pairs of them, the oldest in their late fifties, the youngest twenty or so – are performing, in sombre black, a country dance called, 'Throw Your Wife Away.' This is followed, appropriately and a little later, by a dance called, 'You Can't Catch Me.' The movements of the humorous and simple dance are gay and sprightly. The men of the company dance like sad British railway-drivers in white clogs. Under their black, peaked caps, their faces are stern, weather-scored, and unrelenting. The quicker the music, the gloomier they clap and clog on the invisible cobbles of cold clean kitchens. The frenzied flute and fiddle whip them up into jet-black bliss as they frolic like undertakers. Long Dutch winter nights envelop them. Brueghel has painted them. They are sober as potatoes. Their lips move as they stamp and bow. Perhaps they are singing. Certainly, they are extremely happy.

And Austrians, then, to fiddles and guitar, sing a song of mowers in the Alpine meadows. Sworded Ukranians – I mean, Ukranians with swords – leap and kick above the planted sea. People from Tournas, in the Burgundy country, dance to the accordian and *cabrette*, the Dance of the Vine Dressers after Harvest. They plant the vines, put the leaves on the branches, hang up the grapes, pick the grapes, and press the wine. 'God gave us wine', they sing as they dance, and the wine is poured into glasses and the dancers drink. (But the wine is not as real as the pussyfoot nudge and shudder down the aisles.)

All day the music goes on. Bell-padded, baldricked, and braided, those other foreigners, the English, dance fiercely out of the past, and some have beards, spade, gold, white, and black, to dance and wag as well.

And a chorus of Spanish ladies are sonorous and beautiful in their nighties.

And little girls from Obernkirchen sing like pigtailed angels.

All day the song and dancing in this transformed valley, this green cup of countries in the country of Wales, goes on until the sun goes in. Then, in the ship of the tent, under the wind-filled sails, watchers and listeners grow slow and close into one cloud of shadow; they gaze, from their deep lulled dark, on to the lighted deck where the country dancers weave in shifting-coloured harvests of light.

And then you climb down hill again, in a tired tide, and over the flood-lit Dee to the town that won't sleep for a whole melodious week or, if it does at all, will hear all night in its sleep the hills fiddle and strum and the streets painted with tunes.

The bars are open as though they could not shut and Sunday never come down over the fluting town like a fog or a shutter. For every reason in the world, there's a wave of dancing in the main, loud street. A fiddle at a corner tells you to dance and you do in the moon though can't dance a step for all the Ukranians in Llangollen. Peace plays on a concertina in the vigorous, starry street, and nobody is surprised.

1    A children's choir crossing the 'Bridge of Friendship'

2   A song of Norway echoes across the silver waters of the Dee. This colourful choir of Scandinavian damsels lend the magic of their country, the sentiment of their traditions in music and song to the international arena which is Llangollen

When you leave the last voices and measures of the sweet-throated, waltzing streets, the lilt and ripple of the Dee leaping, and the light of the night, to lie down, and the strewn town lies down to sleep in its hills and ring of echoes, you will remember that nobody was surprised at the turn the town took and the life it danced for one week of the long, little year. The town sang and danced, as though it were right and proper as the rainbow or the rare sun to celebrate the old bright turning earth and its bullied people. Are you surprised that people still can dance and sing in a world on its head? The only surprising thing about miracles, however small, is that they sometimes happen.

# GWARAIDD FYDD EI GERDDI FO

Y *Trosiad Cymraeg (gan Urien Wiliam)*

*Kenneth A. Wright*

The publisher wishes to thank the Welsh Arts Council for defraying the cost of translation.

# Cynnwys

# Rhagair

*gan y*

Gwir Anrhydeddus Peter Thomas, QC, AS,
*Yr Ysgrifennydd Gwladol dros Gymru a Llywydd Eisteddfod
Ryngwladol Gerddorol Llangollen*

CANOLBWYNT LLANGOLLEN YW EI PHONT hynafol, a dymunol hefyd (oni fyddwch yn digwydd gyrru drwy'r dref). Fel hyn yn wir y dylai hi fod gan i Llangollen wasanaethu fel pont rhwng y cenhedloedd oddi ar 1947, pan gynhaliodd grŵp bychan o arloeswyr cerddorol yn y dref Eisteddfod Gerddorol Ryngwladol.

Dywedir i mi ei bod hi'n hollol amhosibl yn ôl egwyddorion aerodynameg i wenynen allu hedfan – mae ei hadenydd yn rhy gwta a'i chorff yn rhy lydan. A defnyddio'r un gyfatebiaeth, amhosibl fyddai hi hefyd i dref fach fel Llangollen ymgymryd â gŵyl gerddorol fawr, yn denu corau, grwpiau dawnsio a cherddorion o bedwar ban y byd.

Hynny neu beidio, fe lwyddodd Llangollen i gyflawni hyn oll yn wyrthiol iawn yn 1947 ac yn fwy rhyfeddol fyth ailadroddwyd y gamp hon bob blwyddyn yn ddi-dor oddi ar hynny.

Fe gaed adegau, wrth gwrs, pan deimlai trefnwyr yr Eisteddfod Ryngwladol straen go drwn. Cynyddodd ei phroblemau yn sgil llwyddiant yr Eisteddfod a bu ei dyfodol ariannol ar brydiau'n lled dywll. Bodlonrwydd mawr i mi oedd gallu hybu Deddf yr Eisteddfod 1958 a'i gwnaeth hi'n bosibl i awdurdodau lleol ledled Cymru gyfrannu tuag at yr Eisteddfod Genedlaethol. Ac yn ei thro, o hyn y deilliodd Deddf Eisteddfod Gerddorol Ryngwladol Llangollen 1967 (a hybwyd gan Idwal Jones A.S) a roes yr un fantais ariannol i Llangollen.

Bydd arloeswyr Llangollen yn egluro llwyddiant yr Eisteddfod Ryngwladol ag un frawddeg gryno 'Gwnaethom gynnau'r tân iawn ar yr adeg iawn ar yr aelwyd iawn', meddent. Fy nymuniad yw y bydd i'r tân hwn barhau i losgi am amser maith ar yr aelwyd gynnes hon rhwng bryniau teg Sir Ddinbych.

PETER THOMAS

# Y Gyffordd ar Afon Ddyfrdwy

YFLWYDDYN 1854 o Oed Crist yw hi. O dref brysur, fyglyd Rhiwabon, am y ffin â Lloegr, mae ffordd yn rhedeg i'r gorllewin i ganol un o lecynnau hyfryta'r ddaear. I fyny â hi dros fryn, ac yna, ar ôl pasio trwy dri o'r pentrefi sy'n nodweddu'r fro gyda'u briciau cochion, mae'n llithro i lawer i ddyffryn afon Dyfrdwy. 'Roedd y ffordd yn dda, ac uwch ei phen, ar hyd ochr clawdd serth, roedd llwybr a fwriedid ar gyfer teithwyr ar draed. Fe'i cysgodid gan lwyni cyll. Cerddais ar hyd iddo i'r terfyn, yn Llangollen. . . .'

Fel hyn y sgrifennodd George Borrow dros gan mlynedd yn ôl yn ei lyfr taith egoistig ond cyfareddol, hanes taith gerdded faith a gymerodd drwy Gymru. Fe'i cyhoeddwyd wyth mlynedd yn ddiweddarach ac mae'n enwog heddiw dan y teitl *Wild Wales*. Fe all gwlad newid yng nghwrs can mlynedd. Gall trefi godi o ddim, gall dinasoedd ddadfeilio. Gall afonydd newid eu siwrneiau, a gall dyffrynnoedd droi'n llynnoedd. Lle tyfai coedwigoedd gynt, bellach ceir tomenni hyll; ac yn lle dolydd gleision fe welir ystadau o dai. Ond yn Nyffryn gwyrthiol Afon Dyfrdwy mae'r olygfa a welwn bron yn union fel y gwelodd Borrow hi pan herciodd yntau i lawr y ffordd i Langollen.

Y bore blaenorol roedd ef wedi rhoi'i wraig a'i ferch ar y trên o Gaer, ond ni wyddys pam y dewisodd yntau gerdded yr holl filltiroedd maith drwy Wrecsam. Yn y dyddiau hynny dim ond hyd at y fan a elwir heddiw yn Whitehurst Halt y cyrhaeddai'r cledrau, a bu rhaid i'w deulu orffen eu taith mewn bws ceffylau, gan groesi'r afon a chyrraedd y clwstwr o dai a fu'n enwog fel canolfan gwyliau er y ganrif flaenorol, Llangollen.

Roedd hon yn gyffordd bwysig. Am ganrifoedd lawer yno'n unig y gellid rhydio'r afon; ac fe allwn ddychmygu fod llawer ymosodiad gwaedlyd wedi'i gynllwynio yma yn nyddiau'r Normaniaid, a chyn hynny hefyd. Roedd hwn yn gyrchfan naturiol i'r porthmyn a nhwythau'n gyrru gwartheg dirifedi a phreiddiau mawr o ddefaid o Ynys Môn a siroedd y Gogledd i Loegr. Yn Llangollen fe bedolid y gwartheg gan lu o ofaint a châi aml i borthmon loches dros nos ym mythynnod a sguboriau'r fro. Ond yn fynych dôi glaw ac eira mynydd i chwyddo llifeiriant yr afon, ac mor gynnar â'r flwyddyn 1131 fe godwyd pont i osgoi'r llifogydd. Ddwy ganrif yn ddiweddarach fe gododd Dr John Trefor, Esgob Llanelwy, bont arall yno, rhagflaenydd i'r bont enwog a ddaeth yn adnabyddus fel un o 'Saith Ryfeddod Cymru'.

Yn ystod y pedwar can mlynedd y bu'r Rhufeiniaid yma yr adeiladwyd y ffordd fawr o Gaergybi i Gaer. Dyma'r ffordd a enwyd yn Watling Street, ac yn Llangollen fe redai ar hyd glan yr afon, ond ni wys dim am unrhyw ymdrech ganddyn nhw i godi pont dros Ddyfrdwy. Ar hyd Watling Street teithiai'r cerbydau a'r cartiau gyda'u llwythi gwerthfawr o rawn o Fôn – yr ynys a alwyd yn 'Fam Cymru' oblegid ei ffrwythlonder, – enw a lynodd hyd heddiw. Ar hyd y Ffordd honno hefyd, ymdeithiai catrodau grymus y Rhufeiniaid a'r miloedd carcharorion mewn cyffion o bob hil a lliw, i dorri creigiau, arddu'r tir, a rhwyfo'r llongau rhwyfo a orweddai ar lan Afon Menai. . . .

Ymhen hir a hwyr ailgodwyd y ffordd Rufeinig (bellach yr A5 yw hi) gan y peiriannydd enwog, Thomas Telford, a fu'n fab i fugail o'r Alban. Ef hefyd a gododd y bont-ddŵr a gariai Gamlas Caer ar draws dyffryn Dyfrdwy ychydig filltiroedd yn nes i'r môr. Yn nes ymlaen fe goronodd derfyn gogleddol y ffordd â champwaith arall – y Bont Grog dros Afon Menai – a'i gwneud yn bosibl i'r teithiwr gyrraedd Caergybi heb orfod wynebu'r dyfroedd peryglus y bu rhaid i'r Rhufeiniaid rwyfo ar eu traws. A bellach nid oedd angen llongau i ddod â gwartheg Môn i'r tir mawr fel yn y canrifoedd blaenorol.

Yn 1873 bu rhaid lledu'r bont oblegid y cynnydd yn nhrafnidiaeth yr oes, a gwnaethpwyd hyn yn fedrus drwy symud yr ochr orllewinol ychydig gamau i fyny'r afon, – symud y wal a'r bwtresi i gyd rhag newid dim ar ffurf wreiddiol y bont hardd. Ar ôl yr Ail Ryfel Byd, fodd bynnag, cynyddodd y drafnidiaeth eto yn sylweddol, yn enwedig yn ystod wythnos yr Eisteddfod, a gwelwyd yn glir fod y bont yn rhwystr gwirioneddol i deithwyr a ddôi o bedwar cyfeiriad. Gan hynny, dyblwyd lled y bont unwaith yn rhagor, drwy ddefnyddio'r un dechneg ag o'r blaen: ysbrydion y gorffennol yn unig a all weld y gwahaniaeth yn yr hen bont nobl erbyn hyn. Mae'n brawf nad oes rhaid i floneg henaint ddifetha cymeriad a harddwch. Ond fe barodd dyfodiad y rheilffordd ddifwyniad ym mhen gogleddol y ffordd, fel y traethir yn nes ymlaen.

Yn oes Victoria ac Edward y daeth y tai briciau cochion i'r dref, neu i'r pentref (fel yr oedd ar y pryd), ac fe roes estyniad y rheilffordd hwb ymlaen i ddiwydiant lleol, gan ddenu trigolion newydd o Gymru ac o

Loegr. Hyd nes i'r rheilffordd gau yn 1966, byddai ymwelwyr â gwesty'r Woodlands yn synnu i weld fod y cledrau wedi'u gwasgu rhwng eu stafell ginio a llifeiriant yr afon. Ar y cychwyn, ar ôl bod yn ficerdy, y gwesty oedd yr orsaf, er na pharhaodd hynny ddim yn hir, ac ar Fehefin 2, 1862, y caed yr agoriad swyddogol. Tyfodd y rheilffordd mor bell â Chorwen, ac yn ddiweddarach cyrhaeddodd Ddolgellau a'r môr yn y Bermo. Symudwyd yr orsaf i ochr orllewinol pont Llangollen; yn anffodus, chwanegwyd bwa sgwâr, hyll, iddi i roi lle i'r cledrau dwbwl. Rhaid iddo aros, mae'n debyg, er ei fod yn difetha cymesuredd prydferth yr hen bont, na amharwyd arno pan fuwyd yn ei lledu. A'r rheilffordd eisoes wedi'i chau ers blynyddoedd uwchben Llangollen oherwydd niwed helaeth gan lifogydd yn rhannau ucha'r dyffryn, datgymalwyd hi'n derfynol gan y Rheilffyrdd Prydeinig yn 1966, digwyddiad a amlhaodd broblemau trafnidiaeth ar gyfer trefnwyr Eisteddfod Llangollen, a'u gorfodi i ddibynnu ar logi bysiau.

Yn ôl Borrow byddai trenau 1854 yn 'hedfan' ar draws y wlad. Gallwn ddychmygu beth a ddywedai am yr angenfilod diesel sy'n rhuo yn ôl ac ymlaen i Birkenhead heddiw. Yn ddiweddar fe deithiodd awdur y geiriau hyn o Paddington i Wrecsam – roedd hynny cyn symud y gwasanaeth i orsaf Euston drwy Wolverhampton (a dyna rwystar arall!) – ac yn fuan ar ôl gadael Y Waun dyma gyrraedd Dyffryn Llangollen a'i groesi yn ymyl pont-ddŵr enwog Telford a godwyd hanner can mlynedd cyn i Borrow ryfeddu arni.

Roedd yr haul ar fin machlud y tu cefn i fryniau Cymru, – anghofia' i fyth y munudau goludog hynny pryd y gallwn gael cipolwg ar y cwm. Pentyrrai'r cymylau uwchben y bryniau pell yng ngodidowgrwydd eu goleuni llachar. Ymdoddai llechweddau llyfn y mynyddoedd, gyda'u clytwaith o gaeau euraid, dolydd gwyrddion a choed tywyllach, yn y cysgodion porffor dwfn. Roedd y coed agos yn ddu yn erbyn cefndir o gymylau ac wybren, a llifeiriai pelydrau urddasol o heulwen i lawr fel petai'r Hollalluog yn llefaru: 'Dyma Gymru, gwlad sydd wrth fy modd.' Man perffaith, mi feddyliais, i leoli'r wyrth honno o gytgord y cenhedloedd, Eisteddfod Llangollen! Fel ei dad o'i flaen, yn Llangollen y trigai'r gŵr a fu'n fwy cyfrifol na neb arall am sefydlu'r Eisteddfod a'i llywio wedyn, ac fe fu'n fodd i greu'r wyrth yn ei bentref enedigol. Pe cawsai'i eni yn Timbuktu neu yn Sydney, neu yng nghoedwigoedd Amazon, in allai fod wedi dod o hyd i leoliad mwy addas na Llangollen.

Mae amryw wedi disgrifio harddwch y dyffryn, John Ruskin, Dug Wellington, Syr Walter Scott ac Alfred Arglwydd Tennyson, heb sôn am aelodau o'r Teulu Brenhinol o'r Frenhines Victoria hyd at ei gor-gor-gor ŵyr Ei Uchelder Brenhinol Siarl, Tywysog Cymru. Mae gan Hazlett ddisgrifiad sy'n deilwng o'i destun – yr olygfa ar y ffordd i Gaergybi (yr A 5 heddiw) ar ôl gadael Froncysyllte: 'Diwrnod o Ebrill oedd hi a disgleiriai'r dyffryn yn wyrdd dan gawodydd heulog. . . . Fel amffitheatr, a bryniau moelion, llydain, yn codi'n urddasol ar bob tu yn donnau gwyrddion ac yn atseinio brefiadau'r gyrroedd obry, ac Afon Dyfrdwy'n baldorddan dros ei gwely caregog rhyngddyn nhw . . . mi ddown yn ôl rywbryd eto i'r llecyn hudol hwn.'

Fe soniwyd eisoes am y Rhufeiniaid yn adeiladu heol i'w milwyr hyd at yr arfordir gogleddol ac ar draws Ynys Môn i Gaergybi. Serch hynny, methiant fu eu hymdrechion i ddisodli'r Celtiaid o'r mynyddoedd ar ôl eu gyrru yno o wastatiroedd yr ynys hon. Ac mae Cymru gyfan yn gyforiog o hanes. Yn bell, bell yn ôl trigai ein cyndadau cyntefig yma yn yr Oes Gerrig, yr Oes Efydd a'r Oes Haearn. Mae llawer carn a charnedd yn dystiolaeth iddyn nhw – dros hanner cant yng nghyffiniau Llangollen yn unig. A heddiw hyd yn oed efallai y daw pen bwyell i'r golwg mewn twll cwningen; a thybed a oedd lleisiau'r dynion a luniodd yr offer brawychus hyn, ac a fu farw, o bosib, o danyn nhw, yn rhagargoeli seiniau digamsyniol y tenor Cymreig? Fe fu canu'r Cymry o ddiddordeb i hanesydd Cymreig fil o flynyddoedd yn nes ymlaen, fel y traethir ym Mhennod 3.

Roedd George Borrow yn hyddysg yn hanes Cymru ac mi aeth i'r drafferth o ddysgu'r Gymraeg. Un o'r elfennau sy'n gwneud ei lyfr mor ddeniadol yw ei ymwybyddiaeth o'r gorffennol. Roedd gan bron bob enw a lefarai mor goeth gyswllt â rhyw Frenin, Bardd neu Sant o'r oesoedd a fu. I rywun o'r tu allan mae llawer o'r enwau Cymraeg yn ddryslyd yr olwg, yn hardd o bosib, neu'n annymunol o anynganadwy. Sylwer ar unrhyw ddarn o fap swyddogol o Gymru a chyfrifer yr enwau Saesneg. O gwmpas Llangollen fe welir Rhosllanerchrugog, Blaenau-uchaf, Llandysilio, Gwyddelwern, ac enwau tebyg. Cymaint yn fwy ystyrlon ydyn nhw i'r estron wedi iddo ddeall mai disgrifiadau yw'r enwau hyn o wahanol fathau: pobl, sefyllfaoedd, hen ddigwyddiadau a anghofiwyd, rhamantau Celtaidd neu Chwedlau arwrol. Yn wreiddiol golygai'r enw 'Llangollen' y gymuned fach grefyddol honno a sefydlwyd gan Sant Collen o gwmpas y darn o dir caeëdig lle safai'r eglwys, gyda chutiau'r mynachod, y lletai a'r adeiladau eraill. Mae'n debyg iddo gyrraedd y fan mewn cwrwgl, gan deithio ar hyd yr afon dair canrif ar ddeg yn ôl, a phenderfynu meudwyo yno. Hyd yn ddiweddar arferai pysgotwyr yr ardal ddefnyddio'r cwryglau plethedig, brau ar afon

Ddyfrdwy. Mae mannau cysegredig tebyg i'w cael ar hyd a lled Cymru; a dyna esbonio'r *Llan-* sy mor gyfarwydd inni ar ddechrau enwau lleoedd ein gwlad.

Wrth gofio'r troeon hynny yr ymwelais â'r parthau hyn yn ystod fy mhlentyndod, rwy'n sylweddoli cymaint mwy o ddiddordeb fyddai gen i petai fy rhieni wedi egluro imi ystyr enwau fel *Rhaeadr Ewynnol* ac *Allt y Gog, Penrhyndeudraeth* a *Betws-y-Coed* (y dydd o'r blaen gofynnodd cyfaill o Ganada imi ai 'arbrawf mewn ysgolion cymysg' oedd yr olaf).

Mae enwau lleoedd Saesneg yr un mor ddiystyr i'r rhan fwyaf ohonom hefyd, er na fedraf siarad ar ran neb o'r Alban, o Iwerddon neu o wledydd eraill, fydd yn f'anrhydeddu drwy ddarllen y llyfr hwn mor bell â'r fan hon. Cymysg iawn yw'r enwau hyn, yn tarddu o'r gwahanol donnau o oresgynwyr ac ymsefydlwyr a ddaeth yma er dyddiau'r Rhufeiniaid. Mae llawer i'n hatgoffa yn Lloegr o hyd mai gwlad y Celtiaid oedd hi gynt. O'r geiriau *moel fryn* y daeth yr enw, Malvern, er enghraifft. Ni lwyddodd na'r Rhufeiniaid, na'r Sacsoniaid, na'r Jwtiaid, na'r Llychlynwyr na'r Daniaid na'r Normaniaid i newid hynny; na'r tair afon Seisnig iawn sy'n dwyn yr enw Avon, chwaith.

Ond, i ddychwelyd at ein teithiwr dewr a thafodrydd, George Borrow, – fe wyddai fod Llangollen yn agos i ffin y wlad y bu Owen Glyndŵr yn dywysog balch a rhyfelgar arni – Glendower, meddai Shakespeare – yr olaf o Dywysogion Cymru; a gwyddai fod llawer sgarmes a brwydr waedlyd wedi'u hymladd dros y dyffrynnoedd a'r bryniau hyn. Roedd hefyd wedi darllen yr hen hanesion gwerin ynglŷn â'r creigiau geirwon a'r ceunentydd bygythiol, am demtiad Sant Collen gan Wyn ap Nudd, Brenin y Tylwyth Teg ac Arglwydd yr Anhysbys, a sut y bwriodd Collen y Brenin drwg a'i holl lys allan o fod â thaenelliad o ddŵr cysegredig.

Yn bell o flaen amser Owen Glyndŵr, roedd Llangollen yn rhan o deyrnas Powys. Yr enw Rhufeinig ar y cadarnle ar draws y briffordd filitaraidd yn y lle a elwir Caer heddiw (hynny yw, y fan lle y safai gwersyll Rhufeinig) oedd Deva, – gwersyll a gynhwysai gatrawd gyfan a'r holl gynhaliaeth angenrheidiol, offer, cerbydau, caethweision a chartrefi ar gyfer teuluoedd y milwyr, ac yn ogystal, nifer cynyddol o'r trigolion lleol a'u teuluoedd, wedi dod yno i ddiwallu anghenion y fyddin Rufeinig. Daeth yn ganolfan fasnachol bwysig yn fuan, ond yn bell ar ôl i'r Rhufeiniad ymadael â'r lle, fe barhaodd yn gadarnle pwysig ar y ffin, a chanddo ran bwysig yn yr hen frwydrau rhwng y Cymry a'u hen elynion o wastadeddau Lloegr. Yn 604 fe sgubodd Aethelfrith i lawr o Cumberland a threchu'r Cymry a'u harweinydd Selyf o Bowys. Gallwn ddychmygu'r Cymry'n llusgo'u cyfeillion clwyfedig a gwaedlyd nôl i gysgod dyffryn Dyfrdwy, a'u bryd ar ddial. Ddeng mlynedd yn ddiweddarach, yn ystod y brwydrau dialgar, fe ddifaodd Aethelfrith ddinas Caer a'i gadael yn adfail am dri chan mlynedd. Roedd rhyfel y pryd hynny mor llwyr ac mor greulon ag yw ef heddiw; dim ond yr arfau sy wedi newid.

Un o linach brenhinol Powys oedd Selyf, llinach a barhaodd i reoli'r parthau hynny am 250 o flynedd wedyn, gan gynnwys ardal Llangollen. Olynydd iddo, Cyngen, a gododd y gofgolofn enwog sydd i'w gweld o hyd yn ymyl Abaty Glynegwestl, a enwyd ar ei hôl. Torrwyd hi gan filwyr anystyriol Cromwell, ond fe'i hailgodwyd yn ddiweddarach heb y darn uchaf sy'n dal heb ei roi nôl yn ei le. Prin y gellir darllen yr arysgrif sydd ar y golofn erbyn hyn, yr enghraifft hynaf sydd ar gael o ach Gymreig. Mae'n mynd nôl i'r seithfed ganrif O.C.; cofgolofn yw hi a godwyd gan Gyngen o Bowys er cof am ei gor-hen-dadcu, Eliseg, a achubodd ei deyrnas, yn ôl yr arysgrif, o afael y Saeson rheibus. Sefydlwyd yr abaty yn y flwyddyn 1200 O.C. gan y Twyysog Madog, mab i Ruffydd Maelor. Hen gaer gadarn y tywysog rhyfelgar oedd yr adfeilion, adfeilion Castell Dinas Brân, a welir heddiw fil o droedfeddi ar ben y bryn ar ochr ogleddol y dref, un o nodau tir mwyaf cofiadwy'r ardal.

Bydd llawer o ymwelwyr yn neilltuo amser i ddringo i fyny at yr adfeilion. Fe'u synnir i glywed fod ffos o ddŵr yn cylchynu'r ddinas 'slawer dydd, ar yr ochrau mwy hygyrch o leiaf, ac mai'r cerrig a balwyd o'r ffos a ddefnyddiwyd i adeiladu'r gaer. Roedd pydew yno, ac mae twll yno ddeugain troedfedd o ddyfnder o leiaf lle y buwyd yn cloddio am gerrig. Mae'na hen stori hefyd, na chafodd mo'i chadarnhau, fod twnel yn rhedeg o'r twll hanner milltir i lawr y bryn at ffermdy a elwid am flynynddoedd yn Fferm y Tŵr. Rwy i wedi aros yn y ffermdy hwn droeon gyda 'nheulu a'r perchnogion hynaws Elsie a Ben Davies; does gan y ddeuddyn hyn ddim i'w ddweud wrth 'storïau tylwyth teg am dwnel tanddaearol o'r Ddinas' a nhwythau'n brysur gyda'u peiriannau godro modern, eu set deledu, lampau trydan i gynhesu'r moch bach newydd-eu-geni, a thrugareddau eraill ein hoes, a does neb a ŵyr ble gallai mynediad i'r fath dwnel fod. Un farn yw fod y twnel, a ddefnyddid yn ôl yr hanes gan fynachod Abaty Glyn-egwestl (sydd dros filltir i ffwrdd a channoedd o droedfeddi'n is i lawr, yn y dyffryn ei hun), wedi'i gau i mewn gan gwymp creigiau a bod hynny wedi newid cwrs y nant fach i gyfeiriad y pwll ar Fferm Geuffon, 250 o droedfeddi'n uwch na Fferm y Tŵr wrth droed y llechwedd sy'n arwain i fyny at yr adfail ar y top. Os yw'r stori'n amheus, mae hi o leiaf yn rhesymegol; sut arall y gellir esbonio parhad y dŵr yn y pwll hyd yn oed yng nghanol haf crasboeth a godidog 1971?

Heb fod nepell o Langollen, yn uwch i fyny'r dyffryn ar lan afon Dyfrdwy, fe welir codiad, o wneuthuriad dynion yn ôl ei olwg, a elwir yn Esgynfan Glyndŵr, oblegid, yn ôl yr hanes, arferai sefyll arni i wylied am arwydd fod y gelyn yn agosáu o gyfeiriad gwastadeddau Caer. Mae'n fwy tebyg mai safle un o'i blastai gynt sydd yma, neu dŷ hela; mae'n siŵr y byddai wedi gosod ei wylwyr yn uchel ar y bryniau er mwyn cael rhybudd mwy effeithiol o ymosodiad y gelyn.

Mae llawer o bethau i'w gweld o gwmpas Llangollen, ac i'r sawl sy'n ymddiddori mewn eglwysi fe fydd adfeilion fel Dinas Brân ac Abaty Glynegwestl ac eglwysi a chestyll eraill yr ardal yn rhoi digon o gyfle i chwilota, gyda chymorth llyfrau pwrpasol fel *The Llangollen Blue Guide Sheets*, llyfr a gydnabyddir yma gyda diolch gan yr awdur. Mae'n werth sgwrsio hefyd gyda hynafiaethwyr lleol a dynion brwdfrydig tebyg i'r hen ŵr dros ei bedwar ugain oed fydd yn dringo i fyny at Gastell Dinas Brân, boed hi'n law neu hindda, yn y bore bach er mwyn croesawu ymwelwyr â ffrwd o wybodaeth leol nes i'r rhai olaf ei throi hi nôl i'r dyffryn tesog, – ac eithrio'r cariadon hynny yma a thraw fydd heb angen chwedlau'r henwr. Un o'r mannau mwyaf diddorol sy dipyn yn fwy diweddar yw Plas Newydd, yn agos i ganol y dref. Bu'r tŷ hwn, gyda'i addurn o goed, rhwng 1780 ac 1831, yn gartref i dair Gwyddeles nodedig a gefnodd ar Ddulyn, gan herio'r hyn a ystyrrid yn gymdeithasol weddus ar y pryd, a dod yn adnabyddus, gyda threigl y blynyddoedd fel 'Boneddigesau Llangollen'. Daeth llawer ymwelydd o fri, gan gynnwys Scott, Wordsworth a Wellington, i'r tŷ oedd mor gyfleus i'r teithwyr ar y briffordd i Gaergybi. Erbyn hyn mae'r tŷ'n agored i'r cyhoedd fynd i weld y celfi tywyll, trwm, a'r gerddi deniadol.

I'r gogledd o'r dref ac i'r gorllewin o'r Castell, mae cawr bygythiol yn sefyll, a'i enw ers canrifoedd maith yw Mynydd Eglwyseg. Y tu cefn iddo mae Mynydd Rhiwabon i'w weld a'i wedd yr un mor fygythiol, uwchben y llifeiriant creulon sy'n llifo wrth ei odre. Gogyfer ag ef mae cymydog iddo gydag enw tlws, Mynydd Llandysilio. I lawr llechweddau llyfn yr anghenfil hwn mae heol wen yn troelli, trwy Fwlch yr Oernant. Os digwydd ichi fentro codi'ch llygaid o beryglon y ffordd, fe welwch Greigiau Eglwyseg yn uchel ar lethrau'r mynydd dwyreiniol. Mae eu golwg yn awgrymu adfeilion a adawyd ar ôl brwydr annychmygadwy rhwng cewri cynhanesyddol, bodau a choesau ganddyn nhw fel tyrau eglwysi, a breichiau o nerth a hyd digonol i alluogi crân anferth i rwygo creigiau cymaint â chwarel lechi gyfan o ochr y mynydd.

Dyna'r argraff a ges i o'r pentwr o greigiau anferth, sy'n pwyso miliynau o dunelli. Roedd rhai ohonyn nhw mor fawr ag eglwys gadeiriol wedi cwympo, gan chwalu blociau llai o faint yn bowdwr. Gellir gweld y graith ar ochr y mynydd am filltiroedd, yn llydan ac yn ddwfn fel clwyf a barwyd gan gleddyf enfawr. Mae'n siŵr gen i y bydd i ryw Americanwr, neu Rwsiad, rywdro yn y dyfodol, syllu trwy'i delesgop oes atomig o'r lleuad a gweld Creigiau Eglwyseg trwyddo a'u nodi fel ffenomen rhyfeddol – nes iddo gofio, wrth gwrs, iddo weld y fan o'r blaen pan fu am dro i Langollen. Byddai angen llawer o fomiau atomig aml – fegatonig tanddaearyddol dyn i greu'r fath chwalfa ddaeargrynnol.

Gall y chwilfrydig a'r diflino ymweld â'r fan o Langollen drwy ddringo am ddwy awr ar hyd heol gul, ar draws dôl a phompren, heibio i Eglwys Eglwyseg a maenor sydd yr un mor hanesyddol. Enw'r lle gynt oedd Plas Ucha ac fe ddisgynnodd i Dywysogion ac Arglwyddi Powys naw canrif yn ôl oddi wrth Fleddyn ap Cynfin, Brenin Gogledd Cymru. Cyn bo hir fe ddoir at fan lle mae'r mynydd fel petai'n dweud: DIM PELLACH: am hynny fe alwyd y lle ers blynyddoedd yn Ben Draw'r Byd. Gwelir World's End ar y mynegbyst swyddogol. Pen draw'r byd yn wir oedd y pentwr creigiau i bob golwg pan nad oedd y ffyrdd ddim gwell na llwybrau a phan na allai cerbyd deithio drostyn nhw heb gael ei ysgwyd yn ddarnau o'r bron.

Cam byr o Langollen ar hyd y ffordd i'r Bwlch (a Rhuthun) ac ychydig i'r chwith fe welir y gored, sy ar ffurf pedol, 'run fath â Bwlch yr Oernant ac sy'n troi peth o ddŵr Afon Dyfrdwy i mewn i Gamlas y 'Shropshire Union'. Yn ei hymyl mae eglwys fechan Llandysilio gyda'i choed yw hynafol eu tarddiad, a chofeb enwog i'r Foneddiges Martin, gwraig Syr Theodore. Bu yntau'n gyfaill agos i'r Frenhines Victoria ac fe sgrifennodd gofiant i'r Tywysog, ei gŵr hi. Mae'r eglwys bron naw can mlwydd oed, ac yn meddu ar gyfran o baneli pren gwreiddiol yr Abaty, mae'n bur debyg. Ym mhorth bach yr eglwys pan aethom ein dau yno roedd copi o'r pennill swynol hwn i'w weld yno; mae cynifer o 'nghyfeillion wedi'i fwynhau, ac felly dyma fe:

> Bob pryd y gwelaf eglwys nawr
> Mi af i mewn am dro,
> Fel na bo rhaid, pan ddêl fy awr,
> I'r Iôr ddweud 'Pwy 'dy o?'.

3   The 14th century bridge which crosses the River Dee at Llangollen has in recent years become world famous as the 'Bridge of Friendship', uniting not only the people of Llangollen but those of many nations in the common language of dance and song

4    Mennonite Children's Choir, Winnipeg, Canada

# PENNOD DAU

## *Sut y dechreuodd y cyfan*

ROEDD YR AIL RYFEL BYD ymlaen yn ei holl ffyrnigrwydd: a'r Rhyfelgyrch Gorllewinol heb ddechrau. Roedd yr Ynysoedd Prydeinig yn ferw gan brysurdeb diwydiannol, y bomiau'n disgyn ar ddinasoedd a gosodiadau milwrol, miloedd o blant wedi'i symud o'r mannau peryclaf ac yn mynychu ysgolion gannoedd o filltiroedd o'u cartrefi, a llawer o'r rheiny wedi'u chwalu. Gweithiai ffoaduriaid o'r Cyfandir yn ein ffatrïoedd, gan ddysgu'n hieithoedd, canu ein caneuon, a dod yn hoff o'n cwrw 'cynnes'. Daeth rhai ohonyn nhw â'u gwisgoedd cenedlaethol prydferth gyda nhw – o Ffrainc, Yr Iseldiroedd, Gwlad Belg, Pwyl, Norwy, yr Wcrain – a chydganu a dawnsio'n ysgafnfryd gyda'r nos. Mwy difrifol oedd cyfarfodydd y llywodraethau-ar-ffo yn Llundain. O bryd i'w gilydd byddai angen ymollwng a difyrrwch ar eu gweinidogion. Gofynnodd amryw, o dueddfryd cerddorol, am gael gweld y sefydliad hynafol hwnnw, yr Eisteddfod. Daeth rhai i'r 'Genedlaethol' ym Mangor a mannau cymharol 'ddiogel' eraill yng Ngogledd Cymru, a bu'r hyn a welson ac a glywson yn fodd i'w cynhyrfu'n fawr.

Gŵr o'r enw, Mr Harold Tudor, yn cynrychioli'r Cyngor Prydeinig, oedd eu gwesteiwr yn ystod tair blynedd ola'r Rhyfel. Fyddai hi ddim yn bosibl, gofynnwyd iddo, i'w cydwladwyr gymryd rhan yn y cystadlaethau corawl? Gwnaeth difrifoldeb eu hawydd argraff ddofn arno; awgrymodd i Gyngor yr Eisteddfod Genedlaethol y dylid chwanegu cystadleuaeth ar gyfer corau cydwladol i raglen Eisteddfod Genedlaethol Bae Colwyn yn 1947 er mwyn rhoi cyfle i gorau tramor. Ond ym marn y Cyngor byddai chwanegu cystadleuaeth bwysig arall i raglen wythnos oedd eisoes yn orlawn, yn anymarferol.

Ar ddiwedd y Rhyfel dychwelodd Mr Tudor i'w hen swydd gyda'r *Liverpool Echo*, ond fe ddaliodd i freuddwydio am y posiblrwydd. Mynnodd air gyda'i gyfaill Mr W. S. Gwynn Williams, a fu am flynyddoedd (ac sy'n dal i fod) yn Gadeirydd Pwyllgor Cerdd yr Eisteddfod Genedlaethol; roedd yntau wedi clywed yr awgrym eisoes ac yn awyddus i'w hybu. Roedd hi'n amlwg y byddai angen trefnu Gŵyl newydd, ond ymhle? Rhaid cael pafiliwn digon mawr i'w chynnal, ond ar y pryd roedd y pafiliynau yng Nghaernarfon a Chorwen yn dal heb eu rhyddhau ar ôl y rhyfel. Yna mi gofiodd Gwynn Williams iddo weld pabell gynfas newydd, enfawr, wedi'i llunio'n fedrus o ddeunydd sbâr o'r rhyfel, yn Sir Fôn yn 1946, ac yntau'n beirniadu yn Eisteddfod Môn. Roedd lle i 4,000 eistedd ynddi a hon o bosib fyddai'r ateb i'r broblem. Ac felly fe fu'r ddau anorchfygol hyn, Gwynn agfor, o gwmpas amryw drefi glan-môr ac eraill yng Nghymru, yn gwneud eu gorau i ennill cefnogaeth i'r syniad a ymddangosai ar y pryd, rhaid, cyfaddef, yn fwy fel breuddwyd nag fel posiblrwydd. Ond prin oedd y gefnogaeth.

Yna fe ddigwyddodd gwyrth. Adeg y Pasg, cawsai Mr G. Northing, un o drigolion parchus a dylanwadol Llangollen, ei ethol yn Gadeirydd y Cyngor Tref lleol. Roedd yn gerddor o chwaeth a diddordebau eang, ac ar ôl sgwrsio gyda Mr Tudor a Mr Williams fe gefnogodd y cynllun â brwdfrydedd ac addo'i gynnig i'w Gyngor. Cytunodd hwnnw i ganiatáu i'r babell newydd gael ei chodi ar Faes Adloniant y dref, ac yn y modd hwn y daeth Llangollen yn gartref i'r Eisteddfod Ryngwladol. Fel hosannau Nadolig plant barus, tyfodd y babell yn hirach o flwyddyn i flwyddyn, ac yn y man pan chwanegwyd dwy aden iddi ar ffurf croes gallai ddal 9,000 gynulleidfa ar eu heistedd. Fe esbonnir isod sut y disodlwyd hi yn y pen draw gan babell fwy eto o gynllun arbennig.

Fe gafwyd cyfarfodydd wedyn gyda Chyngor Celfyddydau Prydain (gan gynnwys Mr Tudor, oedd newydd ymuno â'r Cyngor, a Mr John Denison – Cyfarwyddwr Cerdd newydd y Cyngor). Y canlyniad fu penodi is-bwyllgor a gyfarfu ar Fehefin 6, 1946, a gwahodd Mr W. S. Gwynn Williams i fod yn Gyfarwyddwr Cerdd gŵyl gorawl gystadleuol dri-diwrnod, y gyntaf o'i math. Dyna sut y bathwyd enw Eisteddfod Gerddorol Gydwladol Llangollen, ac y rhoddwyd cychwyn i draddodiad newydd. Wedi i Gyfarfod Cyffredinol ar Fehefin 12 gadarnhau gwaith yr is-bwyllgor fe alwyd cyfarfod cyhoeddus ar Orffennaf 17 a rhoi cychwyn i'r Eisteddfod, yn antur ddewr a llawn dychymyg.

Y broblem gyntaf oedd arian; heb gronfa i dalu costau'r post hyd yn oed ar y cyntaf, casglodd Mr Gwyn Williams a'i gymdogion agos, Mr Northing (Cadeirydd cyntaf Pwyllgor Gwaith yr Eisteddfod), Mr E. E. Hughes (y Trysorydd cyntaf), Yr Uwch-gapten Denby Jones (Cadeirydd cyntaf y Pwyllgor Cyllid), ac eraill, dros £1,000 gn gyflym mewn rhoddion, benthyciadau a gwarannoedd.

O hynny ymlaen, drwy gyd-ymdrech ddygn pobl Llangollen, a chymorth y pentrefi cyfagos a ffermydd y gymdogaeth, fe grewyd yr

Wyl gyntaf rhwng Mehefin 11 ac 15, 1947. Heddiw, fel y pryd hwnnw, canolbwynt y prysurdeb yw Mr Gwynn Williams. Ar ei ysgwyddau ef y mae'r cyfrifoldeb am ddewis y darnau prawf ac am dderbyn (neu wrthod gyda gofid ambell dro) y ceisiadau tramor yn gorffwys, oblegid, ysywaeth, ni all y cyllid dalu costau pawb. Bydd yn gohebu'n helaeth gyda'r cystadleuwyr, beirniaid, cyhoeddwyr, awdurdodau'r B.B.C. ae I.T.V. yng Nghymru ac yn Lloegr, cyfarwyddwyr rhaglenni, artistiaid, cynrychiolwyr, trefnwyr cyngherddau, hawlfreintwyr, – dros 4,000 o lythyrau'r flwyddyn. Mae'n wir fod cannoedd o weithwyr gwirfoddol yn ei amgylchynu â'u hamryfal bwyllgorau, yn trefnu lletty, yn gweithio ar y maes, yn trefnu arddangosfeydd blodau, yn gofalu am fwyd, yn trefnu argraffu . . . a dwsinau o bethau pwysig eraill. Ond sylfaen gweithrediadau'r Eisteddfod yw cerddoriaeth, a Gwyn Williams yw'r gŵr sy'n gyfrifol am honno. Fe gaiff ddisgrifio yn ei eiriau'i hun ddelfrydau a hanes yr Eisteddfod:

Cynhaliwyd Eisteddfod Gerddorol Gydwladol gyntaf Llangollen o Fehefin 11 tan Fehefin 15, 1947, mewn pabell a ddaliai tua 4,000 o bobl, ar Faes Adloniant Cyhoeddus Llangollen. Heb gyfri'r Corau Plant a Chorau Ieuenctid a'r cystadlaethau ar gyfer unigolion (lleisiol ac offerynnol), Roedd tua 40 o Gorau Oedolion, rhai cymysg, corau merched a chorau meibion, yn cynrychioli o gwmpas 14 o genhedloedd yn cystadlu yn yr Eisteddfod honno. O ganlyniad i'r cystadlaethau hyn, aed â chopïau o'r Tlws cydwladol i Bwdapest, i Kalmar yn Sweden, i Amsterdam, ac i Benarth, tra aeth y prif Dlws ar gyfer corau cymysg i Sale, yn Lloegr. Fe gostiodd yr Eisteddfod Gydwladol gyntaf ar ôl y rhyfel o gwmpas £6,000 i'w llwyfannu, a chafwyd elw o £1,400 na ellid ei wario ar ddim arall – heblaw Eisteddfod arall. Bu'r brwdfrydedd a'r ansicrwydd lleol yn fawr, ond cafodd yr Eisteddfod Gerddorol Gydwladol gyntaf ei chynnal mewn bro lle roedd y mudiad Eisteddfodol dros fil flywydd oed.

Yn 1948 cynhaliwyd yr ail Eisteddfod Gydwladol, gydag o gwmpas 60 o gorau oedolion a phartïon dawnsio gwerin yn cystadlu, ac roedd y gost tua £10,000, gan adael elw o £3,200 y bu rhaid ei wario ar ŵyl arall eto. Yna ym Mhehefin, 1951 (Blwyddyn Gŵyl Brydain), daeth 120 o gorau a phartïon dawnsio gwerin o 22 o wledydd i'r cystadlaethau, ac roedd y gost o gwmpas £20,000, ond y tro hwn dim ond £1,000 o elw a gaed. Yn wir, pan ddaeth Ei Mawrhydi'r Frenhines a Dug Caeredin i'r seithfed Eisteddfod, yn 1953, fe gaed 150 o gorau a phartïon dawnsio gwerin o 23 o wledydd mewn pabell a ddaliai 10,000 o bobl, ond roedd y gost wedi codi i £21,000 ac roedd yr elw wedi diflannu'n llwyr.

Yn ystod y naw mlynedd ddiwethaf, fodd bynnag, mae'r Eisteddfod wedi cyrraedd rhyw wastadedd ariannol, ac ar hyn o bryd fe dderbynnir o gwmpas 200 o gorau a grwpiau dawnsio yn y cystadlaethau priodol, yn cynrychioli tua 25 o wahanol wledydd, ac mae'r gost o gwmpas £26,000 gydag elw o gwmpas £1,000. Mae derbyn yr amodau ariannol lleol hyn, wrth reswm, wedi cyfyngu ar bosibliadau artistaidd a chymdeithasol yr Eisteddfod ac wedi golygu cadw llygad manwl dros ben ar yr holl wario, yn enwedig gan fod ei thir ei hun gan yr Eisteddfod i'w gadw a'i ddatblygu, oddi ar 1958. Rhaid dweud nad yw'r Eisteddfod wedi derbyn odid ddim cymorth ariannol o unrhyw ffynhonnell swyddogol.*

Fe amcangyfrifir, fodd bynnag, fod y cynulliadau yn y gwahanol gyfarfodydd yn ystod y saith neu wyth mlynedd diwethaf wedi cyrraedd cyfanswm rhwng 150,000 a 190,000 y flwyddyn, a bod nifer y cystadleuwyr ar gyfartaledd o gwmpas 10,000. Bob blwyddyn mae tua 1,500 o gystadleuwyr tramor yn cael llety ar wahoddiad yr Wyl yng nghartrefi trigolion ardal Llangollen, rhif sy'n cyfateb i tua hanner poblogaeth arferol y dref. Yn ystod yr 16 o flynyddoedd y mae Eisteddfod Gerddorol Gydwladol Llangollen wedi bodoli, mae tua 2,500 o gorau a phartïon dawnsio, yn cynrychioli 46 o wahanol genhedloedd ac yn cynnwys 50 o aelodau ym mhob grwp ar gyfartaledd, wedi cystadlu, ac rwy'n tybied y byddai'n gywir chwanegu fod hyn oll wedi'i wneud yn bosibl gan yr ymdrechion gwirfoddol lleol a chan gefnogaeth ariannol dros 1,500,000 o bobl rhwng yr holl gynulleidfaoedd.

### Llwyddiant – Pam a Sut?

Yn sicr fe ellid gofyn dau gwestiwn:
(1) Pam y mae'r Eisteddfod Gydwladol wedi bod y fath lwyddiant?
(2) Sut y mae'n bosibl dod â chynifer o bobl gyda'r un amcan ynghyd o gynifer o wahanol wledydd?

Mae'n debyg mai'r ateb syml i'r gofyniad cyntaf yw fod gan yr Wyl ddiddordeb ac amrywiaeth sy'n apelio'n uniongyrchol at nifer fawr iawn o bobl, yn enwedig yng Nghymru. I'r miloedd o gystadleuwyr bob blwyddyn mae'r Wyl yn fater difrifol, wrth gwrs, sy'n hawlio paratoadau trylwyr; a chan fod y safon gerddorol ar y cyfan o'r radd uchaf y gellir ymgyrraedd ati, mae'r Eisteddfod wedi denu'r cynulleidfaoedd anferth a grybwyllwyd uchod dros y blynyddoedd. Nid canlyniad i bropaganda yw ei llwyddiant, yr Eisteddfod ei hun yw ei hysbysiad. Bydd llawer yn cymryd trafferth fawr i gael gwybod pa bryd y cynhelir y gwahanol sesiynau, ac ers blynyddoedd bu'r galw am docynnau'n fwy na'r cyflenwad.

---

* Sgrifennwyd yr uchod ym Mai, 1963.

Yn wir, ar hyd y blynyddoedd, yn ystod sesiynau arbennig fe geid dwy waith neu dair yn fwy o bobl y tu allan i'r babell, yn gwrando ar y canu ac yn gwylied y dawnsio, nag a geid yn eistedd y tu fewn iddi.*

Ynglŷn ag amrywiaeth y rhaglen, mi fydd yn cynrychioli canu gwerin a dawnsio gwerin dilys taleithiau'r cenhedloedd sy'n cymryd rhan yn ogystal â chyfoeth cydwladol cerddoriaeth gorawl a chlasurol Ewrop. Ni fu'n fater erioed o geisio cefnogaeth boblogaidd, oherwydd, mae'n sicr gen i, a chan y cystadleuwyr gorau, fod y diddordeb parhaol mwyaf yn gorwedd yn nhraddodiadau puraf a chryfaf y gwahanol genhedloedd ar y naill law, ac yn y safonau cydwladol uchaf o ganu corawl ar y llaw arall.

Yn y canu a'r dawnsio gwerin, mae'r cystadleuwyr yn cynnal eu traddodiadau taleithiol a chenedlaethol, ac yn y canu corawl clasurol maen nhw'n hyrwyddo'r cyfrwng rhyfeddol hwnnw ar gyfer cyd-ddealltwriaeth y gwledydd a grewyd gan fil o flynyddoedd o ymdrech Gristnogol i uno pobloedd y gwahanol genhedloedd mewn cân. Yn yr amrywiaeth a'r undod hwn yn ddiau y mae cyfrinach swyn Eisteddfod Llangollen.

Ar ben hynny, fe fydd yr Wyl yn cychwyn gyda pherfformiad gan gwmni bale enwog neu ddawnsgor proffesiynol ac yn gorffen gyda chyngerdd cerddorfaol neu gyngerdd gyda chyfuniad o gorau; ac yn y cyngherddau nos eraill fe fydd un cantwr neu offerynnwr bydenwog o leiaf yn ymddangos.

Atebwyd yr ail ofyniad eisoes i ryw raddau, oherwydd, yn y dull cydwladol o nodi cerddoriaeth ac yn nodiant cerddoriaeth Ewropaidd mae modd i gantorion o'r gwahanol wledydd ddeall ei gilydd yn syth. Gellir anfon darn o waith corawl o Llangollen, fel y gwneir bob blwyddyn, gyda geiriau mewn tair neu bedair iaith, a gaiff ei ddeall ym mhob gwlad trwy'r byd o'r bron .mae hyn yn gofyn gofal arbenning wrth ddarparu cyfieithiadau canadwy a llythrennol o'r geiriau gwreiddiol, er mwyn i'r corau a fydd yn canu mewn gwahanol ieithoedd fedru dehongli'r un syniadau a'r un gerddoriaeth. Yn wir, mae'r Wyl i gyd yn her sydd wedi hawlio'r ystyriaeth lwyraf gan y sawl sy'n gyfrifol am y trefniadau ar hyd y blynyddoedd. Ond efallai mai'r ymdrech fwyaf oll yw'r un a wneir gan filoedd o gantorion a dawnswyr a fydd yn dod i Langollen i wneud yr Eisteddfod yn ŵyl gerddorol wir gydwladol – o'r bobl, gan y bobl, ac er mwyn y bobloedd o lawer gwlad.

---

* Gan fod y babell wreiddiol mor hir fe ddodwyd monitor teledu i wasanaethu'r seddau cefn gyda chamerâu wedi'i gosod yn barhaol yn ymyl y llwyfan, a dangoswyd y llun yn ogystal ar fonitorau y tu allan i'r babell. Gyda dyfodiad y babell fwy a'r newid i deledu lliw fe ddiddymwyd y darpariaethau teledu-mewnol.

Sgrifennwyd yr hanes uchod ar gyfer *Rotary* ym Mai, 1963, Oddi ar y dyddiau hynny mae'r costau wedi cynyddu'n gyson – cludiant ar gyfer miloedd o gystadleuwyr tramor, llafur, y system gyfathrebu gyhoeddus, papur, argraffu, postio, trethiant ar y tir a brynwyd gan yr Eisteddfod mor ofalus fel buddsoddiad, sychu a lefelu'r tir, gwelliannau i'r swyddfeydd parhaol a godwyd arno a chostau eu rhedeg, golau, ac ati. A'r Trysorydd Mygedol wrth ei benelin, mae tasg Mr Williams yn mynd yn anos bob blwyddyn, yn gymaint â bod rhaid iddo dderbyn llai o bartïon oherwydd hyn, ar waetha'r incwm cyson oddi wrth gyrff swyddogol, Cyngor Celfyddydau Cymru, Awdurdodau Lleol yng Nghymru, y B.B.C. a Theledu Harlech. Petai'r holl gorau plant sy'n awyddus i ddod i Langollen yn cael eu derbyn, byddai rhaid neilltuo'r Dydd Sadwrn olaf yn llwyr iddyn nhw a defnyddio'r Babell fawr a holl neuaddau a chapeli'r dref ar gyfer y rhagbrofion a'r cystadlaethau terfynol. Yn 1971 derbyniwyd 37 o gorau plant ond bu rhaid gofyn i ddeuddeg ohonyn nhw ddod i ragbrofion yn Neuadd y Dref; o'r rhain llwyddodd tri i ennill eu tro ar y llwyfan yn y Babell Fawr gyda'r partïon eraill oedd yn cystadlu ar y pryd, a daeth dau o'r tri'n drydydd ac yn bedwerydd yn y safleoedd terfynol. Ond roedd Mr Williams wedi gorfod gwrthod nifer fawr o gorau plant. Mae hyn yn ofid mawr i'r trefnwyr, a dweud y lleiaf, gan eu bod yn sylweddoli mai prif werth yr Eisteddfod yw ei gallu i greu cyfeillgarwch a chyd-ddeallt-wriaeth gydwladol rhwng pobloedd gwledydd di-rif. Cerddoriaeth a dawns yw'r iaith gydwladol sy'n dod â'r bobloedd ynghyd i gyd-gyfranogi o'r un diddordeb a mwynhad – bron 200,000 ohonyn nhw bob blwyddyn yn ystod y 25 Gŵyl gyntaf o ragor na 60 o wledydd.

Y dyddiau hyn, ac apeliadau cenedlaethol di-rif o bob math yn cael eu gwneud, ar gyfer elusennau bach a mawr, ac ar gyfer lliniaru dioddefaint o achos rhyfeloedd, chwildroadau, daeargryniadau, llifogydd, trychinebau sy, drwy drugaredd, yn brin yn yr ynysoedd hyn (o leiaf ar y raddfa a welir mewn mannau eraill), mae angen dewrder – a ffydd – i gychwyn apêl arall. Yn 1965 gwnaeth yr Henadur Hartland, a oedd ar y pryd yn Arglwydd Faer Caerdydd, apêl deimladwy am gymorth i alluogi Eisteddfod Llangollen gwrdd â'i chostau cynyddol. Ffurfiwyd pwyllgorau ar hyd a lled Cymru ac erbyn i dri Arglwydd Faer arall ddod a mynd roedd y gronfa wedi cyrraedd cyfanswm o £21,000. Gyda'r swm hwn llwyddodd Pwyllgor Sefydlog yr Eisteddfod i brynu pabell neilon newydd, oedd yn fwy na'r rhai y buwyd yneu rhentu mewn blynyddoedd blaenorol. Mae'n dal 2,000 yn fwy o seddau ar gyfer y gynulleidfa – 12,000 pan fydd y lle'n orlawn – ac mae'r llwyfan ugain troedfedd yn lletach na'r hen un, ac yn rhatach, ac yn gallu dal cerddorfa simffonig lawn a chôr o gwmpas 120, neu gynyrchiadau sylweddol eu maint fel opera a bale, ar gyfer y cyngherddau a gynhelir bob nos yn ystod yr Wyl. Fe gaed seddau plastig newydd, cysurus, yn lle rhagor na hanner yr hen seddau pren, caled, y buwyd yn eu rhentu gynt gyda'r hen babell fawr. Yn rhyfedd ddigon, daeth anlwc yn sgil yr eiddo newydd a dymunol; llosgwyd y babell newydd yn llwch cyn iddi adael y gwneuthurwyr ym Môn a bu rhaid cynhyrchu un arall yn frysiog. Achosodd tân arall gyffro mawr pan losgwyd y seddau cochion a roddwyd ar fenthyg gan Langollen ar gyfer y 'Babell Fawr' (a ddaliai 4,000 o seddau) yng Ngŵyl Glannau Tees ym Middlesborough yn 1970, yn oriau mân y bore ar Ddydd Gwener, Gorffennaf 31; difawyd y babell a phopeth ynddi ar amrantiad – yng nghanol gŵyl a gawsai'i hysbrydoli, yn ôl ei sefydlydd, y Cymro, Dr S. Jenkin Evans, O.St.J., gan Eisteddfod Llangollen. Yn ffodus, fe gafwyd seddau newydd yn lle'r rhai a doddodd yn y gwres tanbaid, ac erbyn 1972 roedd y seddau yn Llangollen bron i gyd yn newydd.

# PENNOD TRI

## *Cymru a Cherddoriaeth*

OS GOFYNNWCH i'r dyn cyffredin beth a ŵyr am Gymru a Cherddoriaeth ei ymateb, mae'n debyg, fydd: canu corawl da, yn enwedig *Cwm Rhondda*, lleisiau ardderchog, yn enwedig ar y nodau uchaf, hir, a'r Delyn.

Er mai Sais yw awdur y geiriau hyn, fe fu ganddo gysylltiadau personol agos â Chymru ar hyd ei fywyd. Ers dros hanner can mlynedd mae tylwyth iddo wedi bod yn byw yn Y Barri. Yn Sir Amwythig y ganed ac y magwyd ei fam a'i brodyr a chwiorydd niferus ond yng Nghymru y bydden nhw'n treulio'u gwyliau. Yn eu cartrefi – gan gynnwys cartref yr awdur – roedd *Ar Hyd y Nos* a *Hen Wlad Fy Nhadau* mor gyfarwydd â *Rule, Britannia* a *God Save The King*. Yn eu barn nhw Gwlad y Gân oedd Cymru, ac o'r herwydd roedd Cymru'n Genedl Gerddorol. Ac yn sicr ddigon, mae amlder enwau Cymreig mewn Cwmnïau Opera ac ar raglenni cyngherddau ar hyd a lled y ddaear fel petai'n cadarnhau'r ddamcaniaeth.

Mae'r rhan fwyaf o'r Cymry'n credu hyn hefyd, heb, wahaniaethu rhwng ansawdd cynhenid cynifer o leisiau 'nodweddiadol' Gymreig ac ansawdd gerddorol y seiniau a gynhyrchir. Does neb hyd yma wedi awgrymu, heb sôn am brofi, fod gan y Dywysogaeth rywbeth arbennig iawn yn ei hinsawdd neu yn ei bwyd yn gyffredinol, neu fod genynnau arbennig yng nghyfansoddiad y Cymro, wedi'u hetifeddu drwy'r oesoedd. Ond yn ddiamau mae llawer o leisiau prydferth wedi'u cynhyrchu yng Nghymru.

Mae sail bendant i'r argraff, neu chwedl, os mynner. Ond mae'r dystiolaeth yn mynd nôl yn bellach mewn hanes nag y mae'r rhan fwyaf o gerddorion proffesiynol yn ei sylweddoli; a does a wnelo hynny ddim oll â'r lleisiau ardderchog a'r nodau uchel iasol. Does dim rhaid inni ryfeddu at hyn, o gofio na sefydlwyd yng Nghymru ffynhonnell a chadwrfa draddodiadol ac arferol doethineb, hynny yw, y Brifysgol, tan chwarter ola'r bedwaredd ganrif ar bymtheg. Agorwyd Colegau Aberystwyth, Caerdydd a Bangor, y naill ar ôl y llall tua chanrif yn ôl, a Choleg Abertawe hanner can mlynedd wedyn. Dim ond yn ystod y ddau ddegawd diwethaf y gallai'r Cymro neu Gymraes ifanc, oedd a'u bryd ar ddilyn gyrfa broffesiynol o fri mewn cerddoriaeth, gael yr hyfforddiant a'r cymwysterau angenrheidiol y tu fewn i'r Dywysogaeth; dyna sy'n esbonio'r dylifiad o fyfyrwyr gydag ysgoloriaethau a grantiau o Gymru i golegau cerdd Llundain a Manceinion, Yr Alban, Dulyn a'r Cyfandir. Ond fe wyddai'r athrawon yng ngholegau Lloegr lai hyd yn oed na'u cymheiriaid Cymreig am darddiad cerddoriaeth Gymreig, ac fe wnaed llawer o'r ymchwil gynnar gan amaturiaid brwdfrydig, yn union fel y mae arnom ddyled yn Lloegr i ysgolheigion fel Dr Edmund Fellowes, Sir George Grove, Cecil Sharp a Carl Dolmetsch, neu fel y mae ar Iwerddon dduled i Donal O'Sullivan heddiw am ei ymchwil ar Turlough O'Carolan.

Serch hynny, peth anodd yw olrhain tarddiad cerddoriaeth Gymreig. Pan ymosododd y Rhufeiniaid ar Brydain, fe fuon yn lladd, neu'n trechu neu'n cymhathu'r rhan fwyaf o'r trigolion Celtaidd oedd wedi dod o'u blaenau o gyfandir Ewrop. Ond fe wrthsafodd llawer eu hymosodiadau'n chwyrn nes cael eu gyrru i'r mynyddoedd bygythiol yn y gorllewin a'u caethiwo yno gan gylch o gaerau Rhufeinig. Roedd trigolion eraill yno o'u blaen, yr Iberiaid tywyll, bychain, oedd wedi'u gyrru yno'n wreiddiol gan y Celtiaid; ond fe drechodd y ffoaduriaid newydd nhw gan orfodi'u hiaith, diwylliant a chrefydd yno. Mae'r olaf hwn o ddiddordeb neilltuol inni, oblegid, mae olion hynaf cerddoriaeth Gymreig yn disgyn o gyfundrefn Brydyddol yr hen Dderwyddon.

Mor gynnar â dwy ganrif o flaen Crist, fe sgrifennodd Poseidonius o Apamea fod gan Geltiaid Gâl (h.y. Gâl Iwl Cesar) Dderwyddon, 'athronwyr a diwinyddion mawr eu hanrhydedd', a 'beirdd a ganai gerddi o fawl a dychan, gan gyfeilio iddyn nhw'u hunain ar offerynnau tebyg iawn i'r delyn Roegaidd' (Percy Scholes, *Companion to Music*). Mae cyfeiriadau eraill mewn canrifoedd dilynol yn pwysleisio'r parhad yn awdurdod a phwysigrwydd y beirdd, neu'r Glêr, fel y gelwid nhw yn yr Oesoedd Canol mewn gwledydd eraill. Does dim amheuaeth nad oedd eu celfyddyd yn ddatblygedig ac yn draddodiadol, ac yn cael ei throsglwyddo ar lafar, ac roedd cyfle i arbrofi'n lleisiol ac yn offerynnol. Math o delyn oedd y *crwth*, a genid drwy blicio'r tannau; yn ddiweddarach o lawer y dechreuwyd defnyddio bwa, tua'r Ddeuddegfed Ganrif, o bosib. Does dim sicrwydd pa bryd y daeth y delyn, offeryn traddodiadol arall y Cymry, yn boblogaidd ond y delyn yw un o'r offerynnau cerdd hynaf oll, y sonnir amdani ganrifoedd o flaen Crist. Mae'n bosibl mai'r Iberiaid a ddaeth â hi i Brydain yn gyntaf gan mai o'r Dwyrain-agos a'r Môr Canol y daeth eu diwylliant nhwythau.

Am y rhesymau a grybwyllwyd eisoes, ni sgrifennwyd celfyddyd y Beirdd ar bapur; rhaid i gerddoriaeth wir arbrofol fod yn bersonol ac wedi'i chanu ar y pryd. Ond mae llawysgrif o'r Unfed Ganrif ar Bymtheg yn dangos fod disgyblaeth gaeth ar y gelfyddyd. O gwmpas y flwyddyn 1100, mewn eisteddfod gerdd dant a cherdd dafod (y gynharaf i'w chofnodi, o bosib) cyhoedd Gruffydd ap Cynan y rheolau ar gyfer ennill graddau eisteddfodol; rhannwyd cerddoriaeth yn dri dosbarth yn ôl eu teilyngdod – telynorion, crythorion a chantorion. Roedd y rheolau'n gaeth iawn, mae'n amlwg, a nifer gymharol fach o feirdd a feddai ar y cymwysterau, a hynny'n unig ar ôl cyfnod o ddeuddeng mlynedd o hyfforddiant manwl. Mewn geiriau eraill, nid pob un a gâi'i arddel fel bardd. Fe'n hatgoffeir am y sefyllfa heddiw yn India – mae rhaid i'r cerddorion proffesiynol sy'n perfformio yn y dulliau traddodiadol ddysgu'u crefft am ugain mlynedd cyn cael eu cyfri'n addas i arddangos eu celfyddyd o flaen y cyhoedd.

Efengylwyd Cymru gan y seintiau cenhadol ar ôl cyfnod y Rhufeiniaid a bu farw'r hen grefydd Dderwyddol ond parhaodd atgof am y Derwyddon am yn hir; yna gannoedd o flynyddoedd yn ddiweddarach atgyfodwyd y traddodiadau 'Derwyddol' a'u cysylltu â'r Eisteddfod Genedlaethol. Mae 'r Eisteddfod, wrth gwrs, yn enwog am ei thraddodiad hir o noddi'r ddwy gelfyddyd, barddoniaeth a cherddoriaeth, ar wahân i'w gilydd a chyda'i gilydd. Bydd cynulleidfaoedd brwdfrydig yn mynychu eisteddfodau ar hyd a lled y wlad er mwyn clywed corau enwog yn cystadlu, a hefyd i gael cyfle i ganu yn y dull dihafal Cymreig.

Mae hon yn nodwedd hynod yn y cymeriad Cymreig, a gyfrannodd yn helaeth (ac yn urddasol yn fynych) i draddodiad cerddorol y Genedl. Mor bell yn ôl â'r ddeuddegfed ganrif, fe gofnododd yr hanesydd teithiol enwog, Gerallt Gymro, fod y Cymry'n arfer canu'n ddifyfyr mewn lleisiau gwahanol, gan gynganeddu'r gwahanol rannau ynghyd yn soniarus, tra bo cynulleidfaoedd, neu dorfeydd, mewn rhannau eraill o'r wlad yn canu'n unsain (a'r mynachod yn eu mynachlogydd yn canu '*in organum*'). Mae'r ddawn hon wedi parhau ar hyd y canrifoedd, ac mi fu'n arfer ers blynyddoedd i'r torfeydd mwyaf, er enghraifft, mewn gêm rygbi, ganu'u caneuon cenedlaethol yn naturiol ac mewn cynghanedd. Roedd hon yn hen arfer ymhell cyn i ryw bapur newydd 'gael y syniad' o ganu cynulleidfaol mewn gemau pêl-droed!

Ychydig o gyfle a gafodd y Cymry i fwynhau bywyd heddychlon ac i fyw yn fodlon ar eu byd heb orfod gofidio am y dyfodol fel y digwyddodd, er enghraifft, rhwng y ddau ryfel byd neu yn nyddiau Victoria ac Edward. Ond fe gawson ddigon o gyfnodau o ddioddefaint, fel mewn rhannau eraill o'r ynysoedd hyn. Ar ôl y goresgyniad Normanaidd fe ddioddefodd Cymru ganrifoedd o gythrwfl – rhyfeloedd, ymosodiadau, gwrthryfeloedd. Bu mynych ymdaro ar draws y ffiniau, ond er hynny fe barhaodd iaith a llawer o ddiwylliant y Cymry yn fyw. Ond er i'r traddodiadau barddol a cherddorol oroesi, eto i gyd dirywio fu eu hanes a bu toriadau yn y dulliau o ganu am na ellid cadw'r traddodiad o drosglwyddo dysg ar lafar yn ddi-fwlch fel o'r blaen. Wyddom ni ddim hyd yn oed a gadwyd y ddawn enwog o ganu mewn cynghanedd yn fyw: ond ceir tystiolaeth ohoni eto gyda Diwygiad yr Unfed Ganrif ar Bymtheg, ac yna'n ddiweddarach yng nghanu gorfoleddus y capeli Methodist di-rif.

Pan esgynnodd Harri Tudur i Orsedd Lloegr fel Harri'r Seithfed, ar ôl trechu Rhisiart III ar Faes Bosworth yn 1485, fe roes gychwyn i'r cyfnod a elwir yn Gyfnod Tuduraidd, cyfnod a ddaeth i ben pan fu farw Elisabeth yn 1603. Dyma gyfle euraid, fe ellid meddwl, ar gyfer cerddoriaeth a cherddorion o Gymru. Ac felly y bu hi; ond nid cyfle i gyfoethogi cerddoriaeth Gymreig a gaed, oblegid, er fod croeso i wŷr o athrylith, artistiaid, cerddorion a'r diwylliedig yn gyffredinol o Gymru, roedd y driniaeth a roddwyd iddyn nhw yn y Llys Brenhinol ac yn nhai'r mawrion yn Lloegr yn wahanol iawn i'r disgwyliad. Gwaharddwyd eu hiaith a mynegwyd amheuon ynglŷn â'u celfyddyd; oherwydd yma roedd y pwyslais ar y ffasiwn newydd o Ewrop, a rhaid oedd cydymffurfio â'r gwerthoedd newydd neu gael eu gwrthod.

Fel hynny y Seisnigwyd cerddorion Cymru a'u dwyn o dan ddylanwadau cydwladol y cerddorion a noddid gan y Teyrn, yn enwedig gan Harri'r Wythfed a oedd ei hun yn gerddor glew. Cyfrannodd dyrnaid o'r Cymry a arhosodd yn Lloegr yn helaeth i'r cynnyrch godidog a elwir yn 'Gerddoriaeth y Cyfnod Tuduraidd', yn enwedig, John Gwynneth, Robert Jones a John Jenkins; enwir yr enwog Thomas Tomkins weithiau yn y cyswllt hwn am iddo gael ei eni yn Nhyddewi, ond Saeson oedd ei rieni a'i deulu, a bu ei yrfa a'i hyfforddiant y tu allan i Gymru'n llwyr.

Cadarnhaodd Deddf Uno 1536 sofraniaeth gyfreithiol Lloegr dros Gymru, rhoddwyd yr iaith mewn cyffion, dirymwyd y Cyfreithiau, a rhoddwyd llywodraeth y wlad yn nwylo San Steffan. Meddai'r hanesydd, G. M. Trevelyan: 'Cadwodd Cymru ei hiaith frodorol, ei barddoniaeth a'i cherddoriaeth. Hi oedd piau'i henaid.' Ond cofier y cartŵn enwog yn *Punch* yn dangos Caiser Wilhelm I yn anelu'i fys at yr adfeilion ar ôl yr ymosod a fu ar Wlad Belg ac yn dweud wrth y Brenin Leopold: 'Weli di? Rwyt ti wedi colli popeth!'. 'Ac eithrio fy enaid' oedd ateb y Brenin.

Fe arhosodd rhai ar ôl yng Nghymru yn ystod y Cyfnod Tuduraidd, gan wneud eu gorau i gynnal yr hen draddodiadau Cymreig, peth digon anodd heb gerddoriaeth na rheolau sgrifenedig i'w cyfarwyddo, a heb ysgolheictod yn yr ystyr fodern na chyfle i wneud ymchwil. Rhwystr pellach oedd y 'cerddorion' ffug oedd heb feistroli gwir gelfyddyd y beirdd nac wedi bod dan ddisgyblaeth a hyfforddiant bardd wrth ei broffes. Fe fu'r rheiny y fath drafferth nes i Elisabeth drefnu Comisiwn i ddiarddel yr 'ymhonwyr anghelfydd' a thrafferthus, y glêr, a ddaeth yn gyfystyr, bron iawn, a'r 'rogues and vagabonds' yn nramâu Shakespeare.

Serch hynny, fe lwyddodd un gelfyddyd arbennig i oroesi, sy'n nodweddiadol o'r hen ddisgyblaeth lem a arferid gan yr hen feirdd; rhywbeth cynhenid Gymraeg a noddid gan yr eisteddfod ac a noddir eto ganddi; rhywbeth sy'n hawlio safon uchel o fedr cerddorol ar ran y perfformiwr, neu'r perfformwyr, ac yn cyfrannu'n helaeth i hawl y Cymry i'w galw'u hunain yn genedl gerddorol – canu penillion. Nid yw'r gelfyddyd yn hysbys yn Lloegr ac nid oes enw Saesneg arni. Ni ŵyr y Sais am ganwr yn canu alaw ac yn cyfeilio iddo'i hun â chainc wahanol ar y delyn (neu gall y datgeiniad a'r cyfeilydd fod yn ddau wahanol). Nid alaw werin, delynegol, mo'r gainc, ond alaw a chwaraeir ar y delyn a chanddi sylfaen cynganeddol, ffurfiol, a phatrwm sylfaenol o guriadau. Bydd alaw'r datgeiniad yn wahanol o ran mydr a chynghanedd ond rhaid iddi ateb tôn y cyfeilydd. Bydd y geiriau'n amrywio o delynegion cyfarwydd a cherddi swynol i benillion amserol eu cynnwys (fel yn nydd y cerddorion gynt). Gall yr aceniad fod yn syml neu'n groes-acennog, gyda thri churiad yn ateb dau a gall y telynor newid yr amser, dim ond iddo gadw'r *curiad* gwreiddiol. Arwydd arall o gymhlethdod y gelfyddyd yw fod rhaid i'r datgeiniad gydymffurfio â rhuthmau, llinellau ac unedau sylfaenol yr alaw ar y delyn, gan ddechrau canu dri neu bedwar bar *ar ôl i'r cyfeilydd ddechrau chwarae a chan orffen yn union yr un pryd ag ef.* Nid peth rhyfedd gan hynny yw bod y gân a ddewisir ar gyfer cystadleuaeth yn cael ei threfnu ymlaen llaw!

Daeth y Chwildro Diwydiannol â diwyddiannau newydd i Gymru ar raddfa helaeth er i'r rheiny gael eu cyfyngu i ardaloedd cymharol fach – y meysydd glo yn y De (gan mwyaf) ac o gwmpas y porthladdoedd newydd, mannau a orboblogwyd yn gyflym. Roedd bywyd yn galed a byddai rhaid magu teuluoedd ar gyflogau sobor o fach. Ceid damweiniau yn aml a llawer o ing, dioddefaint, diweithdra ac egsploetio. Yn y cyfnod hwn roedd ystyr ddofn i frawdoliaeth y glowyr yn eu pentrefi hyll, toi llechi. Pwysig hefyd oedd eu dawn i ddod at ei gilydd i ganu caneuon ac emynau eu gwlad. Roedd cerddoriaeth yn falm ac yn gysur yn wyneb undonedd a dioddefaint eu bywyd beunyddiol. Atseiniai'r capeli ag iasau'r canu cynulleidfaol brwd, a hwnnw'n llawn angerdd yr hen dueddiadau gwrthryfelgar. Heidiai'r cymdeithasau corawl a'r corau meibion wrth y fil, gan wireddu sylw Gerallt ar ôl saith can mlynedd.

Ac eithrio'r delyn a'r crwth, oedd ar fin diflannu, traddodiad llafar oedd yma'n bennaf. Ni chafwyd Cerddorfa Genedlaethol nes i'r B.B.C. sefydlu un yn 1926. Cyfrannwyd rhan o'r arian gan y Gorfforaeth ei hun ond daeth peth hefyd o'r tu fewn i Gymru; ond lleihau a wnaeth y cyfraniadau hyn o flwyddyn i flwyddyn hyd nes y gellid cyfiawnhau galw'r Gerddorfa'n Gerddorfa Genedlaethol Cymru. Y gobaith oedd y gellid sicrhau dyfodol y gerddorfa drwy sicrhau tanysgrifiadau oddi wrth gorfforaethau trefol, oddi wrth ddiwydiannau ac oddi wrth unigolion, gyda chymorth taliadau gan y B.B.C. am waith darlledu allanol. Ond nid oedd yr hinsawdd economaidd a diwydiannol rhwng y ddau ryfel byd yn ffafriol i'r cynllun, yn enwedig gan nad oedd y cyhoedd, hyd yn oed mewn mannau cosmopolitan fel Caerdydd, wedi arfer â gwrando ar gerddorfeydd. Nid oedd y Cymry'n gyfarwydd â cherddoriaeth offerynnol, yn yr ystyr eang, ar waetha'r bandiau pres a'r cyngherddau cerddoriaeth siambr a drefnid gan y colegau ac ymweliadau prin cerddorfeydd o Loegr â'r Eisteddfod Genedlaethol. Yng nghanolfannau'r B.B.C. yng Nghaerdydd, ac yn nes ymlaen yn Abertawe a Bangor, y cafwyd y cyffro cerddorfaol cynharaf.

Er 1945, mae'r sefyllfa wedi newid yn gyflym. Mae'r B.B.C. wedi bod yn brysur iawn yn cynnal cyngherddau simffonig a cherddoriaeth siambr yn agored i'r cyhoedd, ac mae'r Brifysgol hefyd yn cynnal cyrsiau amserllawn ar gyfer myfyrwyr a chyfle cynyddol i roi perfformiadau neu i arwain – neu o leiaf i glywed eu cyfansoddiadau'u hunain – breintiau a fu'n brin iawn yng Nghymru yn y gorffennol. Daeth cymorth pellach o werth anfesuradwy oddi wrth Bwyllgor Cymreig Cyngor Celfyddydau Prydain Fawr, a sefydlwyd yn 1945, ac a fu'n haeddiannol ers yn hir o'i deitl clodwiw, Cyngor Celfyddydau Cymru (gweler isod).

Fe welsom fel yr adnewyddwyd y ddawn i ganu ynghyd gan y capeli a chan y cymdeithasau a grwpiau corawl. Datblygodd amryw o'r rhain yn gorau ardderchog gan fagu, drwy ddylanwad ysbryd cystadleuol yr eisteddfodau, safonau amrywiol a ragoriaeth dechnegol a thonyddol. Magwyd eu chwaeth gerddorol gan eu hyfforddwyr, amaturiaid a oedd yn fynych, o ran eu gwybodaeth a'u greddf gerddorol, yn annheilwng o'r cantorion a hyfforddid mor ddeheuig ganddyn nhw. Ac eithrio nifer fach o oratorios (Y Meseia gan Handel oedd y mwyaf poblogaidd o'r rhain), eu caniadau arferol oedd darnau poblogaidd y cyfnod Fictoraidd – cantatas, rhanganeuon, a threfniadau syml neu sentimental o alawon gwerin – darnau a barhaodd mewn bri ar hyd hanner cynta'r ganrif hon. Nid ein lle ni yw bod yn rhy feirniadol ohonyn nhw na theimlo'n uwchraddol chwaith, wrth gofio cymaint yn well yw ein cyfleusterau heddiw ar gyfer clywed cerddoriaeth dda, mynychu perfformiadau dan law arweinwyr enwog, a chael cyfle i ymgyrraedd at gerddoriaeth o'r safon uchaf yng nghwmni cerddorion o'r radd flaenaf mewn grwpiau llai.

Ffactor fwy pellgyrhaeddol o ran ei dylanwad cerddorol, yn enwedig yng Nghymru (a thu allan iddi), fu lledaeniad Sefydliad y Merched ar ôl ei sefydlu ym Môn yn 1915 drwy'r Ynysoedd hyn i gyd. Diddanodd y merched yn ogystal â'u haddysgu, gan greu nifer helaeth o gorau merched o safon uchel yn sgil hynny, – a gadawodd y gwŷr gryn dipyn ar eu pennau'u hunain: bu hyn yn gaffaeliad i'r corau meibion, sydd mor fynych yn helaethu mewn modd iasol y nodweddion cyffrous a grybwyllwyd eisoes yn y lleisiau unigol gorau.

Mae'n anffodus fod y gweithfeydd dur enfawr, y pyllau glo modern a'r diwydiannau eraill wedi cael effaith negyddol ar weithgareddau corawl yn sgil y ffyniant materol, oherwydd, bu'r duedd at waith shifft yn fodd i rwystro mynychu ymarferiadau côr yn gyson, a hyd yn oed i ladd ambell eisteddfod gerddorol leol. Mae'n bosibl fod hynny wedi cael effaith ar fandiau'r gweithfeydd hefyd.

Ar y llaw arall, fe glywir cerddorfeydd yn amlach o lawer yn awr, yn enwedig ar ôl sefydlu Cerddorfa Ieuenctid Genedlaethol Cymru yn 1946 casgliad rhagorol o gerddorion ifainc (rhwng 13 ac 20 oed), y gall unrhyw fachgen neu eneth sy'n meddu ar ddawn gerddorol obeithio dod yn aelod ohono, ac yn ogystal, fe geir Band Pres Ieuenctid Cenedlaethol erbyn hyn.

Mae hoffter y Cymry o ganu'n unigol ac mewn grwpiau wedi'u harwain yn naturiol i gyfeiriad opera, ac yn eu Cwmni Opera Cenedlaethol, a sefydlwyd ar ôl y Rhyfel diwethaf ac sy'n dal i gynyddu mewn nerth ac enwogrwydd, mae cyfle i'r perfformwyr a'r cynulleidfeydd gael mynegiant iachus i'w brwdfrydedd. Bu'r B.B.C. a Chyngor Celfyddydau Cymru yn noddwyr hael i holl weithgareddau cerddorol y genedl, gan amaturiaid yn ogystal â chan gerddorion proffesiynol, oblegid ceir cyfuniad o'r ddau mewn sefydliadau fel y Cwmni Opera Cenedlaethol.

Yn ddiweddar iawn fe sefydlodd Cyngor y Celfyddydau gymdeithas ar gyfer cerddorion amatur yng Nghymru gyda chymhorthdal blynyddol o £15,000, a gwahodd Mr W. S. Gwyn Williams (byddwn yn sôn amdano yntau yn y bennod nesaf) ar waethaf ei holl brysurdeb i fod yn gadeirydd iddi, gan fod ganddo'r cymwysterau uchaf ar gyfer y swydd. Gan mai ef oedd un o sefydlwyr Eisteddfod Llangollen ac wedi bod mor brysur ynglŷn â'i rhaglen gerddorol – yn ogystal â'r sefydliad hynafol hwnnw, yr Eisteddfod Genedlaethol, er pan oedd yn ddyn ifanc, – peth addas fydd sôn y fan yma am y rhan bwysig a gymerwyd gan fudiad y Gwyliau cerdd yn natblygiad cerddoriaeth.

Y tair Wyl bwysicaf yn hyn o beth oedd Gwyliau Abertawe a Llandâf – gwyliau proffesiynol – a Gŵyl Llangollen, yr ŵyl sy'n rheswm dros gynnwys y bennod hon ar Gerddoriaeth yng Nghymru. Yn wyneb ei chefndir hir a thra diddorol, mae gan Wyl Llangollen ddylanwad nodedig ar ein tueddiadau cerddorol gan ei bod yn dwyn i'r amlwg y canu a'r dawnsio mwyaf celfydd gan rai o'r grwpiau gorau o amryw wledydd, dan lygad panel cydwladol o feirniaid proffesiynol a phrofiadol. Ar ben hynny fe ddewisir y darnau prawf ar gyfer y corau gan y Cyfarwyddwr Cerdd Mygedol (Mr W. S. Gwyn Williams) gyda'r bwriad o sicrhau dros gyfnod o bum mlynedd gynrychiolaeth o gampweithiau o'r traddodiadau neu 'ysgolion' corawl gorau – Lloegr, Yr Iseldiroedd, Yr Almaen, Yr Eidal a Sbaen (gw. Pennod 2). Yn ogystal, fe ddewisir gweithiau pwysig o'r traddodiadau clasurol, rhamantaidd a modern. Yn y modd hwn fe helaethwyd profiad llawer o gorau – a chynulleidfaoedd – i gynnwys cerddoriaeth na chlywyd o'r blaen, dulliau newydd o ganu, a phatrymau cynganeddol oedd yn dra gwahanol i'r oratorios a'r baledi Fictoraidd y magwyd cynifer o gymdeithasau corawl hyna'r Ynysoedd hyn arnyn nhw. Mae'r chwaeth a'r diddordeb a ddangosir hefyd yn y darnau 'hunand-dewisiad' yn adlewyrchu'r profiad helaethach o gerddoriaeth wahanol. Mae trefniannau cyfoes (neu osodiadau, mewn gwirionedd) ar gyfer yr alawon gwerin a ddygir yma gan gorau, er enghraifft, o'r Unol Daleithiau, Yr Almaen, Ffrainc, Sbaen a'r gwledydd Balcan, yn fynych yn gyfrwng i beri inni feddwl fod cerddoriaeth Holst, Howells, Vaughan Williams, Walton a Britton, braidd yn hen-ffasiwn!

Yn y *Liverpool Daily Post* yn 1971 fe fynegodd Roy Bohana, Cyfar-wyddwr Cerdd Cyngor Celfyddydau Cymru, farn llawer o gerddorion craff: 'Parthed lledu eu gorwelion cerddorol, fe ddichon nad yw'r Cymry ddim wedi sylweddoli hyd yma mor ddylanwadol y mae Gwyn Williams wedi bod. Ni ellir sicrhau cynnydd dros nos, ond mewn llai na chwarter canrif fe gymerodd ran bwysig yn natblygiad cerddoriaeth yng Nhgymru. Gosodwyd safonau o berfformiadau cerddorol cadarn ac uchel i'n corau gael anelu atyn nhw, ac mae'r drysau'n agored o leiaf i gyfoeth y reper-toire corawl.'

Rydym ni wedi meddwl am Gymru'n bennaf fel gwlad lle ceir canu corawl naturiol a gwlad sy'n cynhyrchu lleisiau persain, yn enwedig ymhlith tenoriaid, fel y bydd y gwledydd Slaf yn cynhyrchu tenoriaid gwirioneddol uchel a lleisiau bas arbennig o ddwfn – a'r Iddewon yn ogystal, o bosib oherwydd eu litwrgi hynafol. Ond ni all yr un genedl hawlio mai hi'n unig sy'n meddu ar nodweddion fel y rhain, yn enwedig ar ôl canrifoedd o ymfudo mawr a mân. Mae Cymru wedi rhoi digonedd o gantorion o bob math a dawn i'r byd, yn gantorion telynegol, neu goloratwra neu ddramatig. Annymunol fyddai ceisio enwi unigolion, ond does neb yn fwy clodfawr o gyfnod Victoria ac Edward na'r tenor gwych hwnnw Ben Davies. Ac mae pedwar o leiaf o'n cantorion cyfoes yn fydenwog: Syr Geraint Evans, Stuart Burrows, Gwyneth Jones a Margaret Price.

Eisoes fe gyfeiriwyd at ddyrnaid o gyfansoddwyr a gyfrannodd i gynnyrch cerddorol y cyfnod Tuduraidd. Roedd nifer o delynorion dawnus yn fyw yn y cyfnod hwnnw a fedrai chwarae 'ar y pryd' yn greadigol yn ogystal â chadw'u traddodiadau ar gof. Un o'r rhain oedd y telynor Thomas Richards a wahoddwyd, yn ôl Daniel Jones, i berfformio o flaen gwrandäwr craff, Syr Philip Sydney. Roedd Richards ar y pryd yng ngwasanaeth Syr Edward Stradling o Sain Dunwyd: mae'n ddiddorol sylwi fod y cais amdano wedi gofyn yn arbennig iddo ddod â'i ddau offeryn cerdd gydag ef, y delyn a'i grwth â'r tannau metel.

Mae Cymru'n falch dros ben o Syr Walford Davies, ac yn ddiolchgar iddo, oblegid Cymry oedd ei rieni, er iddo gael ei eni y tu allan i Gymru; ac yn ystod y deng mlynedd y bu'n Athro Cerddoriaeth yn Aberystwyth, fe fu o gymorth mawr i gerddoriaeth y Dywysogaeth. Roedd yn gyfansoddwr o fri, yn addysgwr mawr (a'r darlledwr cyntaf, a'r mwyaf, yn y maes hwnnw) ac yn ysgolhaig nodedig. Ond ni welodd Cymru ei Purcell neu Elgar Cymreig hyd yn hyn am resymau nad ydyn yn anodd eu dirnad o'r crynodeb uchod o hanes stormus a chyfnewidiol ein gwlad.

Er y Rhyfel Byd Cyntaf, fodd bynnag, gyda chefnogaeth y B.B.C. ac yna drwy gyfrwng gwahoddiadau a chomisiynau oddi wrth Gyngor Cerdd Cymru, Cyngor Celfyddydau Cymru, eisteddfodau arbennig, a'r Urdd er Hyrwyddo Cerddoriaeth Gymreig, mae cnewyllyn o dalent greadigol wedi datblygu. Mae wedi tyfu law yn llaw â'r cyfle cynyddol i glywed cerddorfeydd yn perfformio – o Gymru, Lloegr a gwledydd tramor – a grwpiau offerynnol, grwpiau corawl bach o safon uchel, ac unawdwyr ifainc. Bellach mae'r Dywysogaeth yn cynhyrchu cerddoriaeth ardderchog, a gellir galw i gof yn syth enwau sy'n hysbys drwy'r gwledydd, Alun Hoddinot, Daniel Jones, William Mathias a Grace Williams. Yn debyg i gyfansoddwyr cyfoes mewn gwledydd eraill, mae'r rhain yn

5   Danzas Vascas 'Izarti', San Sebastien, Spain

6  Balkan piper

cyfansoddi fel unigolion yn hytrach na fel aelodau amlwg o'r un genedl; mae'r un peth yn wir hefyd am y celfyddydau eraill, o ganlyniad i'r cyfathrebu rhwng y gwledydd a thuedd athrawon o bersonoliaeth gref a syniadau pendant i ffurfio 'ysgolion'. O'r llu o gyfansoddwyr ifainc dawnus fydd yn tyrru i'w dosbarthiadau dim ond y rhai sy â chanddyn nhw gymeriadau cryf a rhywbeth i'w ddweud, sy'n goroesi. Mae mwya i gyd o glod yn ddyledus, gan hynny, i'r cyfansoddwyr o Gymru a enwyd uchod am fod eu gweithiau i gyd yn dwyn nodweddion arbennig cymeriadau'u creawdwyr. Ar ben hynny, ac yn bwysig iawn, mae eu cerddoriaeth hefyd yn dangos nodweddion sy'n perthyn i wlad eu tadau'n arbennig – ar gyfer y gwrandawyr hynny sy'n ddigon hyddysg a synhwyrus i'w canfod.

Bydd gweithiau gan y cyfansoddwyr hyn yn ymddangos yn amlach o lawer erbyn hyn mewn gwyliau cystadleuol fel darnau prawf neu fel darnau 'hunan-ddewisiad', yn enwedig yn Llangollen, lle y gwelir nhw, a chyfansoddwyr enwog eraill o Gymru, yn beirniadu o dro i dro. Pobl brysur ydyn nhw i gyd yn y byd addysgol hefyd, yn hyrwyddo cerddoriaeth hyd eithaf eu gallu fel athrawon coleg ac ysgol, gweinyddwyr, cyfarwyddwyr, a threfnwyr. Mae Llangollen felly yn cyfrannu'n helaeth i ddatblygiad cerddoriaeth yng Nghymru. Priodol hefyd fyddai crybwyll dylanwad chwanegol cyngerdd terfynol yr Eisteddfod ar Nos Sul (Pennod 8) sydd wedi cynnwys *Y Meseia* gan Handel, *Nawfed Simffoni* Beethoven, y ddau *Requiem* o waith Verdi a Berlioz, *Breuddwyd Gerontiws* gan Elgar, a llawer o ddarnau simffonig eraill.

# Cyd-ganu: hanes y corau

Yn cynnwys arolwg byr o'r gwledydd sy'n cymryd rhan,
natur y grwpiau a mesur o'u llwyddiant.

MAE'R GAIR CERDDORIAETH, fel y geiriau 'awyr' a 'bywyd',
mor gyfarwydd inni fel y byddwn yn cymryd ei ystyr yn
ganiataol. Bydd y rhan fwyaf o lawlyfrau ac erthyglau ar
gerddoriaeth yn osgoi unrhyw ymdrech i'w ddiffinio. Fe'n hatgoffeir gan
Syr Donald Francis Tovey fod y gair yn tarddu o derm Groegaidd a
ddefnyddid yn gyffredinol ar gyfer holl gelfyddydau'r Naw Awen, ac yn
dynodi diwylliant y meddwl ar wahân i ddiwylliant y corff (gymnasteg).*
Yn ôl un geiriadur, sŵn mewn cywair pendant, yn hytrach na sŵn yn
unig, yw cerddoriaeth.† Mewn geiriau eraill, nodyn neu dôn. Yn ôl
Donald Ferguson mae cerddoriaeth yn ddull o feddwl – ffordd o feddwl
yn donyddol.‡ Ac nid trwy gyfrwng un dôn yn unig, ond trwy gyfuniad
o donau, yn felodi neu'n gynghanedd, neu'r ddau gyda'i gilydd, y bydd
yr hyn a alwn yn *gerddoriaeth* yn dod yn gyfrwng mynegiant ystyrlon.
    Ond pa bryd y troes *sŵn* yn *gerddoriaeth*, a pha bryd y dechreuodd
dynion leisio 'nodau' yn hytrach na synau? Yn ôl Syr James Jeans ar hyd
yr oesoedd bu sŵn y llais dynol yn gyfystyr i'r clyw â phoen a rhybudd, ac
efallai â mwynhad hefyd. Ond fe ddaeth y foment pan ddechreuodd yr
ymennydd ddehongli'r seiniau a ddôi i'r glust a dod yn ymwybodol o'r
gwahaniaeth rhwng synau pleserus a rhai amhleserus. Gellir ei ddychmygu
yn dod o hyd, trwy gyfrwng ei glyw, i ddiddordeb a gwerthoedd
newydd . . . darganfod fod clywed rhyw sŵn syml, taro bys ar dant
bwa, o bosib, neu'r gwynt yn chwythu tros ymyl corsen doredig, yn
bleserus ynddo'i hunan. Y diwrnod hwnnw y ganed cerddoriaeth.§
    Fe ddichon mai cam byr o hynny fu cydnabod, gan genedl neu lwyth
neilltuol, fod rhai seiniau llafar arbennig yn 'gerddorol'; er enghraifft, sŵn

---

* Encyclopaedia Britannica.
† New Imperial (Newnes).
‡ A History of Musical Thought (Crofts, N.Y.).
§ Science & Music (Camb. Univ. Press).

llais rhywun yn galw ar ei gyd-ddyn ar draws llyn neu gwm, am fod ganddo gywair arbennig, yn ogystal ag atsain glochaidd i beri iddi gario ymhell, a'r llais yn amrywio yn donyddol o bosib fel llais y gog. Dechrau'r gyfathrebaeth rhwng dyn a dyn fu lleisio dilyniant o synau a newidiai o ran eu cywair a'u cryfder, nes datblygu yn y pen draw yn iaith. A dyna wahaniaethu'n derfynol rhwng dyn ac anifail, na allai leisio dim ond ambell roch neu wich – neu'r adar, a fu'n pyncio, mae'n debyg, filoedd ar filoedd o flynyddoedd cyn hynny.

I'r llais dynol gael bod yn effeithiol, rhaid oedd taro'r cywair mwyaf cyfleus i'r galwr – ,yn sylfaenol, mater o lais uchel neu isel yn ôl y rhyw. Amrywid y cywair hefyd yn ôl pwysigrwydd y neges. Wrth hynny, gallai ddatblygu'n fath o gymal cerddorol. Yna petai rhywun arall yn ymateb mewn cywair arall gellid cynhyrchu rhywbeth a fyddai'n deby-cach eto i gerddoriaeth. Fe welir hyn yn digwydd ymhlith llwythau cyntefig heddiw ac wrth gwrs mae'n gyffredin ymhlith plant bach na wyddan ddim am ganu fel y cyfryw, er eu bod yn dysgu sut i ganu oddi wrth eu cyfeillion – yn enwedig mewn cyswllt â dawnsiau a chwaraeon, yn union fel y dynion cyntefig.

Am ganrifoedd dirifedi cyn dechrau cofnodi hanes gwareiddiad fe fu'r llwythau'n ymuno i alaru neu i gydlawenhau, neu i gydgyfrannu i ddefodau crefyddol fel gweddïo am law neu am feichiogrwydd neu am achubiaeth rhag rhyw bla bygythiol, neu am fuddugoliaeth dros eu gelynion. Fynychaf fe gyfeilid i'r defodau gydag offerynnau taro ac offerynnau chwyth, a chyda dawnsio. Ar brydiau byddai'r bobl yn ymateb i'r arweinydd fesul cymal, arfer a adlewyrchir heddiw yng ngherddoriaeth antiffonal y litwrgi. Roedd y cyfan yn enghraifft o'r hyn a elwir heddiw yn 'gydganu' – term cerddorol sy'n eang ei gymhwysiad. Gall gynnwys ymdeithganeuon milwyr, caneuon tafarn poblogaidd, emynau a salmau eglwys a chapel, motetau godidog ein heglwysi cadeiriol, canu corau opera neu oratorio, a'r comedïau cerddorol a ragflaenodd y sioeau cerddorol o America sy'n mynnu canu corawl medrus dros ben; carolau'r Nadolig, gemau pêl-droed, a'r noson wefreiddiol honno ar ddiwedd pob tymor o Gyngherddau Promenâd y Royal Albert Hall.

Mae'n debyg mai yn yr Hen Destament y ceir yr hanes cynharaf am bobl yn cydganu; roedd yn rhan hanfodol o'r litwrgi Iddewig ers tua 4,000 o flynyddoedd yn ôl. Dywed Dr Percy Scholes fod cyfeiriadau at weithgareddau cerddorol i'w canfod drwy gydol yr hanes hwnnw: Disgrifir dihangfa'r Hebreaid o'r Aifft yn fywiog yng Nghaniad Moses, a'i ganu gan Blant Israel, a Miriam yn dawnsio ar lannau'r Môr Coch. Yn ystod y gaethglud drallodus ym Mabilon crogwyd eu telynau yn y wlad ddiarth am na allen nhw ganu; ond ar ôl dod nôl i Jerwsalem canodd yr offeiriaid, Lefitiaid, meibion Asaff ynghyd gan foliannu'r Arglwydd a rhoddi diolch Iddo. Mae'n amheus iawn a oedd canu corawl trefnus a sgrifenedig yn gynharach nag eiddo'r Iddewon, oni bai fod gan filwyr o oesoedd cynharach fyth eu dull eu hunain o ymdeithio i gyfeiliant cân neu dôn; ac efallai fod y caethion truenus yn y llongau rhwyfo yn arfer mwmian yn rhythmig wrth geisio esmwythâu ychydig ar eu cydsy-mudiadau llafurus. Os digwyddodd hynny dyna ragflaenu canu'r negro caeth a'i 'spirituals', a chaneuon y môr hefyd, yn ystod y tri chan mlynedd diwethaf.

Does dim i ddangos fod y canu a'r llafarganu a grybwyllwyd yn cynnwys gwahanol 'leisiau', hynny yw, mewn cynghanedd; canu *unsain* oedd yr arfer a phawb yn ymuno yn y gân gyda'r un nodau â'r canwr cyntaf naill ai yn yr un cywair neu octef yn uwch neu'n is nag ef. Dyna oedd y bwriad, o leiaf, ond fe wyddom oll am yr ochneidwyr brwd sy heb syniad am gywirdeb cywair ond sy'n credu, yn anghywir, eu bod yn canu mewn tiwn. Bu rhaid aros tan tua mil o flynyddoedd yn ôl cyn bod ymdrechion yn cael eu gwneud yn y mynachdai a'r eglwysi i ganu mewn gwahanol leisiau, a hynny ar lefel gyntefig iawn: naill ai yn cydredeg tua phedwar neu bum nodyn oddi wrth yr alaw, neu'n cadw ar yr un nodyn a'r alaw yn esgyn fel descant ein hemyndonau heddiw. *Organum* y gelwid hyn.

Mae hyn yn egluro brwdfrydedd Gerallt Gymro yn y ddeuddegfed ganrif pan welodd fod gan y Cymry ddawn naturiol i gynganeddu wrth ganu (gw. tud. 126).\* Canfu rywbeth tebyg yng ngogledd Prydain ond mai dau lais yn unig a genid yno – yr alaw ynghyd â'r llais bas amrwd – ond heb y lleisiau rhwng y ddau fel y gwnâi'r Cymry, a hynny yn ddifyfyr. Anodd dweud pa bryd a sut y daeth cenhedloedd eraill i ddarganfod y mwynhad sy'n dod o ganu mewn cynghanedd; a fodd bynnag, Llangollen yw testun y llyfr hwn ac yn ei sgil holl ffenomen y canu corawl Cymreig. Fe welsom eisoes fod y traddodiad eisteddfodol wedi datblygu'n raddol o noddi canu gyda'r tannau hyd at ganu solo, ac yna, gyda thwf canu corawl yn y capeli a'r eglwysi, fe fu'n fodd i hybu canu cynulleidfaol â lleisiau llawn, a hefyd y cystadlaethau ar gyfer grwpiau a chorau llai o faint mewn eisteddfodau bach a mawr. Yn ystod y ganrif ddiwethaf roedd bri ar gannoedd o gorau, partïon a chymdeithasau corawl ffyniannus.

Roedd rhai o'r rhain yn rhy fawr i gymryd eu lle ar lwyfan Eisteddfod Llangollen – ac yn dal i fod felly; a bu rhaid i drefnwyr yr Eisteddfod osod rhwystr yn ôl eu doethineb ar eu maintioli. Mae'n amlwg fod hyn yn

---

\* Mae Percy M. Young yn trafod hyn yn drylwyr yn ei History of British Music (Benn) tt 25 et seq, a cheir ymdriniaeth fanwl gan W. S. Gwynn Williams yn 'Welsh Music and Dance' (Curwen & Schirmer Inc. 1932).

gwneud y cystadlu'n decach gan na all pob un o'r gwledydd fforddio anfon corau hyd yn oed o'r maintioli a ganiateir. Bydd rhai o'r corau mwyaf (cymdeithasau corawl, fel y gelwir nhw yn Lloegr a'r Alban) yn perfformio'n gyson mewn neuaddau mawrion ac mewn gwyliau cerdd lleol, ac yn ei chael yn anodd iawn i ddethol nifer cyfyngedig o gantorion i'w hanfon i Langollen. Bydd rhai eraill yn llwyddo i anfon grwpiau o'r maintioli a benodwyd, er enghraifft, ar gyfer y Corau Cymysg (hyd at 80 o aelodau) neu'r Corau Meibion a'r Corau Merched (hyd at 60 o aelodau), er bod hynny'n peri siomedigaeth ymhlith y gweddill niferus a orfodir i aros gartref, oni bai eu bod yn dod, fel brwdfrydigion y bêl droed, yn gefnogwyr i'w cyd-gantorion. Bydd hyn yn digwydd yn aml, gan gymaint yw eu brwdfrydedd, a mawr fydd y tyndra a'r cynnwrf pan ddaw'n adeg i gyfri'r marciau ar ddiwedd y gystadleuaeth a chyhoeddi enwau'r buddugwyr.

Yn y cyngherddau nos Sul (Pennod 8) fe gynhwysir gweithiau corawl yn fynych, ac yn yr achos hwn fe ellir casglu hyd at 200 o gantorion ar estyniad yng nghefn y llwyfan, gan adael lle i'r unawdwyr a'r gerddorfa simffonig. Serch hynny, bydd rhaid i Gymdeithas fel Cymdeithas-Frenhinol Ffilharmonig Lerpwl adael nifer sylweddol o'i haelodau gartref, a hithau'n perfformio *Breuddwyd Gerontiws*, ac yn y blaen.

Wrth edrych yn ôl dros chwarter canrif o gynnydd yn Llangollen, diddorol yw galw i gof fel y bu rhai corau'n ymwelwyr ffyddlon er na fuon nhw ddim o anghenrhaid ar y brig o ran marciau, ac yn dod i gystadlu gan wybod yn iawn na fyddan yn debyg o gael lle hyd yn oed, am wahanol resymau, lleihad yn nifer yr aelodau, o bosib, neu'r lleisiau yn heneiddio'n raddol ac heb gyflenwad o rai nwyfus, ifainc, ac ati. Weithiau bydd côr yn ymddangos o rywle ac yn sgubo'r bwrdd fel mellten gan gipio'r prif wobrau am ddwy, tair neu ragor o flynyddoedd cyn diffygio am byth, fe ddichon, neu – mwya i gyd o glod iddo – yn neidio i'r amlwg yn ddramatig eto ar ôl cyfnod o ddistawrwydd. Weithiau fe fydd y rhesymau dros hyn yn amlwg, fel diflaniad yr hyfforddwr dawnus a'i ddilyn gan arweinydd ifancach a llai profiadol; neu ar brydiau fe fyddan yn fwy cymhleth ac heb eu hamgyffred hyd yn oed gan y côr ei hun, – er enghraifft, pan fydd darnau prawf arbennig yn taro'n well i donyddiaeth a nodweddion y côr hwnnw. Weithiau fe fydd achosion dros dro'n peri bwlch yn yr ymweliadau, pwl heintus o'r anwydwst, efallai, neu ddiflaniad hanner y cyflenwad o denoriaid (sy'n anodd eu cael ar y gorau) – am fod cyflogwyr y dynion wedi symud eu prif swyddfeydd i ardal arall. Gall pob math o ddamweiniau beri trafferth i gorau tramor; eu dal nôl ar y ffiniau, trenau'n rhedeg yn hwyr, streiciau, damwain ar y ffordd, colli'r bagiau sy'n dal eu gwisgoedd cenedlaethol drud. A gŵyr Llangollen fwy am broblemau fel y rhain na'r un ŵyl arall: grwpiau'n cael eu dal yn ôl gan ddeuddydd o foroedd tymhestlog ac yn glanio wedyn ganol nos yn y porthladd anghywir.

Ar y funud olaf yn 1967 dilëwyd hedfaniad Grŵp o Wganda yn Nairobi, ond ar waethaf hynny fe gafodd nifer helaeth o'u dawnswyr le ar hedfaniad diweddarach, ac er iddyn nhw gyrraedd yn rhy hwyr i gystadlu fe ddaeth cyfle iddyn nhw roi perfformiad godidog yn y cyngerdd nos Sadwrn. Yn 1972 digwyddodd damwain i'r YTC Turk Folklor Dernege, yn ystod eu taith o Istanbul, yn Iwgoslafia, damwain a barodd niweidiau difrifol i hanner y cwmni. Ar ôl eu hebrwng i ysbyty teithiodd y gweddill ymlaen i Langollen a chyrraedd mewn pryd i roi diweddglo cynhyrfus i'r cyngerdd nos Sadwrn.

Mae'r iaith Ffrangeg yn llawn o seiniau trwynol sy'n fwy amlwg nag mewn ieithoedd eraill yn Ewrop, a hawdd yw sylwi arnyn nhw yn natganiadau'r cantorion gorau ac yng nghanu'r corau. Anodd yw trafod yr Almaen ac Awstria dan yr un pennawd 'Tiwtonaidd'. Mae'r Almaen ei hun yn gasgliad o daleithiau mawr a bach a hawdd yw gwahaniaethu rhwng seiniau caled Almaeneg Uchel Prwsia a seiniau meddal, llydan iaith Bafaria, a glywir hefyd yn Awstria. Mae'n debyg mai'r ddinas fwyaf cymysgrhyw, mewn ystyr gerddorol, ar y cyfandir yw Fienna, a fu'n brifddinas i'r Ymerodraeth Awstro-Hwngaraidd ac yn Feca gerddorol i Ewrop am flynyddoedd lawer. Byddai rhai arbenigwyr cerdd yn gwadu hyn ac yn rhoi'r flaenoriaeth i Baris neu i Lundain. Ond roedd Fienna yn gyrchfan ar gyfer nifer fawr o Slafiaid o'r gwledydd a elwir bellach yn Iwgoslafia a Tshecoslofacia; Hwngariaid; Eidalwyr gyda'u cantorion a'u hathrawon canu; Ffrancwyr; Rwsiaid, yn cynnwys Slafiaid o bob math o'r Baltig i lawr hyd at fro Cawcasws.

Mae cadernid tiwtonaidd, haearnaidd ac oeraidd rhai corau o'r Almaen yn amlwg, yn ogystal â'u disgyblaeth daclus sydd yn aml yn bruddaidd. Yn nes i'r De bydd y donyddiaeth yn gynhesach, yn rhannol oblegid ynganiad y llafariaid, ac yn rhannol o bosib oblegid yr hinsawdd. I'r gymysgedd a gaed, fel y soniwyd eisoes, yn Fienna fe chwanegwyd cynhesrwydd yr anianawd Iddewig, ac allan o'r cyfan fe gafwyd y ffraethineb a'r cyffyrddiad ysgafn a welir yng ngherddoriaeth Haydn a

Mozart. Cyrhaeddwyd uchaf bwynt ei ysgafnfrydedd ym melodïau rhythmig teulu Strauss a'u walsiau a'r operetau a lifodd yn donnau am dros ganrif a hanner.

Fe fu gan y Cantor Iddewig ran flaenllaw yn y litwrgi Hebrëaidd ar hyd yr oesoedd a bu llawer ohonyn nhw'n gantorion ardderchog. Mewn amryw wledydd heblaw Israel mae milynau o Iddewon o waed coch cyfan yn byw o hyd, a'u lleisiau'n nodweddiadol o'u cenedl, ac fe drosglwyddir llawer o'r nodweddion hynny o genhedlaeth i genhedlaeth, hyd yn oed ar ôl ymbriodi â chenhedloedd eraill, yn enwedig y Slafiaid. Mae'r lleisiau'n llyfn ac yn feddal-gyfoethog o ran eu lliw, yn olewaidd, o'r bron. Mae hynny'n amlwg mewn corau Iddewig, a hefyd pan fydd cantorion Iddewig yn ymuno â chorau eraill, gan ddod â chynhesrwydd i'r donyddiaeth. Mae'n un o'r nodweddion sy'n gynhenid ym mhersonoliaeth cynifer o Iddewon; ac fe'i gwelir yn eu llefaru ac yn ansawdd eu chwarae offerynnol – cerddorion fel Joachim, Kreisler, Menuhin ac Oistrach, y tad a'r mab, heb enwi rhagor o'r rhai enwocaf.

A chyffredinoli'n eang, ym mhob un o'r gwelydd ar lannau'r Môr Canol lle bu Eglwys Rufain yn brif ddylanwad crefyddol ers oesoedd, mae gan y corau nodweddion yn gyffredin na ellir eu priodoli i'r tebygrwydd yn eu dull o ganu. Mae ansawdd arbennig i'r donyddiaeth a gysylltir â'r eglwys, a gryf heir gan ddau ffactor arall o leiaf. Y naill yw trwynoldeb amlwg yr ieithoedd a geir yn Nwyrain y Môr Canol ac sy'n glywadwy pan fydd y bobloedd hynny'n canu eu halawon gwerin. Fe ddylid cofio hefyd fod rhannau o Sbaen wedi bod dan ddylanwad yr Arab, a adawodd ei ôl annilëadwy ar ei diwylliant – pensaernïaeth, y celfyddydau, gan gynnwys cerddoriaeth, caneuon gwerin a dawns. Nid Fflamenco yw'r unig ffurf sy'n arddangos peth o'r dylanwad hwn. Y ffactor arall yw'r hinsawdd; mae'n sicr gen i fod yr heulwen yn dylanwadu'n fawr ar gynhesrwydd y canu seciwlar (yn hytrach na'r canu eglwysig): yn angerdd dychlamus rhyw Garuso mewn opera ramantus, ac yng nghanu brwd y baledi Fictoraidd a chaneuon-serch Napoli.

Yn olaf, cyn inni dalu gwrogaeth i'r gwahanol wledydd a'u llwyddiannau Eisteddfodol, cofiwn am sŵn agored, cynnes, llydan y lleisiau negröaidd, nid fel y clywn ni nhw mor fynych yn crochlefain ac wedi'u llurgunio gan y bandiau jaz a'r grwpiau pop, ond fel y clywsom nhw o enau'r cantorion gorau. Does dim gwahaniaeth pa arlliw o frown neu ddu fydd ar eu crwyn, fe fydd priodasau cymysg, fel gyda'r Iddewon, yn trosglwyddo llawer o'r nodweddion lleisiol i'r genhedlaeth nesaf. Hawdd yw galw i gof enwau fel Roland Hayes, Marian Anderson, Grace Bumbry. Pan fydd grwp o bobl dywyll eu crwyn yn canu trefniant da o Alaw Ysbrydol Negröaidd fe geir profiad i'w drysori ar gof, fel a gaed pan ganodd Paul Robeson *Ol' Man River* mor ddwys yng nghynhyrchiad gwreiddiol 'Showboat'.

## Ewrop: Y Tir Mawr

Fe ddechreuwn yn y gogledd, yn Sgandinafia a'r gwledydd eraill yn y parthau hynny. Ar hyd y gaeaf hir, oer, fe fydd cwsg yn teyrnasu dros goed a gerddi'r tiroedd isel yn hwy o dipyn nag yn Eryri, pa mor stormus bynnag y bo hi yno. Ond bydd dyddiau 'haf hirfelyn, tesog' yn gwneud iawn am hynny, hyd yn oed yn Stockholm, sy tua'r un lledred ag Ynysoedd Shetland; ac mi fydd y cerddorion ar ddi-hun drwy gydol y flwyddyn, mae'n amlwg.

Bu'r SWEDIAID yn gefnogwyr selog i Eisteddfod Llangollen oddi ar y cychwyn, gan anfon llawer o grwpiau canu a dawnsio i'r cystadlaethau. Yn yr ŵyl gyntaf oll yn 1947 daeth Côr Madrigal Kalmar yn ail yng nghystadleuaeth y Corau Cymysg. Oddi ar hynny mae Sweden wedi ennill dau Gyntaf (h.y. Tlysau) a dod yn agos ddeuddeg o weithiau, ac o'r 14 o grwpiau a enwir yn Rhestri'r Buddugwyr mae pump wedi dod o Stockholm a'r gweddill wedi dod o ganolfannau eraill, gan gynnwys hen ddinas brifysgol Uppsala. Mae tonyddiaeth y corau o Sweden yn llyfn ac yn tueddu i fod yn fwyn, yn ôl rhai beirniaid, ac yn ddideimlad; ond mae ôl meddwl gofalus a hyfforddiant manwl ar y canu corawl. Er nad ystyrrir fod Sweden ymhlith y gwledydd amlycaf o ran cynhyrchu cerddoriaeth greadigol yn yr ystyr ddiweddaraf, ceir adlewyrchiad o'i chyfundrefn addysg ryddfrydig yn y math o ddawns-ddrama a arddangoswyd gan y Grwp Treklangen (h.y. 'Trioedd') mewn cyngerdd a ddisgrifir ar dudalen 199. Gyda llaw, does a wnelo oerfel yr hinsawdd ddim ag amlder yr unawdwyr godidog ymhlith y trigolion, fel y ferch â'r llais euraid, Christine Nielson, a Jenny Lind o Sweden, Kirsten Flagstad o Norwy ac Aulikki Rautawarra o Ffinland.

Yn y Dawnsio a Chanu Gwerin y bu prif lwyddiannau NORWY, gan gynnwys Tlws yn 1970, ond braidd yn brin yw ei hymgeiswyr. Gwelwyd a chlywyd grwpiau bychain o Norwyaid lleisber yn cyflwyno trefniadau o alawon gwerin gan Grieg, Kjerulf a chydwladwyr eraill, fel arfer yn eu gwisgoedd cenedlaethol fel y gwnaeth Côr Merched Tromsø in 1970, porthladd yn y gogledd pell a ddioddefodd ac a wrthwynebodd ormes y Natsïaid yn ystod y rhyfel diwethaf. Yn 1951 hefyd daeth y gynnau mawrion o Norwy a chipio Tlws y Corau Meibion, sef, Côr Brage o Bergen, cartref y cyfansoddwr Grieg; yn 1972 daeth dau gôr o'r un ddinas i'r un gystadleuaeth, gan ddangos parhad eu diddordeb yn y cyfrwng hwn, a ysbrydolodd Albwm Grieg o ddwsin o ranganeuon ar gyfer corau meibion, Opws 30.

Yn yr un flwyddyn, Blwyddyn Gŵyl Brydain, fe synnwyd corau mwy deheuol pan ddaeth côr o FFINLAND yn drydydd yn y gystadleuaeth ar gyfer Corau Cymysg, a pheri i'r beirniad gael pwl o'r gên-glo wrth ymdrechu i yngan ei enw – Eteläsuomalaisen Osakunnan Laulajat – dan ei arweinydd L. Arvi P. Poijärvi. Gan fod rhannau o'r côr wedi bod yn cystadlu'n gynharach yn ystod yr wythnos yn y cystadlaethau Canu Gwerin a'r Grwpiau Ieuenctid, roedd y cyflwynydd ar y llwyfan eisoes wedi cael cyfle i'w ymarfer. Mae'r digwyddiad hwn yn darlunio inni un o brif atyniadau Llangollen, y troeon annisgwyl a fydd yn ein haddysgu yn ogystal â'n diddanu. Nid bod hyn yn beth i synnu ato, mewn gwirionedd, a chofio am gyfansoddwyr Ffinland fel Palmgren, Järnefelt a Kilpinen, a Sibelius ar y brig.

Ymddangosodd LITHWANIA yn y cystadlaethau am y tro cyntaf yn 1971, pryd y cafodd côr meibion Varpas glod gan y beirniaid, a mawr obeithiwn gael eu clywed eto. Roedd eu henw, 'Y Clychau' o'i gyfieithu, yn un addas iawn gan fod eu sŵn fel petai'n cyfuno atseinedd di-wres y Gogledd ac egni'r Slafiaid. Yn ystod ei hanes cythryblus fe fu gwlad y Lettiaid (sy'n perthyn yn agos i Lettiaid Latfia er eu bod yn cadw eu hannibyniaeth) dan ddylanwad Gwlad Pŵyl, Yr Almaen, Rwsia'r Tsar a'r Undeb Sofietaidd. Roedd angen dewrder ar gyfer y daith a hawdd deall eu bod dipyn yn ofnus y tro cyntaf hwn.

Er i Dr Burney gamliwio ei hanes cerddorol, mae cynrychiolaeth o YNYS YR IA wedi bod yn Llangollen ddwywaith, yr un côr bob tro. Ar yr ail ymweliad, ar ôl bwlch o ddeng mlynedd, arweinydd balch y côr oedd Thorgedur Insolfsdottir, a fu'n canu fel aelod ohono'r tro blaenorol dan arweiniyddiaeth ei thad. Yr ymsefydlwyr cyntaf ar yr ynys, yn y seithfed ganrif, oedd grwp o Wyddelod a drigai mewn celloedd, ond gan mlynedd yn ddiweddarach fe gyrhaeddodd y Norwyaid yno a'u disodli wedyn gan y Daniaid yn yr adeg pan oedd cerddoriaeth boliffonig yn dechrau blodeuo dros gyfandir Ewrop. Serch hynny mae'r iaith yn dal yn debycach i'r Norwyeg nag i'r Ddaneg. Yn 1944 daeth yr Ynys yn weriniaeth annibynnol, fel y mae'r trafodaethau diweddar ynglŷn â Therfynau Pysgota gyda chenhedloedd eraill yn ei ddangos. Mae cerddoriaeth yn fyw iawn ar ynys tanau ac ia, ac yn weddol ddiweddar fe gynhaliwyd Gŵyl Gerdd Gydwladol broffesiynol yn y brifddinas, Reykjavik. Yn 1972 cafodd côr gwych arall, Côr Føstbraedur, o'r un ddinas, yr ail wobr yng nghystadleuaeth y Corau Meibion yn Llangollen.

Fe oedwn yn NENMARC, a fu gynt yn berchen ar Ynys yr Ia, am ychydig cyn ymadael â Sgandinafia. Fe ddaw grwpiau oddi yno bob yn ail flwyddyn fel arfer, a chan hynny fe ellir gweld llawer o enwau Danaidd yn rhaglenni'r gorffennol. Bu corau a grwpiau yma o Aars, Aalborg,

Frederiksborg a Hilleröd yn ogystal ag o Copenhagen. Rhyngddyn nhw maen nhw wedi cipio dau Dlws (Côr Ienctid a Dawnsio Gwerin) ac wedi cael y trydydd lle – yng nghystadleuaeth y Corau Meibion a gynhaliwyd am y tro cyntaf yn 1947; rhwng popeth, yn cynnwys y Corau Plant, fe gafwyd amrywiaeth sylweddol o ddulliau canu mewn cymaint â phum cystadleuaeth mor ddiweddar â 1972.

Wrth symud i lawr i'r tir mawr yn Ewrop fe ddown yn gyntaf i'r ALMAEN. Bob blwyddyn fe fyddwn yn croesawu ffrwd o ymgeiswyr oddi yno. Fynychaf, yn y cystadlaethau pwysicaf a mwyaf y sgorir eu marciau uchaf, y Corau Cymysg, y Corau Merched a'r Corau Meibion, a llawer ohonyn nhw'n adrannau mewn cymdeithasau a grwpiau corawl. Mae'r rhan fwyaf yn hyddysg yn y clasuron cadarn oddi ar ddyddiau Bach (a chyn hynny hyd yn oed), drwy Ramantwyr a gorchestion crefyddol pwysig y XIX Ganrif, hyd at yr amser presennol, er ei bod yn wir i Bach gael ei esgeuluso'n arw ar ôl ei farw hyd nes i Mendelssohn gyda gwelediad a llafur mawr ailddeffro diddordeb ynddo. Nid peth anarferol yw gweld tri neu bedwar o gorau o rannau cwbl wahanol o'r Almaen, yn siarad tafodieithoedd pur wahanol i'w gilydd, yn cystadlu yn erbyn ei gilydd yn Llangollen. Weithiau mae'r safon yn uchel dros ben, ac o'r 50au cynnar fe welir enwau a theitlau yn y Rhestri Buddugwyr sy'n dangos tarddiad Almaenaidd i'r cystadleuwyr ar wahân i'r cystadleuwyr o Awstria neu o'r Swistir. Un cynnig anarferol yn 1972 oedd eiddo'r Sorbischer Volkschor Budyšin, o Bautzen, ger Dresden. Un marc yn unig oedd rhyngddyn nhw a'r côr a ddaeth yn drydydd yng nghystadleuaeth y Corau Merched – perfformiad cofiadwy iawn. Fe siaredir Sorbeg (neu Wendeg) o hyd gan 100,000 o bobl yn Ne Ddwyrain yr Almaen, ac fe'i dysgir yn swyddogol ym Mhrifysgol Leipsig. Mae'n ymdebygu o ran ei nodweddion i ieithoedd Pŵyl a Tschecoslofakia, ac fe ddylid cofio mai ffurf gynnar ar Serb yw *Sorb*. I lawer, y funud fwyaf cynhyrfus i'r Almaenwyr yn Llangollen fu buddugoliaeth lachar Côr Plant Obernkirchen am Dlws y Corau Plant yn 1953. Roedd hanes anghyffredin i'r côr hwn, a ddisgrifiwyd gan Ddylan Thomas yn ei ddarllediad enwog fel 'angylion mewn plethi'. Mewn ardal a chwalwyd gan ryfel roedd dau weithiwr cymdeithasol, Edith Möller ac Erna Pielsticker, yn gwneud eu gorau i ddyfeisio gweithgareddau ar gyfer nifer helaeth o blant digartref ac amddifad er mwyn eu cadw rhag meddwl am yr anghyfanedd-dra o'u cwmpas a'u trasiedïau teuluol. Ffurfiwyd y côr fel rhan o ymdrech i godi arian i brynu cartref newydd – roedd ei ganolfan dros-dro wedi'i gymryd drosodd gan yr awdurdodau. Roedd safon gerddorol y côr yn anarferol o dda, a phan ddigwyddodd i Swyddog Lles Prydeinig ei glywed fe'i cymeradwyodd i'w ffrindiau yn Lloegr. Dyna sut y daeth y côr i Langollen lle yr enillodd fuddugoliaeth aruthrol. Digwyddodd i'r côr ddewis alaw werin Almaenaidd anenwog ar gyfer y darllediad radio a ddisgwylid gan y côr buddugol. Cymerodd cyhoeddwr o Loegr at y gân yn syth a chyn bo hir roedd yn adnabyddus ac yn boblogaidd dros y byd i gyd dan y teitl 'Y Crwydryn Llon'. Yn y cyfamser fe ddaeth Côr Plant Obernkirchen yn fyd-enwog ac yn 1957 y côr hwn oedd y prif atyniad yn y Cyngerdd Nos Sul yn y Babell Fawr. Cadarnhawyd poblogrwydd 'Y Crwydryn Llon' yn Llangollen gan Gôr Rosny o Tasmania yn 1971, fel y sonnir ym Mhennod 8. Daeth côr ardderchog o Minden yn drydydd ymhlith 45 o gorau plant yn 1972.

Ar brydiau fe fydd côr mor awyddus i arddangos ei ragoriaeth mewn cyswllt â rhyw arddull neilltuol fel y bydd yn anghofio fod disgwyliad i ddarn 'hunan-ddewisiad' ddangos dawn fwy cyffredinol a fydd yn awgrymu amlochredd. Mae'n bosibl i symudiad allan o waith modern, tebyg i'r 'Carmina Burana' gan Orff, – mae'r un sy gen i mewn golwg yn cynnwys unawd tenor anodd – sy'n waith ar gyfer arbenigwyr, fod yn anaddas pa mor ardderchog bynnag y bo'r perfformiad. Efallai nad yw cyfanswm y buddugoliaethau Almaenaidd yn cyfateb yn ôl yr herwydd i nifer y cystadleuwyr, ond mae hynny'n dystiolaeth o safon uchel y canu'n gyffredinol ymhlith y corau Almaenaidd a'r corau eraill. Wedi'r cyfan, nid casglu tlysau nac ennill gwobrau yw'r prif argymhelliad y tu ôl i Langollen na chwaith y tu ôl i unrhyw ŵyl gystadleuol arall o werth, oherwydd, mae'r gwobrau ariannol yn fychain o'u cymharu â'r costau a orfodir ar y grwpiau er mwyn iddyn nhw gael gadael eu gwaith a dod ar y daith yma. Mae'r gwerth sylfaenol i'w ganfod yn y lles cerddorol a chymdeithasol, dinasyddion o wahanol genhedloedd yn cymysgu â'i gilydd yn rhydd oddi wrth wleidyddiaeth neu unrhyw dyndra arall; pobloedd o wahanol wledydd, pell ac agos, yn dod ynghyd i gyfeillachu ynglŷn â'r un diddordebau a'r un cariad tuag at gerddoriaeth yn gyfartal â'i gilydd ac yn anffurfiol.

Yn ôl trefn rheswm AWSTRIA a ddylai ddod nesaf, a hithau hefyd yn wlad sy'n siarad Almaeneg. Er fod ei chystadleuwyr yn fwy niferus o dipyn yn y cystadlaethau Canu a Dawnsio Gwerin nag yn y prif gystadlaethau bu ganddi hithau nifer o gynigion glew iawn yn y rhai olaf hyn. Ei blynyddoedd gorau oedd 1963, pan enillodd Cymdeithas Cyfeillion Cerdd o Wöngl yn y Tyrol Dlws y Corau Cymysg. Yn y flwyddyn gyntaf oll, 1947, daeth Academi Fienna'n drydydd yn yr un gystadleuaeth a hefyd gyda'r Corau Meibion a'r Grwp Cân Werin. Roedd safonau corawl yr Awstriaid trwy gydol yr Eisteddfod honno, gan gynnwys y cyngerdd, yn rhai i'w hedmygu, ac yn deilwng o draddodiad cenedlaethol Haydn, Beethoven, Mozart, Bruckner a Mahler. Fe welwyd ei thrad-

dodiadau gwerin yn fynych yn y cystadlaethau dawnsio, yn cynnwys y
ddawns Schuhlplattlen, yr Hackbrett (offeryn dwsmel 'Bwrdd Torri') a
cherddoriaeth zither, Geigenmusik, sef, trefniadau melys o alawon
cenedlaethol ar gyfer y fiolinau, i'w chwarae gan unawdwyr neu gan
grwpiau – fel y caed wedyn yn operetau Fienna ac yn walsiau Strauss, –
a rhanganeuon ac iodlo o'r mynyddoedd. Holl gynnwys y cyngerdd
agoriadol yn 1972 fu arddangosfa bleserus o'r traddodiadau hyn o Awstria,
ac fe fu'n boblogaidd dros ben.

Fel y daeth Côr Obernkirchen o'r Almaen eto yn 1957 i roi'r Cyngerdd
Nos Sul, felly hefyd y daeth côr bydenwog y Wienen Sängerknaber
(Côr Bechgyn Fienna) yn ôl, i'r un perwyl, yn y Babell Fawr yn 1962.

## Y Glannau Gorllewinol

Ymlaen yn awr at lannau Môr y Gogledd, Môr Udd a Môr Iwerydd.
Ein cymdogion agosaf, wrth gwrs, yw Ffrainc, Gwlad Belg a'r Iseldiroedd
– fe rown ystyriaeth i wledydd Prydain yn nes ymlaen, gwledydd a fu'n
gefnogol iawn i'r Eisteddfod oddi ar y dyddiau cynnar. Gwlad ddwy-
ieithog yw gwlad y Belgiaid, gyda'i Waloniaid (Fflemiaid) a'i siaradwyr
Ffrangeg. Ond fel un wlad y rhestrir hi yn rhaglen yr Eisteddfod. Dyma
wlad a welodd ymladd hir a chwerw a affeithiodd ar yr Iseldiroedd yn
ogystal. Pa ryfedd iddi gael ei galw, druan, yn 'llawr ymladd ceiliogod'.
O ran cerddoriaeth, mae'r Iseldiroedd yn cynnwys Gwlad Belg, Brabant,
Fflandrys, a rhan fechan o ogledd Ffrainc; hon yw'r ardal a gysylltir yn
gyffredinol â'r cyfnod pwysig hwnnw mewn cerddoriaeth boliffonig
gydag enwau anfarwol fel Ockeghem, Josquin des Près ac Orlande de
Lassus. Heddiw, fodd bynnag, oherwydd cymhlethdod y ffiniau gwleidyd-
dol, un wlad (Holland) yw'r Iseldiroedd a dyna yw ei henw yn y rhaglen.

Anfynych y bydd FFRAINC yn absennol o Langollen, ac er na welwyd
ei henw yn fynych ymhlith enillwyr Tlysau a Gwobrau, fe roes inni
berfformiadau di-rif, rhai corawl a rhai terpsichoreaidd, a feddai ar
chwaeth a swyn, ac a oedd, parthed diwylliant gwerin, yn awdurdodol.
Cyfarwydd erbyn hyn i'n cynulleidfaoedd yw ei mynych bartïon, yn
cystadlu yn y Dawnsio Gwerin a'r Offerynnau Gwerin, o bob talaith, yn
enwedig y Normaniaid a'u dynion yn gwisgo gwasgodau addurniedig a
hetiau tal rubanog, a'r gwragedd ag addurniadau sidan ar eu sgertiau a'u
llewys. Gwaith nodwydd sydd i'r les hardd sy'n addurno'r penwisgoedd
tal o'r oesoedd canol. Sylwch ar y les gwahanol a wisgir gan y grwpiau o
Provence, a wneir â chlustogau, ac sy'n fân ei wead. Daeth eu dawnsiau i
lawr o genhedlaeth i genhedlaeth yn draddodiad di-dor; ond bu rhaid i'r
Normaniaid astudio eu dawnsiau 'n ofalus a'u hatgyfodi o'r newydd gyda

dawn neilltuol. Mae'n werth cadw llygad yn agored ar gyfer y Basgiaid Ffrengig o lechweddau gogleddol y Pyrenees. Mae eu dawnsiau a rhythmau traddodiadol mor ddigyffelyb â'r rhai a ddarganfuwyd gan Bartok yn Hwngari; ac mae ganddyn nhw eu hiaith arbennig eu hunain. Mae gen i syniad fod un o'u geiriau yn gyfarwydd y dyddiau hyn i drigolion y Cawcasws!

Fe restrir LLYDAW gan drefnwyr Llangollen fel cenedl ar wahân, oherwydd fod ei hiaith yn Geltaidd, fel y Gymraeg a'r Gernyweg. Mae'n ddisgynnydd i'r Frythoneg a siaredid ym Mhrydain yn ystod arhosiad y Rhufeiniaid yma, ac fe ddaeth i Lydaw yn ystod y Bumed a'r Chweched Ganrif pan ymsefydlodd ffoaduriaid o Brydain yno, yn dianc o flaen y Sacsoniaid. Dyna pam y mae enwau yng Nghernyw yn tarddu o'r un ffynhonnell ag enwau yn Llydaw a Chymru. Dyna pam y mae llawer o eiriau ac ymadroddion Cymraeg gan y Sioni Wynwns gwengar a fydd yn dod o bentref yn ymyl St Brieg bedair neu bum gwaith y flwyddyn i guro wrth ein drws a thorchau o wynwyn yn addurno'i feisicl. A dyna pam y cafodd grwp o Lydaw, ar un o'i ymweliadau prin â'r Eisteddfod, groeso arbennig gan y Cymry: yn cymysgu gyda'i gilydd ar y Maes ac yn dod ymlaen 'fel tŷ ar dân'. Cafodd Llydaw ail wobr mor ddiweddar â 1971. Weithiau bydd St Brieg, sy ar y ffin, yn anfon grwpiau o 'Ffrainc' ac o 'Lydaw' yr un pryd.

Fe gafwyd cystadleuwyr o wlad BELG dros ugain o weithiau yn ystod y deng mlynedd diwethaf, a llawer mwy cyn hynny, ym mhob un o'r cystadlaethau corawl a grwp, a rhan helaeth ohonyn nhw yn y cystadlaethau dawnsiau traddodiadol. Daeth y grwp, Lange Wapper o Antwerp, yn Drydydd yn y Gystadleuaeth Ddawnsio yn 1972. Bu'r ISELDIROEDD yn ymddangos yn fynych yr yr holl gystadleuaethau hefyd, gan ddod yn agos i ennill droeon, yn y corau cymysg ac yn enwedig gyda'r corau merched. Fel Gwlad Belg bu ganddi hithau gorau plant yn cystadlu. Parodd ei dawnsio parchus wên o foddhad ar wyneb Dylan Thomas (Pennod 11), ac yn sgil ei chysylltiadau â'r Dwyrain Pell fe gawsom y profiad anarferol o weld dawnsiau o Indonesia a Jafa ac o glywed seiniau soniarus a nodweddiadol cerddorfa o Gamela. Daeth grwp o Jafa'n drydydd gyda Babar Kayar am ddawnsio yn 1952.

Fe soniwyd eisoes am Yr Eidal a Gorynys Iberia am fod nodweddion tebyg yn eu canu. Mae ganddyn nhw ganrifoedd o draddodiadau eglwysig a cherddorol, sy'n ymgorffori teimlad rhyfedd o lawenydd cyfriniol a droir yn gynhesrwydd yn eu cerddoriaeth seciwlar. Yng nghynnyrch cerddorol Yr Eidal fe geir Giovanni Pieriuighi da Palestrina; yn Sbaen fe gafwyd Tomas Luis de Victoria. Rhoddodd y ddau gychwyn i gerddoriaeth boliffonig yn eu gwledydd eu hunain. Yn yr Unfed Ganrif Ar

Bymtheg y bu hynny, a'r Sbaenwr tuag ugain mlynedd yn iau na'i gyd-gyfansoddwr o gyfoeswr. Fe ddaw eu cerddoriaeth i'r amlwg yn gyson yn rhaglenni Llangollen. Ond heblaw hynny, mae'n sicr gen i fod a wnelo'r heulwen rywbeth ag ansawdd y lleisiau, yn gorfforol ac yn feddyliol hefyd.

Bu corau o'r EIDAL yn y cystadlaethau Cymysg ddeg o weithiau o leiaf, gan ddod yn ail yn 1949 (Il Cantoni Veronesi) ac yn Drydydd yn 1950 (Filharmonica Roma), gyda chorau eraill yn cystadlu o Trieste, Pescara, Napoli ac Arezzo. Gan yr ola y mae'r anrhydedd o fod yn fan geni'r enwog Guido, 'Tad Nodiant Cerdd', tref fach Dwsganaidd yn uchel mewn cwm yn yr Apeninau Etrwsgaidd. Mi fydd yn cynnal Gŵyl Gydwladol bob blwyddyn, math o Langollen fechan, ac mi ddangosodd barch tuag at yr Eisteddfod trwy anfon tri o leiaf o gorau yno a thrwy wahodd W. S. Gwynn Williams i fynd draw bob Awst i feirniadu. Bu'r Eidal yn cystadlu ar yr Alawon Gwerin droeon hefyd – yn 1967 anfonodd dri o gorau annibynnol i gystadlu – ac o bryd i'w gilydd fe ddaw cystadleuwyr oddi yno ar gyfer y Dawnsio. Munud fawr yr Eidal oedd pan gipiodd Cymdeithas Gorawl Pisa Dlws y Corau Cymysg yn 1964.

Yn y cyd-destun hwn fe ddylem gofio am SARDINIA, sy'n perthyn i'r Eidal yn wleidyddol ond sy'n dangos dylanwad tair canrif stormus o berthyn i Sbaen yn ei dawnsiau a'i halawon gwerin; ac yn ogystal fe geir yno beth dylanwad Arabaidd fel a ganfyddir hefyd ar hyd a lled y Môr Canol ac yn rhannau o Sbaen. Yn 1972 roedd gan y merched o Sardinia wisgoedd Sbaenaidd prydferth ar gyfer rhai o'u dawnsiau, a gwisgoedd digamsyniol Ddwyreiniol ar gyfer rhai eraill – trowsusau a llewys llaes rhag yr haul, ond esgidiau lledr rhag drain a nadredd. Roedd y gerddoriaeth draddodiadol ar gyfer un o'r dawnsiau cymysg, hir, ar ei ben ei hun ar lwyfan Llangollen. Canai bariton mewn llais uchel felodi ddwyreiniol ei seiniau, wedi'i haddurno â nodau 'coloratura' syth-o'r-diaffram tebyg i'r crychleisio Arabaidd a'r troadau yn Fflamenco Sbaen. Y cyfeiliant oedd trillais dynol yn atseinio triawd di-dor gan beri seiniau cyfoethog fel organ. O dro i dro byddai'r unawdwr a'r cyfeilwyr yn disgyn am nodyn cyflawn am ddarn yna'n codi eto ac eilwaith: ond fe gedwid at y gynghanedd a'r dôn yn berffaith ac yn ddi-dor i'r glust – gan arddangos rheolaeth neilltuol dros y llais a'r anadl fel na welir yn aml. Ar yr un pryd, siglai'r dawnswyr, a safai mewn llinell glos, i ruthm cyson y canu a phan newidid y cywair fe ddôi'r tri cyntaf – dyn a dwy wraig – ymlaen i ddawnsio, gan symud yn raddol i ben draw'r llinell tra oedd triawd arall yn symud allan. Nodid y dawnsiau hyn yn *andante* fel arfer yn hytrach na *con brio*. Roedd hi'n amlwg fod hon yn un o'r dawnsiau hynaf a mwyaf dilys a ddaeth erioed i'r ynysoedd hyn, wedi'i thrysori ers cenedlaethau ym mharthau anghysbell Sardinia, lle na cheid unrhyw gyfeiliant ac eithrio'r canu llafar hudol (fel a geir yn ogystal yn ynysoedd yr Hebrides ac mewn rhannau o Ynys yr Ia). Mae 'r pentref sy'n gartref i'r dawnswyr hyn tua'r un uchder uwch ben y môr â'r Wyddfa.

Ar y llaw arall fe anfonodd Adran Gerddoriaeth Prifysgol Cagliani gôr da iawn a ganai yn y dull Gorllewinol, mewn dillad cyngerdd llwyd a du, ac a wnaeth yn gampus yng nghystadleuaeth y Corau Cymysg.

Mae cefnogaeth SBAEN i Langollen yn frwd ac fe gipiodd amryw wobrau. Enillodd Dlws y Corau Cymysg yn 1951 (*Agrupacion Coral Elizondo*), daeth yn ail dair gwaith (*Camara, Pamplona,* 1948, *Elizondo,* 1956, *Prifysgol Valencia,* 1960) ac yn drydydd unwaith (*Pamplona,* 1949) – ond mae'r safon ymhlith y cenhedloedd yn dal yn uchel; Enillodd Côr Merched *Maltea* o San Sebastian yn 1949, a chôr *Elizondo* a gipiodd Dlws y Gân Werin yn 1952. Yn 1949 Enillodd Côr *Easo* o San Sebastian Dlws y Corau Meibion a phedair blynedd yn ddiweddarach daeth *Bilbao* yn ail: fe fegir lleisiau corau meibion ardderchog ar afordir Gogleddol Sbaen ar lan Bae Biscay. Enillwyd Tlws y Corau Plant gan y *Pequenos Cantores de Valencia* yn 1970, diolch i raddau helaeth i'w canu cywir o eiriau Cymraeg, dan hyfforddiant R. Bryn Williams, yr arbenigwr ar Y Wladfa yn Patagonia (a grybwyllir ar dudalen 155); diddorol yw sylwi y bu bron i'r un côr deniadol, a gawsai'i hyfforddi mor dda, ddod i blith y tri cyntaf yn 1972 wrth ganu yn Saesneg ac nid yn Sbaeneg na'r Gymraeg. Serch hynny fe gawson nhw farciau uchel iawn. Mewn cystadlaethau Dawnsio mae Sbaen wedi dod yn agos i'r brig deirgwaith, ac wedi ennill y Tlws unwaith – yn 1968, gyda Grwp *Andra Mari* o Galdacano.

## Y Gwledydd Balcan

Daeth llawer o gorau a grwpiau gwerin o IWGOSLAFIA – o Belgrad, Ljubliana, Skopje, Serajevo, a Sabac ymhlith eraill – gan lwyddo'n aml yn y gwahanol gystadlaethau. Clywir yr un tân yn eu canu ag a welir yn eu dawnsio; os ydyn nhw'n llai cartrefol gyda cherddoriaeth cyn-glasurol 'contrapuntal' fe wnân iawn am hynny gyda'r gerddoriaeth ddiweddarach, ac mae cynhesrwydd eu tonau a churiadau rhuthmig eu halawon gwerin yn heintus. Dwywaith yn unig y maen nhw wedi ennill dwy brif gystadleuaeth (Corau Cymysg a Chorau meibion) ond fe fu un o'r corau ymhlith y tri ar y brig bedair gwaith, y tro olaf yn 1972 gyda Chantorion Collegium Cantorium o Priština, South, am y ffin ag Albania, ac fe gipiwyd y wobr saith o weithiau yng nghystadlaethau'r grwpiau Caneuon Gwerin, a dod yn ail unwaith. Mae ganddyn nhw le yn eu calonnau ar gyfer traddodiadau gwerin. Cryfheir y diddordeb yn eu gwisgoedd, eu dawnsiau a'u caneuon gan yr ystyriaeth fod Iwgoslafia yn cynnwys chwech o wledydd a fu unwaith ar wahân ac a ddaeth wedyn yn daleithiau yn yr Ymerodraeth: Slofenia, Croatia, Bosnia, Herzegovinia, Serbia a Montenegro. Mae'r bobloedd hyn yn frwd dros gadw'u diwylliant, eu gwisgoedd, eu caneuon a'u chwedlau, a hyd yn oed eu hofferynnau traddodiadol – ac mae hyn wrth gwrs yn rhoi gwerth arbennig ar eu dawnsiau yn Llangollen. (Pennod 6, 'Sôn am Ddawnsio!').

Os croeswn drwy Serbia i'r dwyrain fe gyrhaeddwn B w l g a r i a. Nid tan 1966 y daeth cais oddi yno, ond y pryd hwnnw roedd hi'n amlwg fod y Bwlgariaid wedi clywed am Langollen ac wedi penderfynu dod draw – a chipio'r gwobrau. A dyna'n union beth a wnaed, i raddau helaeth. Mae safonau'r corau gorau yno'n uchel iawn fel y dysgasom yr haf hwnnw. Fel yn y gwledydd Sofietaidd mae canolfannau diwylliant ym mhob dinas a thref, bron iawn. Lleoedd cymhleth yw'r 'tai' hyn, yn darparu ar gyfer diwylliant (addysg, y celfyddydau, chwaraeon, dawnsio, etc.) ac mae 'n amlwg fod mynd mawr ar y canu corawl. Tref fawr yng ngogledd y wlad ar lan afon Donaw yw Russe; yr afon yw'r ffin rhyng Bwlgaria a Rwmania; dyma brif borthladd Bwlgaria ac mae'n lle pwysig; mae llawer o ffatrïoedd a masnachdai amrywiol yno ac mae'r canolfan diwylliant, a elwir *Zoria*, yn un enfawr. Yn 1966 fe anfonodd grwp digon mawr i gynnwys Côr Cymysg, Côr Meibion a Chôr Merched (dros 60 o aelodau), ac yn gwmni iddyn nhw fe ddaeth Côr Plant y Gwasanaeth Radio a Theledu Cenedlaethol o'r brifddinas, Sofia. Fe enillodd y tri grwp hynaf eu cystadlaethau gan ganu mewn dull godidog y darnau gosod a hefyd nifer o weithiau hynod o anodd a gyfansoddwyd yn arbennig ar eu cyfer gan gyfansoddwyr o Bwlgaria. Mae'r gweithiau hyn yn gyforiog o ruthmau rhyfedd a dyrys a chynganeddion anghyfarwydd, ac mae'n amheus a allai unrhyw gôr o'r Gorllewin gyrraedd safon y Bwlgariaid sydd â'r ddawn yn eu gwaed. Ond mae gan y corau hyn safon anarferol o uchel o ran eu techneg a'u tonyddiaeth, ac fe welir ystwythder a disgyblaeth dda yn y dôn gynnes, atseiniol a chadarn a gynhyrchir.

Yn anffodus fe gollodd y Côr Plant y Drydedd Wobr o un marc – nid am nad hwn oedd y côr gorau yn y gystadleuaeth – roedd y beirniaid yn cydnabod hynny – ond am fod y ddau ddarn prawf, darnau telynegol syml o oes Elizabeth, yn anghyfarwydd iddyn nhw. Roedd y math yma o ganu'n ddierth iddyn nhw – fe ellid fod wedi osgoi hyn petai rhywun yn Radio Sofia wedi mynnu record o'r math hwn o ganu Seisnig er mwyn eu cyfarwyddo. Roedd hyn yn wers, serch hynny, fod y beirniaid yno i farnu'r perfformiad ar y pryd, heb ystyried enw da'r côr, na'i ddawn i ganu mathau eraill o gerddoriaeth; nid eu gwaith nhw, chwaith, yw meiddio pasio barn ar y gerddoriaeth ei hun, heblaw fod y flaenoriaeth

7    View of the Field from Barber's Hill, looking down the valley of the Dee towards Cheshire

8   Latvian dancer

i'w rhoi mewn achos lle mae dau gôr yn gyfartal o ran techneg eu canu gyda darnau hunan-ddewisiad, ond mae un côr wedi dewis gwaith sy'n uwch o ran ei werth cerddorol na dewis y côr arall. Ond anfynych y bydd hyn yn digwydd ynglŷn â buddugwyr mewn cystadleuaeth o bwys.

Y flwyddyn ddilynol enillodd Côr Academi *George Dimitrov* o Sofia y cystadlaethau ar gyfer corau Cymysg a chorau Merched a dod yn agos at ennill gyda'r côr Meibion, gan gadarnhau'r argraff o safon uchel yng nghanu corawl y Bwlgariaid; ac yn 1970 cafwyd tystiolaeth bellach o hynny pan enillodd Côr *Rodna Pessen* o Bourgas y corau Cymysg, corau Merched a'r corau Meibion hefyd.

Yr ymwelwyr diweddaraf, yn 1972, oedd Côr *Tzarevetz* o ganolfan diwylliant *Nadezhda* yn Veliko Tirnovo, tref yn neheudir y wlad ychydig gilometrau o ffin Twrci a'r Môr Du. Enillodd y merched eu cystadleuaeth yn eu dull dihafal eu hunain, yn eu gwisgoedd llys gosgeiddig a chlasurol a addurnid â llinellau fertigol ar gefndir gwyn (adlais o'r enw, Tzarevets, neu gyfnod y Tsar). Gyda'r Côr Cymysg fe gaed enghraifft arall, dra tharawiadol, o'r trafferthion ynglŷn ag arddull a fu'n dramgwydd i'r côr Plant o Sofia. Y darnau gosod oedd madrigal Gibbon *The Silver Swan* a *Behold the Lamb of God* allan o'r *Meseia* gan Handel. Mae'r fadrigal yn dyner ac yn fwyn a rhaid cael ar ei chyfer gynghanedd berffaith rhwng y pum llais, a grewyd gan y cyfansoddwr yn ei ysbrydoliaeth anghyffredin, gan osod lleisiau'r merched (soprano ac alto) rhwng y tri llais dynol (tenor, bariton, a bas). Nid oes lle yn y darn ar gyfer cyfnewidiadau sydyn, deinamig; mae mor frau fel cerddoriaeth â darlun dyfrlliw godidog. Ond mynnodd ein cyfeillion Bwlgaraidd arddangos eu rheolaeth donyddol arbennig heb fod galw am hynny, drwy symud o sibrwd i sŵn fel taran. Darn defosiynol iawn yw'r corws gan Handel heb fod yn gofiadwy a deinamig fel corws yr *Haleliwia*, er enghraifft, ond mae angen y math o ganu a geir fel arfer gan gôr eglwys gadeiriol ac nid y canu a ddaeth o eneuau 80 o leisiau godidog, wedi'u dewis a'u hyfforddi'n wych, ac yn canu nerth eu pennau, ar waetha'r ddisgyblaeth. Fe ganwyd y darn hunan-ddewisiad, cân o Fwlgaria, yn odidog fel bob amser. Ac ansawdd dechnegol y canu mor uchel mi fyddai'r côr hwn wedi ennill ar waethaf colli rhai pwyntiau oblegid eu dull o ganu, oni bai iddo golli dau farc arall am reswm technegol arall. Efallai fod yr aelodau ychydig yn ofnus yn wyneb y disgwyliad mawr oddi wrth y dorf, oblegid, fe gododd y cywair yn ystod y fadrigal a gorffen hanner nodyn yn rhy uchel. Am hynny fe gollwyd y lle cyntaf o un marc i'r côr godidog hwnnw o Reading, Reading *Phoenix* Choir, a grybwyllir ar dudalen 157.

I lawr eto i'r de i ROEG. Oddi yno fe ddaeth côr i Langollen yn ddiweddar a oedd hefyd yn grwp canu gwerin diddorol. Fe gyrhaeddodd ar ôl taith hir o Larissa, rhwng Athen a Salonica. Yn unol â'r ddamcaniaeth a grybwyllwyd eisoes, roedd !leisiau'r dynion yn gynnes a llawn angerdd a bywyd yn eu canu grymus, bron na ellid canfod blas yr *ouzo* ynddo. Yn eu cerddoriaeth roedd awgrym o lesni dwfn y Môr Canol a llewyrch yr haul, ac yn y gystadleuaeth Barti Cân Werin fe ddaeth y grwp yn ail, o fewn trwch blewyn i gipio'r Tlws. Er nad enillodd, fe wnaeth y côr argraff fawr ar bawb; faint, tybed, a wyddai neu a faliai'r cantorion gwengar hyn am bwysigrwydd eu tref mewn hanes a chwedloniaeth ers rhagor na 2000 o flynyddoedd? Ac wrth sylwi ar brinder yr aelodau – fel corachod yn herio cewri'r Corau Meibion – tybed faint oedd yn sylweddoli mai mater o economeg oedd yn cyfrif yn gyfangwbl fod y grwpiau hyn mor fychan? Mater go gostus yw teithio hyd yn oed yn y ffordd rataf heddiw, ac mae amryw o'r cystadleuwyr heb unrhyw gefnogaeth ariannol oddi wrth eu llywodraeth.

Ni ddylid anwybyddu Gwlad PWYL, sy'n dal i noddi'n ddewr ei llên gwerin, celfyddydau, llenyddiaeth a'i thraddodiadau hir sy wedi llwyddo i oresgyn y mynych raniadau gwleidyddol a ddigwyddodd iddi o bryd i'w gilydd. Ar waethaf llawer o rwystrau fe roes gefnogaeth i'r Eisteddfod. Dyma'r unig wlad o'r tu draw i'r 'Llen' sy'n cyson roi cyfle inni glywed y canu litwrgïaidd cyfoethog a soniarus na cheir ond gan gorau eglwysig ymroddgar. Maen nhw'n arbennig o hoff o'u halawon gwerin, fel y profir gan eu grwpiau Caneuon Gwerin; ac mae eu dawnswyr, yn eu gwisgoedd taleithiol amrywiol, yn bleser i'w gweld. A'r fath amrywiaeth o wisgoedd! Pan oeddwn yn bresennol mewn Gŵyl yn Warsaw a Krakow bedwar mis cyn cychwyn yr ail Ryfel Byd, fe dderbyniais set gyfan o luniau o Wisgoedd Taleithiol swyddogol y wlad – 64 ohonyn nhw i gyd, o'r ddwy ryw. Mae Gwlad Pŵyl wedi anfon Côr Bechgyn o Warsaw, Corau Cymysg mawr o Posnan a Dansig, a Grwpiau Gwerin o Krakov a chanolfannau eraill.

Gwlad fach ond diddorol yw'r SWISTIR, sy wedi'i hamgylchynu, ond heb fod dan fawd neb, gan wledydd mwy o faint, gwledydd y mae hi hefyd yn rhannu'r un ieithoedd â nhw – Ffrainc, Yr Alaemn a'r Eidal – ond bod ganddi'i nodweddion tafodieithol amlwg ac arbennig, yn enwedig mewn Almaeneg; mae Almaeneg y Swistir mor wahanol i'r Almaeneg gysefin ag yw'r Isalmaeneg. Mae ganddi iaith swyddogol arall yn ogystal – Romanche, sy'n disgyn o ddyddiau arhosiad y Rhufeiniaid 'slawer dydd yng nghymoedd uchaf afon Rhein a'i rhagafonydd. Mae'r mynyddoedd wedi cau am y rhan ddwyreiniol hon o'r Swistir a hawdd credu iddi gael ei hynysu o gyrraedd y byd allanol ers canrifoedd am hanner bob blwyddyn Heddiw mae'n baradwys i'r dringwyr, y sgiwyr a'r twristiaid. Mae'r plant yn dal i siarad Romanche gartref ac rwy i wedi'u clywed yn canu caneuon hyfryd yn yr iaith Ladinaidd honno – alawon sy'n perthyn i'r fro honno'n unig. Hyd yn hyn fe roesom groeso i grwpiau Swis- Almaenaidd, grwpiau Jodel ac yn y blaen, a grwpiau Swis-Ffrengig; ond ni ddaeth neb hyd yma o ardal Ticino, y rhan Ddeheuol am y ffin â'r Eidal, na chwaith o'r pentrefi Romanche nac o drefi'r Grisons, neu Engadine, fel y gelwir y rhan fwyaf anhygyrch honno o'r Swistir. Fel arfer fe fydd y Côr *Echo Romande* o Berne, sy'n cynrychioli'r Swistir Ffrengig yn gyffrediniol, yn cynnwys caneuon gwerin o Engadine yn ei raglenni.

## *Ymsefydlwyr ac Ymwelwyr*

Fe ddylid cofio fod cymunedau sylweddol o ffoaduriaid o wahanol wledydd, oedd wedi dianc, gyda'u llywodraethau 'alltud', o flaen ymosodiadau'r Natsïaid, yn dal i drigo yn Lloegr, Cymru a'r Alban, pan sefydlwyd Eisteddfod Gerddorol Llangollen yn 1947, er fod y rhyfel bellach ar ben. Yn eu plith roedd Ffrancwyr Rhydd, Pwyliaid, Tsheciaid, Llydawiaid, Belgiaid, Norwyaid, Latfiaid, Almaenwyr, Awstriaid ac Wcraniaid, er enghraifft. Roedd rhai wedi bod yma ers amser hir ond yn dal i feithrin eu hen arferion a diwylliant, iaith, traddodiadau, cerddoriaeth, dawnsiau; a rhai wedi dechrau trefnu corau a dawnsfeydd er diddanwch ac er cof am ddyddiau dedwyddach. Daeth rhai ohonyn nhw i Langollen, yn falch i gael cyfle i gystadlu ar lwyfan yng ngŵydd y byd.

Roedden nhw'n gymorth i bwysleisio natur gydwladol yr ŵyl, ac er i amryw ohonyn nhw gael y cyfle (yn ogystal â'r awydd) yn nes ymlaen i fynd adref i'w gwledydd – Ffrancwyr, yr Almaenwyr, yr Isalmaenwyr a'r Norwyaid – fe arhosodd rhai eraill gyda ni gan barhau i ddod i Langollen hyd heddiw – yn bennaf, yr Wcrainiaid, o Fanceinion a Llundain, Yr Hwngariaid o'r siroedd o amgylch Llundain, y Diwanas Indiaidd o Walsall a'r Grwp Bhangra o Lundain. Dôi corau o Hwngari atom o hyd – tan ar ôl 1955; ac yn wir, cipiwyd Tlws y Corau Meibion yn yr eisteddfod gyntaf yn 1947 gan Gôr Meibion Gweithwyr Hwngari o Bwdapest. Ond teg yw nodi wrth basio fod Cerddorfa Simffonig Bwdapest o dan Gyorgy Lehel, gyda'r pianydd Hornel Zempleny wedi dod yma i chwarae yn ein cyngerdd nos Sul yn 1968.

Mae'n werth cofio hefyd mai côr o Gymry 'alltud' a lleisber o Lundain – Cantorion Gwalia – a ddaeth yn ail yn ei ddosbarth yn wyneb cystadleuaeth gref, a hwnnw'n un o'r corau Cymreig gorau; ac yna yn 1972 y côr hwnnw eto a ddaeth yn drydydd yn erbyn cystadleuwyr o fri.

Mae enw TSHECOSLOFACIA yn sefyll yn uchel a chlodfawr yn hanes Eisteddfod Gydwladol Llangollen. Fe ddaethom i gysylltu Bohemia â cherddoriaeth, ar lefel syml, er enghraifft, yn y garol am Wenceslas (St.

Vitus o Prâg), ac ar radd uwch yng ngweithiau Smetana a Dvorâk a'r dawnsiau enwog. Dyma'r wlad lle y crewyd y polca yn gynnar yn y ganrif ddiwethaf, yntê? Hawdd yw inni anghofio mai ar ôl y Rhyfel Byd Cyntaf y ffurfiwyd Tshecoslofacia pan chwalwyd yr hen Ymerodraeth Awstro-Hwngaraidd. Trefniant hwylus fu uno tair talaith fawr yn y Gogledd – Bohemia, a Morafia a Slofacia (roedd cyswllt economaidd a gwleidyddol eisoes rhwng y ddwy), a hefyd, fel math o gynffon yn y pellter, Morafia 'Carinthaidd' a'i rhesi o fynyddoedd, mynyddoedd Carpathia, gyda'u llethrau coediog, hafnau ffrwythlon, a'r cestyll rham-antus, swyngyfareddol, hynny y gwyddom gymaint amdanyn nhw mewn llên ac mewn hanes. Prifddinas y weriniaeth yw Prâg a 'Serbo-Croat' y gelwir yr iaith swyddogol, un o'r ieithoedd Slafaidd; ond fe glywir amryw dafodieithoedd yn y taleithiau ac mae bri ar noddi'r traddodiadau lleol, y gwisgoedd, yr alawon a'r dawnsiau. Mae hyn yn taro dyn wrth astudio operâu gwych Leos Janacek, brodor o Brno, sy wedi cynnwys rhythmau a threigladau llafar tafodiaith Morafia yn ei weithiau – a'r rheiny mor anodd i'w trosi'n ganadwy i ieithoedd eraill.

Mae angen sôn am hyn am fod yr amrywiadau diddiwedd i'r llygad ac i'r glust o ddiddordeb arbennig yn Llangollen. Ffaith ddiddorol arall yw hyn: ar waethaf Smetana, Dvorak a'r holl gyfansoddwyr eraill a ddaeth o Bohemia, y Morafiaid fydd yn ennill y gwobrau fel arfer yn yr Eisteddfod, ac felly y bu hi ers blynyddoedd. Er fod Prâg a mannau eraill yn cystadlu ac wedi dod yn agos i'r brig droeon, mae'n amlwg fod safonau addysg uchel iawn yn ninasoedd Morafia – yn Bratislafa a Brno – dwy ddinas sy wedi ennill chwe Thlws ac wedi bod ymhlith y goreuon saith o weithiau yn ogystal.

## O'r Byd Newydd

Mae pobloedd UNOL DALEITHIAU AMERICA a CANADA yn gymysgedd o'r rhan fwyaf o genhedloedd y ddaear. Unwaith fe fu llwythau'r Indiaid Cochion, sy bellach wedi'u cyfyngu i raddau helaeth i'w cylchoedd arbennig, yn niferus dros ben. Ond yna fe ddaeth y Llychlynwyr yno er mai byr fu'u harhosiad, mae'n debyg, ar y cyntaf; Isalmaenwyr, Ffrancwyr, Saeson, Sbaenwyr; ac yna fe ddechreuodd y Tadau Pererin y dylifiad hir o ymfudwyr sy heb ei derfynu eto ar waetha'r rheolaeth sydd arno. Fe gafodd y caethion a fewnforiwyd gan feistri creulon eu rhyddid yn y pen draw a heddiw mae miliynau ohonyn nhw yno o bob lliw a llun. Yn y cyfamser ymhlith y dylifiad cyson o Ewrop roedd Iddewon, yn dianc o'r pogromau, Rwsiaid yn dianc oddi wrth Chwildro 1919; Slafiaid o ganol Ewrop, Eidalwyr, Groegwyr, Portwgesiaid, Sbaenwyr, Llychlynwyr. i gyd yn chwilio am rywle i fynd a gwell cyfle nag a geid yn yr hen wlad; gwrthwynebwyr Ffasgaeth yn ffoi o Sbaen ar ôl y Rhyfel Cartre, ac yna'n dianc yn eu miloedd o afael Hitler a Mussolini; Hwngariaid ar ôl gwrthryfel byrhoedlog 1956. Chwaneger hefyd at y rhain nifer helaeth o drigolion Puerto Rico a dyrneidiau o genhedloedd o'r Dwyrain Canol a Phell ac o Dde America ac Affrica, a threfedigaethau sylweddol o Tshineaid a Japaneaid, yn enwedig ar y Lan Orllewinol.

Mae angen ein hatgoffa'n hunain o'r digwyddiadau hyn er mwyn deall yr unffurfiaeth ryfedd a amlygir gan lawer o'r corau o du draw'r Iwerydd a gwerthfawrogi sut y bydd rhai o'r cymunedau – fel y Gaeliaid Albanaidd a'r Gwyddelod yn Canada, a'r Cymdeithasau Cymreig niferus yn U.D.A., a llawer grwp ethnig arall, – yn ymdrechu i gadw'n fyw beth o'u traddodiadau, yn enwedig ynglŷn â'u hieithoedd, gwisgoedd a chelfyddydau, eu caneuon a'u dawnsiau.

Mae'r genhedlaeth iau wrthi'n ymdoddi, neu wedi ymdoddi, i'r genedl fawr lle y cawson nhw'u geni, ac yn eu corau nhw ni chlywir unrhyw donyddiaeth neilltuol a gysylltir â rhai o wledydd Ewrop ond yn hytrach fe sylwn ar nodweddion arbennig o ran chwaeth neu arddull; nodweddion a briodolir fel arfer i'r arweinydd neu'r hyfforddwr. Serch hynny, yn achos amryw o'r corau hyn o U.D.A. a Canada fe ganfyddwn gymysgedd donyddol ddiddorol sy'n tarddu o wledydd Ewrop. Er enghraifft dyna sain ddigamsyniol y lleisiau Slafaidd, y tueddwn i'w phriodoli leisiau bariton a bas fel eiddo Chaliapin neu Boris Christov; neu'r donyddiaeth Iddewig gyfoethog, olewaidd o'r bron, a gysylltwn â 'chantor' da, – ac â chanu Tauber, Friedrich Schorr, a'r canwr cyfoes Otto Edelmann; cynhesrwydd anwesol y canu a gynhyrchir gan bobl dduon fel Paul Robeson, Rowland Hayes a Grace Bumbry. Gellir canfod hyn oll yng nghanu'r corau gorau o du draw'r môr; ac nid fy nychymyg yn unig, mi gredaf, sy'n dweud hyn.

O fwrw golwg dros raglenni'r gorffennol mae'n amlwg fod hanes yr Eisteddfod wedi lledu gan fod yr ymweliadau o U.D.A. ac o Canada wedi cynyddu'n gyson, ac yn 1970 fe ddaeth pedwar grwp o Canada, o Leamington, Saskatchewan, Vancouver a Winnipeg; a'r flwyddyn ddilynol daeth pump o gorau o U.D.A. – Johnson City, Delaware, Detroit, Seattle a Wyoming. Rhwng popeth, mae rhagor na hanner cant o gorau wedi bod yma o U.D.A. a rhagor na dwsin o Canada. Mae'r costau teithio'n unig yn uchel; bydd rhai aelodau'n rhoi arian heibio tuag at y daith am flynyddoedd, gan wneud aberth personol go helaeth, ac yn chwanegu at eu cronfeydd orau y gallan hnw trwy roi perfformiadau yn ystod y daith, ar y radio a'r teledu, mewn cyngherddau, ac yn y blaen. Bydd rhai corau'n trefnu taith gyngerdd lawn a phrysur drwy Ewrop.

Bydd ambell gôr yn ddigon lwcus i dderbyn grant oddi wrth eu talaith, dinas neu brifysgol, i'w cychwyn ar eu ffordd.

Y Côr mwyaf llwyddiannus o Canada yw'r *Anne Campbell Singers* o Lethbridge, Alberta, wedi ennill dau Dlws ac wedi dod yn Ail ac yn Drydydd; ond yn ogystal, mae corau Medicine Hat, New Brunswick a Winnipeg wedi dod ymhlith y goreuon. Mae'r ddau gôr o Alberta yn gwisgo'r lliwiau a roddwyd yn swyddogol i'r dalaith yn 1967, tartan hardd ac arno bum lliw: glas ar gyfer yr wybren, melyn ar gyfer y gwenith, gwyrdd ar gyfer y porfeydd, du ar gyfer y glo, a sgwarau bach pinc ar gyfer y blodau. Cynrychiolwyd y wlad o'r naill lan i'r llall gan New Brunswick, Lachine (Quebec), Leamington a Hamilton (Ontario), Winnipeg (Manitoba), Saskatchewan, Alberta a Vancouver ar lan y Môr Tawel.

A chynifer o gorau wedi dod oddi yno, mae U.D.A. wedi ennill naw o Dlysau hyd yma. Enillodd Coleg *Bakersfield* (California) Dlws y Corau Cymysg, ac yn fuan wedyn enillwyd yr un wobr gan *Brifysgol Brigham Young* o Provo (Utah). Bu merched o *Goleg Smith*, Northampton (Mass.) yn fuddugol dair blynedd o flaen côr *Denbigh High School* – o Detroit (Michigan). Cipiwyd Tlws y Corau Meibion ddwywaith gan gôr o Brifysgol *Michigan* a bu bron iddo wneud hynny un tro arall rhwng y ddwy fuddugoliaeth. Daeth Tlws y Côr Ienctid i *Collegeville*, Indiana, unwaith ac ymhen pum mlynedd arall fe aeth i gôr merched *California*.

Mae amryw gorau eraill wedi dod ymhlith y goreuon, o California, Carolina, Connecticut, Delaware, Indiana, Michigan, Minnesota, Missouri, Ohio, Virginia a Wyoming – ac mae croeso eto i'r deugain talaith arall ddod yma!

Beth amdani, Alasga a Hawaii?!

Mae MECSICO hefyd wedi anfon corau atom unwaith o leiaf, ond nid yn ddiweddar.

Ar ein ffordd i'r De cofiwn am TRINIDAD, a fydd yn cynnal Gŵyl Gerdd ardderchog bob gwanwyn, gyda chymorth Tobago. Mi glywais yn ddiweddar gan eu cynrychiolydd o Port of Spain fod yr ŵyl bron mor liwgar â Llangollen, ond mewn ffordd wahanol: nid gŵyl gydwladol mohoni. Ond mae ganddyn nhw hyn o fantais drosom ni, fe geir gornest brydferthwch fel rhan o'r ŵyl, a'r ornest yn cael ei chynnal, wrth reswm, ar ymyl pwll nofio! Mae hon yn atyniad i'r ŵyl, yn ôl y cynrychiolydd, ond fe geir digon o gerddoriaeth dda yno hefyd. Mangre hudol arall sy wedi ymweld â ni yw Madeira: hyd y gwyddom, does ganddi ddim gwyliau cerdd a dawns cydwladol, ond mae'n bosib ein bod yn camsynied, wrth gwrs. Cyn ymadael â'r Iwerydd fe ddylem gofio fod tair o weriniaethau De America wedi ein hanrhydeddu ni: Venezuela, neu 'Fenis Fach' (mae camlas gan Langollen hithau) yng Ngogledd y cyfandir sy ar ffurf triongl: Chile, sy'n ymestyn ddwy fil o filltiroedd o rimyn hir rhwng yr Andes enfawr a'r Môr Tawel i lawr hyd at Tierra del Fuego yng nghyrion eithaf y De, ac sydd wedi dodi enw Mozart ar gôr y brifddinas, Santiago; a'r Ariannin. Ym mharthau gogleddol y Weriniaeth honno ceir Gwladfa'r ymsefydlwyr o Gymru a gartrefodd yno yn 1865, ac er fod y drydedd genhedlaeth bellach yn ymdoddi i gymdeithas y 'Lladinwyr', fe ddathlwyd canmlwyddiant y Glaniad yn 1965 ac fe wneir ymdrechion glew i gadw'r iaith, a ddefnyddir o hyd gan lawer yn eu cartrefi ac wrth ganu yn eu corau. Bu'n fwriad gan ddau o gorau'r Wladfa ddod i Langollen ond bu'r dasg o godi'r holl arian i dalu am y siwrnai hir yn ormod iddyn nhw hyd yn hyn. Fe fydden nhw wedi cael croeso arbennig o gynnes gan eu Mam Wlad.

Mae Côr wedi bod yma cyn hyn o DDE AFFRICA, ond methiant fu ymdrech ddiweddarach i ddod – a'r un oedd y rheswm yn yr achos hwn hefyd – nid gwleidyddol, ond arian!

Fe soniwyd eisoes am ddewrder WGANDA a TWRCI yn wyneb amgylchiadau cyfyngderus; yn 1972 llwyddodd gweriniaeth arall o Affrica, NIGERIA, i anfon grwp canu (ond nid grwp dawnsio, yn rhyfedd iawn), grwp a ganodd yn dda odiaeth yng nghystadleuaeth y Gân Werin a dod un pwynt ar ôl y sawl a ddaeth yn Drydydd. Roedd eu 'harweinydd', Steve Rhodes yn canu unawdau yn ogystal; mae'n dal, yn urddasol a barfog, ac yn dywyll iawn ei liw fel ei gyd-aelodau. Roedd ganddo wisg a chap addurnedig a gwisgid aelodau'r côr yn lliwiau'i Lwyth. Siglai wrth guro amser, a siglai'r côr hefyd yn rhythmig wrth sefyll neu wrth gerdded, yn atgof, megis yn hanes gynnar barddoniaeth Gymraeg ac yn wir yn hanes pob diwylliant, na fyddan nhw byth yn canu heb ddawnsio, nac yn dawnsio heb ganu, a bod yr un gair yn gwneud y tro am ganu ac am ddawnsio.

Ond o'n safbwynt ni, mae Madeira'n fwy cyraeddadwy nag yw Madagasgar yng Nghefnfor India, y Weriniaeth ifanc a anfonodd grwp o ddawnswyr yma yn 1962 dan enw GWERINIAETH MALAGASY. Mae hanes hir a chymhleth i'w chaneuon a'i dawnsiau, sy'n 'gafael' wrth ei ddarllen; ond am y rhan helaethaf o'r ganrif ddiwethaf fe fu dylanwadau Ffrengig a Seisnig yno ac yn 1896 fe ddaeth yr ynys fawr hon yn drefedigaeth Ffrengig. Ar ôl y Rhyfel Mawr diwethaf y daeth yn annibynnol gan arddel enw'r trigolion, y Malagasy. Prif ddiddordeb gwyddonol yr ynys erioed fu'r ffosilau enfawr, ond fe gaed syndod rhyfedda ychydig yn ôl pan gododd pysgotwyr gorff marw coeleocanth, ac yna un byw – math o bysgodyn y credid iddo ddiflannu tua 100 miliwn o flynyddoedd yn ôl. Dyw'r caneuon gwerin ddim yn honni bod mor hen â hynny, ond fe fydd y grwpiau dawnsio yn dal i ddefnyddio cicaion fel offerynnau cerdd – y math o gyffyrddiad dilys sydd wrth fodd calon beirniaid Llangollen.

## Gwledydd Prydain: Lloegr

Mae i'w ddisgwyl fod y nifer fwyaf o gystadleuwyr corawl Llangollen yn dod o'r wlad sy am y ffin â hi, gyda'i phoblogaeth niferus, LLOEGR. Gellir priodoli hyn i'r ffaith fod yr Eisteddfod gyda'i nodweddion arbennig a'i chystadlaethau wedi dod yn hysbys yn gyflym iawn – nid i'r 'papurau newydd' y bu'r diolch am hynny, chwaith, oherwydd wedi i newydd-deb y peth gyrraedd tudalennau papurau Llundain buan y pylodd eu diddordeb yn yr Eisteddfod Gydwladol. Dros Glawdd Offa yr Eisteddfod ei hun yw ei phrif hysbysiad. Serch hynny, rhaid cofnodi fod pedwar o gyhoeddiadau'n rhoi sylw blynyddol i'r Ŵyl – y Liverpool Daily Post, y Shropshire Star, y South Wales Echo, a'r Western Mail, gyda'u tudalennau lliw ac, weithiau, eu herthyglau safonol y dyfynnwyd ohonyn nhw o bryd i'w gilydd yn y llyfr hwn. Ambell dro fe ddaw gohebydd chwilfrydig heibio, er enghraifft, o'r Christian Science Monitor, Boston, Mass., ar drywydd stori dda, ac ni chaiff ei siomi. Denodd ffilm Cwmni Esso a theledu lliw yn ddiweddarach (cyfrwng sy'n gwneud y mwya o'r gwisgoedd a'r dawnsfeydd) lawer o ymwelwyr newydd a aeth â'r genadwri am Langollen wedyn, fel y cystadleuwyr, adre at y miliynau na fu erioed yng Ngogledd Cymru, nac o ran hynny yn yr Ynysoedd hyn chwaith. Mae'r ffilm hefyd yn goffadwraeth drist i ddiflaniad y gwasanaeth trenau o Riwabon ddwy flynedd yn ddiweddarach.

Ffaith darawiadol a welir yn syth wrth ddarllen Rhestr y Buddugwyr yw fod un o'r prif gystadlaethau i oedolion, y Corau Cymysg, wedi'i hennill nid yn unig am y ddwy flynedd gyntaf ond hefyd bum gwaith wedi hynny gan Gymdeithas Gerddorol Ardal Sale – Saith o weithiau mewn tair blynedd ar ddeg, ac nid yw'n debyg y bydd i neb arall wneud cystal â hyn fyth eto. Cofier hefyd fod Sale wedi dod yn ail, o drwch blewyn, ddwywaith, yn y cyfamser. Ar ôl y buddugoliaethau aruthrol hyn, yn 1959 y bu'r fuddugoliaeth ddiwethaf, bu farw eu harweinydd dawnus, Mr A. Higson – a chymerwyd ei le gan ei fab. Profedigaeth arw dros ben i arweinydd ifanc, pa mor ddawnus bynnag y bo, yw dilyn y cyfryw un, fel y dysgodd Giovanni Battista Barbirolli pan gafodd ei benodi i ddilyn Toscanini yn 1937 gyda Cherddorfa Ffilharmonig Efrog Newydd.

Ymhlith y Corau Cymysg buddugol o Loegr mae Birkenhead (un Tlws a dod yn agos ddwywaith), St Cecilia, Manceinion, (un Tlws a dod yn agos deirgwaith), Undeb corawl Keighley (un Tlws a dod yn agos

unwaith) ac Undeb Corawl Huddersfield (dod yn agos ddwywaith).
Peth annymunol, ac amhosibl, fyddai enwi pob un o'r llu cystadleuwyr
eraill yn y dosbarth hwn, lle mae cynifer o berfformiadau cofiadwy wedi
bod gyda safon deilwng o ŵyl gydwladol. Mae'n amlwg fod Reading yn
ganolfan dda ar gyfer hyfforddi corau ac oddi yno y daeth Côr Phoenix,
y côr a drechodd y Bwlgariaid yn 1972, a chôr oedd yn cynnwys amryw
wynebau hynaws a chyfarwydd oddi ar ddyddiau Cantorion Bulmersh.

Ymhlith y corau merched mae Cymdeithas Gerdd Fylde wedi ennill
dair gwaith yn olynol (1970–3), ond mae Cantorion Bedford o Stoke on
Trent wedi cipio'r Tlws bedair gwaith dros gyfnod hirach. Mae'r Tlws
wedi mynd yn ei dro i fannau sy'n bell oddi wrth ei gilydd – Plymouth,
Earlstown (Orpheus), Macclesfield, Nottingham a Chroesoswallt. Ymhlith
y rhai a fu'n agos i'r brig mae'r rhain, Stoke-on-Trent, Macclesfield,
Blackburn, Croesoswallt, Fyld a Chaerfaddon, wedi ymddangos fwy nag
unwaith, ac mae hynny'n dangos mor agos yw'r gystadleuaeth.

Uchafbwynt y cystadlu yn Llangollen yw'r Corau Meibion ar y
prynhawn Sadwrn, yn rhannol am mai hon yw'r gystadleuaeth olaf, yn
rhannol oblegid y sŵn godidog y gall Côr Meibion da ei gynhyrchu, a
hefyd yn rhannol oherwydd y rhesymau a roddwyd eisoes (tudalen 128).
Mae cyswllt agos a thwymgalon rhwng y Cymry a'r corau meibion. Ac
mae dydd Sadwrn yn ddiwrnod cyfleus ar gyfer y rhan fwyaf o'r cantor-
ion a'u cefnogwyr. Fe fydd y babell enfawr bob amser yn orlawn ar
gyfer yr achlysur hwn, a gwelir yr ymwelwyr a'r cystadleuwyr yn eu
cannoedd o gwmpas y cyrn radio ar y maes.

Mae Lloegr wedi gwneud yn dda dros ben yn y gystadleuaeth hon.
Enillodd Colne Valley ddwywaith a dod yn ail ddwywaith. Mae Roch-
dale wedi ennill unwaith ac wedi yn agos deirgwaith ac fe ddaeth Roch-
dale yn agos bump o weithiau yn ogystal ag ennill unwaith. Gwobrwywyd
Trevisco unwaith a daeth yn agos ddwywaith; ni chafodd Felling y
Tlws hyd yma ond bu ymhlith y goreuon bum gwaith a dod o fewn trwch
blewyn i ennill ddwywaith. Mae hyn yn brawf o safon uchel a chyson y
corau gorau yn Lloegr – corau sy'n cadw'n fyw draddodiad eglwysig y
bymthegfed ganrif wedi'i gyfuno â'r ystwythder sy'n ofynnol ar gyfer
cerddoriaeth seciwlar a chrefyddol heddiw.

Enwau cyfarwydd eraill yw Redruth, Newport (Swydd Amwythig),
Mansfield ac Alfreton.

Y côr sy ar y blaen o blith yr holl gorau ienctid o Loegr yw Côr
Croesoswallt; mae wedi cipio'r Tlws bump o weithiau ac wedi dod yn
agos deirgwaith. Mae Côr Ffilharmonig Grimsby wedi ennill ddwywaith
ac wedi bod yn ail ddwywaith; Gwobrwywyd Blackpool unwaith a
daeth yn ail ddwywaith. Ymhlith y mannau eraill – trefi, pentrefi,

colegau – a wnaeth yn dda mae Crewe, Caer, Coalbrookdale, Darwen, Hull, a Stoke-on-Trent. Mae Ysgol Ferched Manceinion ac Ysgol Notre Dame wedi dod yn drydydd unwaith yr un.

Dwywaith yn unig yr aeth y Tlws am ganu Gwerin i gorau o Loegr, a'r un côr, o Goleg Bulmershe, Reading, a enillodd y ddwy waith. Ond fe fu corau eraill ymhlith y goreuon, – Middlesborough, Ysgol Ferched Croesoswallt (gyda chymorth y Bechgyn, unwaith, mae'n debyg), Cheadle, ac – yn eironig ddigon – yr Wcreiniaid o Fanceinion y dylid eu rhestru o ran eu cenedl a'u cerddoriaeth ar wahân.

Yn y gystadleuaeth Ddawnsio Gwerin daeth grwp o Loegr, Grwp Manley a Loftus, ymhlith y tri gorau yn 1953, a'r flwyddyn ddilynol fe wnaed yn debyg gan y Dawnswyr Morris o Goleg y Brenin, Newcastle. Daeth Gwŷr Lichfield yn Drydydd yn 1957 a '58, ac ar ôl hynny bu Dawnswyr Morris o Fanceinion yn agos at gipio'r Tlws. Ond yn 1964 yr enillwyd y Tlws i Loegr, gan Ddawnswyr Coconut Britannia o Bacup, a'r un grwp a enillodd y flwyddyn ddilynol. A'u hwynebau'n dduach na'r nos, fe fyddan nhw'n symud trwy'r ddawns urddasol heb na cham na chlic allan o'u lle (na gwên chwaith), gan ennill marciau urchel bob amser am eu manylder a'u safonau. Mae'n debyg y dylid cynnwys yn y rhestr hon Ysgol St Aloysius o Ddawnsio Gwyddelig, o Hebburn, Durham, grwp a ddaeth yn Drydydd yn 1959. Ond mae'r sgrifennwr yn petruso, am resymau amlwg. Yn 1972 cafodd Dawnswyr Cleddyfau Killingsworth, Northumberland, fuddugoliaeth ysblennydd (gan gynnwys Dawns Morris eto), ond roedd Dawnswyr Loftus a Manley o Swydd Efrog yn haeddu dod yn nesaf atyn nhw, dri marc ar eu hôl. Yn anffodus, o'u safbwynt nhw, daeth grwpiau o Lychlyn a Belg (grwp Lange Wapper) yn ail ac yn drydydd.

Yn olaf, mae cannoedd o ysgolion o Loegr wedi dangos awydd i gystadlu gyda chorau plant, ond am resymau ynglŷn ag amser (Dydd Sadwrn yw'r unig ddydd sy'n gyfleus iddyn nhw fel yn achos y corau meibion) fe fu rhaid gwrthod nifer fawr ohonyn nhw. Bydd y rhan fwyaf o'r plant yn gorfod goddef teithiau hir, gan gychwyn yn gynnar yn y bore beth bynnag fo'r hin; mae'u perfformiadau fel arfer yn deyrnged i benderfyniad yn goresgyn blinder, nerfusrwydd, ac anghysur yn eu boliau oherwydd diwrnod hir gyda chiniawau pecyn a photeli lemonêd. Mae Côr Ysgol Ramadeg i Ferched Wirral wedi ennill y Tlws chwech o weithiau, gan gynnwys 1972, enillodd Côr Plant Hull Orpheus ddwywaith, fel y gwnaeth Côr Merched Blackpool hefyd; corau a enillodd unwaith bob un yw Côr Plant Grimsby Orpheus, Côr Merched Mansfield, Sheffield High Storrs a Chôr Ysgol Ramadeg West Kirby. Bu'r canlynol yn uchel yn y gystadleuaeth: Caer, Darwen, Harlow, Scunthorpe, Amwythig, Romiley, Stoke-on-Trent a Manceinion – yr Ysgol Ferched ac Ysgol Notre Dame eto yn eu tro. Mae Merched Manceinion wedi bod yn canu'n arbennig o dda yn ystod y blynyddoedd diwethaf, gan ddod yn Ail yn 1972.

YR ALBAN: Mae hyd yn oed ardaloedd poblog yr Alban yn ei chael yn anos dod i Langollen nag yw hi i Loegr gyfan, ac o ganlyniad mae nifer y cystadleuwyr yn llai o lawer. Cymharol brin yw'r troeon y bu i Dlws fynd i'r Alban, ond fel y dywedodd un Sgotyn wrthyf un tro, maen nhw wedi ymdrechu'n ddygn. Ac ar wahân i'r perfformiaidau'u hunain, sydd yn fynych o safon gerddorol uchel, mae golwg daclus a syber ar y bobl ifainc yn eu tartan a'u rubanau, eu hosanau addurnedig a'u gwisgoedd ysgol. Mae gan eu dawnswyr hefyd yr urddas a gysylltwn bob amser â'u dawnsiau cyfoes a thraddodiadol.

Fe gafwyd dechreuad da pan gipiwyd y Tlws Ieuenctid ym mlwyddyn agoriadol yr Eisteddfod gan gôr enwog Plant Kirkintilloch, a ddaeth hefyd yn Ail ymhlith y corau Plant. Yn nes ymlaen fe roed safle uchel i Blant Musselburgh, Ysgol Barnhead, Glasgow, ac Ysgol Notre Dame, Dumbarton. Yn 1965 fe gipiwyd y Tlws eto ar gyfer yr Alban gan Blant Beresford o Ayr.

Enillwyd Tlws y Corau Ieuenctid eto yn 1969, diolch i Gôr Arran o Ayr, a wnaeth yr peth yn wych eilwaith yn 1972. Rhwng y blynyddoedd hynny fe enillwyd marciau uchel gan Eskdale, Musselburgh (dair gwaith) a Merched Beresford o Ayr. Yn y gystadleuaeth ar gyfer grwpiau Caneuon Gwerin fe fu tri chôr ymhlith y goreuon – Côr Plant yr Alban o Glasgow, The Linnets (merched) o Dundee a Forfar, a Chôr Arran o Ayr. Daeth Côr Merched Eskdale yn uchel unwaith yn eu cystadleuaeth a'r un modd Côr Ffilharmonig Glasgow yn y Corau Meibion; a dyna'r cyfan hyd yma i gyrraedd y 'brig'. Gyda'r Dawnsio Gwerin, rwy'n galw i gof grwp o ferched hardd o Welling – crotesi o'r Alban yn byw yn Llundain, mae'n siŵr. Fe gawsom y pleser o'u gweld yn gwneud dawnsiau â chleddyfau mewn modd swynol, ond gan mai merched oedd yn cymryd lle'r bechgyn ym mhob pedwarawd fe gollwyd marciau, oblegid, yn ôl y traddodiad dylid cael parau cymysg wrth dddawnsio â chleddyf. Rhaid i'r beirniad gymryd sylw o fanylyn fel hwn yn Llangollen, lle y mynnir yn gyhoeddus fod rhaid cael 'y gwir, y gwir i gyd, a dim ond y gwir' ynglŷn â dawnsiau traddodiadol. Gan fod dawnsiau Albanaidd mor boblogaidd yn y neuaddau dawns heddiw – a'r fath urddas sydd iddyn nhw, gyda'r wisg genedlaethol, y ciltiau tartan, y sporran yn dawnsio, y cyllyll yn yr hosanau, a'r sgarffiau a'r rubanau a gaeir mor fynych â hen dlysau arian o werth amhrisiadwy, – peth hawdd yw anwybyddu manylion y traddodiad cywir. Efallai y daw'r llancesi ifainc â'u llanciau gyda nhw y tro nesaf.

IWERDDON: Fel y pwysleisiwyd eisoes mae Llangollen yn gwneud ei gorau i gadw'n rhydd oddi wrth ddylanwadau gwleidyddol. Ambell dro fe geir rhyw adlewyrchiad pell o'r sefyllfa wleidyddol yng ngeiriad y rhaglenni, a phan fydd grwpiau o alltudion sy wedi cartrefu y tu allan i'w gwlad enedigol, ond sy'n dal i feithrin eu traddodiadau a'u diwylliant, yn dod i gystadlu yn yr Eisteddfod. Gan mwyaf fe fyddan yn eu lleoli'u hunain yn eu gwledydd mabwysiedig, er enghraifft, y cymunedau o Hwngariaid, Indiaid, Latfiaid ac Wcraniaid sy'n byw yn Lloegr. Ac fe gynhwysir yr wybodaeth hon yn y rhaglenni. Fe fydd y beirniaid yn Llangollen yn eu trin yn union fel petaen nhw wedi dod yn syth o'u gwledydd gwreiddiol. Ni cheir unrhyw ragfarn ynglŷn â nhw gan y Trefnwyr na chan y Panel Cerdd. A hon, wedi'r cyfan, yw'r unig agwedd resymol a theg sydd i'w disgwyl.

Gwaetha'r modd gall sefyllfa debyg ddod i'r golwg ynglŷn ag Iwerddon. Mae'i chynhysgaeth o alawon a dawnsiau gwerin yn perthyn i'r ynys gyfan. Bydd corau yn canu mewn Gwyddeleg yn Belfast yn ogystal ag yn Nulyn neu Corcaigh. Fe welsom eisoes dan enw *Lloegr* fod dawnswyr o Ysgol St Aloysius o Ddawnsio Gwyddelig yn Durham wedi bod yma yn 1959. Ac fe fu Cymdeithas Ddawnsio Gwerin Gwyddelig St Leonard o Sunderland yma yn 1966, a hefyd gymdeithas arall o'r un enw o lannau Tyne yn 1970.

O ran hynny, beth am Gôr Meibion y Gwarchodlu Cymreig a leolwyd yn Caterham yn 1960, yn unig am eu bod yn digwydd aros yno ar y pryd?

'GOGLEDD' IWERDDON. Cawsom dri chôr oddi yno yn ystod y cyfnod oddi ar 1962. Ond cyn hynny fe ddaeth Triawd McPeake yma o Belfast gyda rhaglen o ganeuon a cherddoriaeth offerynnol Wyddelig – heb sôn am 'Ogledd' Iwerddon. Yna, ar ôl ennill y Corau Cymysg yn 1950, fe ddychwelodd Côr Gwyddeleg Belfast yma yn 1967 i ganu caneuon mewn Gwyddeleg ac yn Saesneg, caneuon a gawsai'u trefnu gan gyfansoddwyr mor nodedig â'r cyfansoddwr ac athro Gwyddelig enwog, Syr Charles Villiers Stanford. (Mae'n bosibl iddyn nhw fod yma o'r blaen, ac mae hyn yn wir am grwpiau eraill hefyd, ond dim ond o 1962 ymlaen y mae'r manylion wedi dod i law'r awdur). Yn 1971 daeth dau gôr o'r Gogledd: y Belfast Silvertones (côr ieuenctid) a Genethod Mossgrove o Newtownabbey (côr plant).

Roeddem yn falch dros ben i gael croesawu pum grwp o Ogledd Iwerddon yma yn 1972, ac roedd eu safon gyffredinol yn uchel. Saith marc yn unig oedd rhwng côr *Eglwys Bresbyteraidd Cregach* a Chor Phoenix, y côr a gurodd y Bwlgariaid o Nzdezdha a dod yn brif destun y siarad bywiog a gaed ar y Maes yn ystod tridiau olaf yr Eisteddfod. Gwnaeth Genethod Mossgrove yn dda yng nghystadleuaeth y Corau Plant ac roedd canmol uchel ar ganu Merched Cregach o Belfast ac ar ganu Ysgol

Golegol Enniskillen o Swydd Fermanagh. Yn anffodus, roedd Ysgol Ddawns *The Seven Towers* o Ballymena, er hardded eu gwisgoedd, wedi esgeuluso cywirdeb yn eu hymdrech i greu effaith ddramatig. Roedd hyn yn siomedigaeth i'r beirniaid ac isel, o ganlyniad, oedd eu marciau. Trueni – ond roedd pawb yn dwlu ar eu gweld, serch hynny.

Y WERINIAETH: Daeth llu o gystadleuwyr oddi yma. Yn 1964 ac yn 1967 fe gawsom gwmni côr Guiness o St James's Gate, Dulyn, yn canu yng nghystadleuaeth y Corau Cymysg. Bu Côr Gŵyl Dulyn yma yn 1968, a'u dilyn y flwyddyn ddilynol gan *Gôr Meibion Dur Iwerddon* o Cobh. Yr un flwyddyn enillodd *Cantorion Lindsay* o Ddulyn gystadleuaeth y Corau Merched, ac yn 1970 cafwyd perfformiad da gan *Gôr Plant Lindsay*. O'r un man hefyd y daeth *Côr Meibion Dinas Corcaigh*. Daethom yn gyfarwydd â'r *Dungeer Mummers* o Camross yn ystod y tair blynedd, 1966–8; y rhain oedd enillwyr y Tlws am Ddawnsio ar eu cynnig cyntaf, ac roeddyn nhw'n Drydydd ar eu trydydd cynnig.

Fe ddown adref yn olaf i GYMRU, cartref a sefydlydd yr Ŵyl. Gwaith anodd yw olrhain, heb sôn am ddadansoddi, ei chyfraniadau ar y llwyfan, hyd yn oed ar gyfer y 14 o flynyddoedd olaf y mae'r rhaglenni, gyda'r holl fanylion ynglŷn â phob cystadleuaeth, ym meddiant yr awdur. Mae cypyrddau cofnod y Cyfarwyddwr Cerdd Mygedol yn orlawn o gopïau o bob beirniadaeth ac eithrio beirniadaethau'r rhagbrofion sy'n anorfod pan fo gormod o gystadleuwyr yn ymgiprys am yr amser a neilltuwyd ar eu cyfer yn y Babell Fawr. Mae'r lleill i gyd wedi'u teipio ac wedi'u harwyddo gan Gadeirydd a Cheidwad Marciau'r Panel arbennig sy'n beirniadu'r gwahanol gystadlaethau.

Mor barhaol ac mor gyson ysblennydd yw'r blodau fydd yn addurno'r lle o flwyddyn i flwyddyn, diolch i Mrs Pearce a'i Phwyllgor gwcithgar a fydd yn dod â rhywbeth newydd i'n synnu bob blwyddyn – basgedi crog arbennig o effeithiol, hocys tal a bysedd-y-blaidd gosgeiddig yng nghefn y llwyfan fel torf o rocedi ar fin ei chychwyn hi tua'r nen; math newydd o rosynnod neu flodau delffiniwm, neu lilïod enfawr na welwyd o'r blaen yn yr arddangosfa enwog o flodau. Dyna rai o gyfraniadau blynyddol Cymru; ar wahân i'r holl lafur cymhleth o drefnu'r cyfan yn effeithlon, argraffu tocynnau a'u gwerthu ymlaen llaw, trefnu llety i bawb, cludiant, paratoi'r Maes a'i gyfleusterau, y cyhoeddusrwydd a'r cyllid; a llawer o'r gwaith yn mynd ymlaen ar hyd y flwyddyn gron; pethau sy rhaid eu gwneud heb sôn am baratoi'r rhaglenni cerddoriaeth, meysydd llafur, ac ateb yr holl ohebiaeth ynglŷn â'r darnau a'r cystadleuwyr a grybwyllwyd mewn Pennod gynharach.

Yn ystod blynyddoedd cynnar yr Eisteddfod Gerddorol Gydwladol pan oedd llai o genhedloedd yn cystadlu, cyfrannodd llawer o gorau a grwpiau Cymreig yn helaeth i ysbryd yr ŵyl, ac yn naturiol fe enillwyd llawer o'r Tlysau cynnar gan Gymry, a oedd hefyd yn fynych ymhlith y goreuon. Maen nhw'n dal i ddod o hyd, a'u safon ar y cyfan yn uwch oblegid y gyfathrach â'r ymwelwyr tramor. Ond er na chafodd Cymru y marciau uchaf erioed gyda'r Corau Cymysg, mae'r Merched wedi cynnal balchder y Ddraig Goch, er enghraifft pan ddaeth Penarth yn gyntaf yn 1947 a Blaenau Ffestiniog yn ail. Y flwyddyn ddilynol fe ddaeth Pwllheli'n ail a Blaenau Ffestiniog yn drydydd; yn 1949 daeth Caernarfon yn ail; yn 1958 bu Ysgol Grove Park, Wrecsam, yn drydydd, a daeth yr Wyddgrug (Côr Madrigal Alun ac Ysgol Ramadeg Alun) yn ail yn 1963 ac 1965. Ac er nad yw Merched Cymru wedi cipio'r Tlws eilwaith hyd yma, mae'n amlwg eu bod yn bwriadu parhau i gystadlu gyda phenderfyniad cadarn a safonau sy'n dal i godi.

Ym myd y Corau Meibion mae'r tir yn gadarnach o dan draed y Cymry, fel y dangoswyd eisoes (gweler tudalen 129). Dyw'r canlyniadau ddim yn arbennig o gofiadwy, ond mae cystadlu cyson yr un corau da, er enghraifft, Froncysyllte, ugain o weithiau, yn pwysleisio'r ansawdd sy'n neilltuol i gorau meibion Cymru ac a ddisgrifir yn aml gan y beirniaid mwyaf blinedig gyda'r termau 'godidog' a 'chyffrous'. Mae'r corau hyn i gyd wedi dod yn ail neu'n drydydd: Brynmawr, Treforus, Froncysyllte (deirgwaith), Rhymni, Côr Orffews y Rhos, Côr Gwalia Llundain (ddwywaith). Ac fe ddaeth côr y Gwarchodlu Cymreig o Caterham hefyd yn drydydd yn 1960.

Mae Sefydliadau'r Merched yn fynych yn anfon corau i gystadlu yn Llangollen. Daeth y côr o Drefnant yn ail yng nghystadleuaeth y Parti Alawon Gwerin yn 1959, ond ar y cyfan prin yw'r cystadleuwyr o Gymru yn y gystadleuaeth hon, er fod ambell un, fel Aberystwyth a'r Wyddgrug (Ysgol Ramadeg Alun) wedi gwneud yn arbennig o dda. Fe ddaeth Dawnswyr Hiraethog yn ail yn 1968, ond ar y cyfan dyw'r dawnswyr o Gymru ddim yn llwyddo i ennill marciau uchel, er eu bod yn osgeiddig a diddan, o bosib am fod dylanwad y cyfnod Calfinaidd maith, gyda'i wg ar 'ganu maswedd', wedi peri troi'r hen donau dawns Cymreig yn donau emynau, fel y mae W. S. Gwynn Williams yn ei esbonio yn ei lyfr safonol ar y testun. Er ein bod wedi adfer llawer o'r hen alawon swynol erbyn hyn, mae'r hwyl a'r ysgafnder yn gyndyn i ddeffro yn jigiau a dawnsiau'r morwyr a fu unwaith mor adnabyddus.

Gobeithio'n wir na fydd i'r un grwp neu wlad ddigio ataf am imi sôn cyn lleied, os o gwbl, amdanyn nhw yn y bennod hon. Rwy i wedi

ymdrechu, yn drwsgl fe ddichon, i gynnwys cynifer a fedrwn i o'r
gwledydd sy wedi dangos parch i'r Eisteddfod Gerddorol Gydwladol drwy
gystadlu ynddi, ac ar yr un pryd i dolio ar y gofod a neilltuwyd i'r
gwledydd hynny a'n hanrhydeddodd ni â'u presenoldeb, flwyddyn ar ôl
blwyddyn ar ôl blwyddyn, ac ar ben hynny i grybwyll y sawl a enillodd
Anrhydeddau; hynny yw, y rhai a enwir yn Rhestrau'r Buddugwyr. Er
mwyn eu darllen yn gyfleus fe'u rhoddir mewn Atodiad, gyda gwybodaeth
bellach sy'n crynhoi'r dylanwadau personol a deimlwyd dros y saith
mlynedd ar hugain diwethaf.

# PENNOD PUMP

# 'Gŵr nodedig'

'GWR NODEDIG' – dyna farn Syr Thomas Armstrong (gweler Pennod 7) am Gyfarwyddwr Cerdd Eisteddfod Gerddorol Gydwladol Llangollen, W. S. Gwynn Williams, O.B.E., M.A., ac yn ogystal, rhes o lythrennau sy'n dangos iddo ennill neu dderbyn diplomâu gan wahanol sefydliadau fel arwydd o'u gwerthfawrogiad o'i fywyd o waith dros gerddoriaeth. Un peth yw rhag-weld goblygiadau gweithgaredd mor enfawr â hwn; peth arall yn hollol yw ysbrydoli'i gydweithwyr a'r gymuned gyfan i roi sylwedd iddo. Mwy anodd byth, ar ôl selfydlu'r ŵyl arbennig hon, yw'r gorchwyl o'i rhedeg flwyddyn ar ôl blwyddyn â chydbwysedd, gan ddewis y darnau prawf ar gyfer yr holl gystadlaethau, a gwthio safonau'r perfformiadau eto'n uwch; gorchwyl a wneir yn fwy anodd gan y costau cynyddol ar bob llaw, y cyfyngu ar y cyfryngau teithio cyhoeddus, a chyllideb sy'n mynd yn anos i'w chadw mewn trefn bob blwyddyn. Mae'i ddisgrifiad o ddechreuad yr Eisteddfod wedi'i roi eisoes ym Mhennod 2.

Ers rhagor na deugain mlynedd mae William Sydney Gwynn Williams wedi bod yn brysur ynglŷn â chynifer o weithgareddau amrywiol sy'n ymwneud yn uniongyrchol neu'n anuniongyrchol â cherddoriaeth, yng Nghymru ac yn gydwladol, nes ei bod yn amhosibl i ymdrin â nhw i gyd mewn un bennod. Mae'i fywyd wedi dod ag ef i gyswllt â phersonoliaethau amlwg a niferus yn ystod tair cenhedlaeth; mae'i atgofion yn gyfareddol a'u hamrywiaeth annisgwyl yn peri syndod o hyd ac o hyd. Mae'r galwadau ar ei amser a'i nerth yn ddiddiwedd ac yn llethol; serch hynny ein gobaith yw na wnaiff esgeuluso sgrifennu'i hunangofiant, ar waetha'r holl bwyllgora, gweinyddu, ymchwil, golygu, cyhoeddi, teithio a gohebu (gan gynnwys ei 4,000 o lythyron ynglŷn â'r Eisteddfod y flwyddyn). Byddai hwnnw'n siŵr o'n denu, ein hyfforddi a'n diddanu, ac fe gynhwysai lawer o ddoethineb cerddorol a dynol, yn sicr i chi.

Does dim amheuaeth na chydweithiodd cynhysgaeth ac amgylchedd y gŵr i'w greu mor amryddawn ac eto'n gymaint o arbenigwr; mor artistig ac eto mor effeithlon mewn busnes. Roedd ei dad, W. Pencerdd

9　*Top:* Turkish Folk Dance group

10　*Bottom:* Hamrahlidar Choir from Reykjavik, Iceland

11　Vocal Folk group, Sardinia

Williams, yn byw gynt ar y bryniau yn rhan uchaf dyffryn afon Ddyfrdwy. Symudodd wedyn i lawr i Langollen a chodi tŷ yno a'i alw'n *Blas Hafod*. Hwn fu'i gartref wedyn am flynyddoedd hyd ddiwedd ei oes. Yno y ganed ei unig fab ar Ebrill 4, 1896. Yno hefyd y bu farw'i wraig, a William Sydney yn dal yn faban. Nid ymserchodd ei dad athrist yn neb arall, ond gyda'r penderfyniad styfnig hwnnw nad yw'n anghyffredin ymhlith y Cymry, fe ymroes â'i holl egni i fywyd cyhoeddus y fro. Am hanner can mlynedd fe fu'n aelod o Gyngor Tref Llangollen a dod yn gadeirydd droeon, a bu'n gadeirydd hefyd i Glwb Rhyddfrydwyr Llangollen. Ar ben hynny, yn rhinwedd ei swydd fel un o Reolwyr Ysgol Sir Llangollen, a Chadeirydd Bwrdd Gwarchodwyr Corwen, cafodd ddylanwad llesol ar addysg ac ar y celfyddydau, yn cynnwys cerddoriaeth, – gan ei fod yn arweinydd i'r Gymdeithas Gorawl leol ac yn Gadeirydd i Bwyllgor Eisteddfod Sir Ddinbych.

Pa ryfedd fod personoliaeth amryddawn a phrysur ei dad wedi cael dylanwad helaeth ar ddatblygiad cynnar William Sidney yn ystod ei blentyndod ym Mhlas Hafod a than ofal tyner ei nain, mam ei fam? Pan arweiniodd W. S. Gwynn Williams – mi fydd bob amser yn cynnwys enw teulu'i fam (un o Wynniaid y Drenewydd oedd hi, a Morganiaid Llangollen) yn ei enw – gôr o flaen y Frenhines Elizabeth II ar achlysur ei hymweliad â Chymru, fe alwodd i gof â balchder fod ei dad wedi arwain Cymdeithas Gorawl Llangollen o flaen y Frenhines Victoria.

Plentyn gwanllyd oedd Gwynn Williams. Ar ôl gadael ysgol breifat fe aeth i ysgol ramadeg y tu draw i afon Ddyfrdwy, lle y dysgodd ganu'r piano a'r fiolin. Mae'n dweud sut y byddai'n arfer gadael cyfansoddiadau'i blentyndod ar y piano i'w dad gael eu gweld a'u cywiro ar ôl i'w fab fynd i'r gwely, ac yntau'n cyrracd adre'n hwyr o gyngerdd neu rihyrsal. Adlewyrchwyd brwdfrydedd y tad am y tonic sol-ffa yn y mab, a enillodd gymhwyster yn 17 oed o Goleg Tonic Sol-ffa Llundain. Mae erbyn hyn yn Gymrawd er anrhydedd ac yn Is-gadeirydd i Gyngor y Coleg a'r Pwyllgor Gwaith – enghraifft arall o'i weithgareddau amryfal.

Mae'n aml yn digwydd y bydd tad, sy'n amau'r sicrwydd a roddir gan yrfa gerddorol, yn annog ei fab ei ymgymryd â galwedigaeth fwy diogel, gan obeithio y bydd cerddoriaeth yn parhau i fod yn ddifyrrwch pleserus iddo. Ond cyn amled â pheidio, fe fydd cerddoriaeth yn mynnu mynd â bryd y bachgen yn gyfangwbl. Felly y bu hi yn achos Gwynn Williams. Ar waetha'i ddoniau cerddorol amlwg, fe aeth yn gyntaf i gael hyfforddiant meddygol. Ond oblegid cyflwr gwanllyd ei iechyd fe gafodd ei gyfeirio at alwedigaeth fwy eisteddol, a'i erthyglu i W. R. Evans, Clerc Cyngor Sir Ddinbych, gyda'r bwriad o fynd yn gyfreithiwr.

Yn ôl Maxwell Fraser, mae hyn yn esbonio llawer o nodweddion ei yrfa a allai achosi penbleth. Ar waetha'i gariad at gerddoriaeth, ni ddatblygodd erioed yn ôl y patrwm o fod yn gerddor breuddwydiol. Er mor helaeth yw ei ddawn i weithio mae ganddo'r un ddawn ddi-ben-draw i ymboeni â manylion lleiaf ei drefniadau ac i roi sylw ar unwaith i'r mater ger ei fron, dawn a fu o werth anhraethol i'r cymdeithasau hynny a fu'n ddigon ffodus i sicrhau'i wasanaeth. Mae'i allu i synhwyro'r ffeithiauin gyflym a'ucrynhoi'n finiog a'i allu i ddod â phethau i ben yn deillio i raddau helaeth o'r hyfforddiant cynnar a roddwyd i'w feddwl llachar. Nodwedd arall o'i ynni diddiwedd yw ei barodrwydd i dorchi llewys a bwrw ati – hynodrwydd personol sydd bob amser yn deffro chwilfrydedd ei gyfeillion o'r cyfandir ac yn peri iddyn nhw feddwl fod hon o bosib yn nodwedd gyffredinol yng Nghymru!

Ond ni allai nerth y gyfraith na dim arall gadw Gwynn oddi wrth gerddoriaeth. Yn 1923, ac yntau'n 26 oed, daeth yn aelod o'r Orsedd gyda'r enw barddol 'Gwynn o'r Llan', a chael ei benodi'n syth i fod yn Drefnydd Cerdd iddi. Ei eiddo ef yw'r trefniant o Weddi'r Orsedd. O hynny ymlaen cynyddu a wnaeth ei weithgarwch cerddorol. Am dair blynedd bu'n cyfarwyddo cyfres o raglenni Cymraeg ar gyfer Radio Iwerddon Rydd, gan deithio'n ôl ac ymlaen i Ddulyn bob ail wythnos. Beirniadodd yn yr Eisteddfod Genedlaethol am y tro cyntaf yn 1927, yng Nghaergybi: ar y pryd ef oedd y beirniad ifancaf i gael y cyfrifoldeb hwnnw erioed. Am nifer o flynyddoedd fe fu'n gyfrifol am adran gyhoeddi'r hen gwmni hwnnw, Hughes a'i Fab, ac ar sail ei brofiad ynglŷn â hawlfreintiau a cherddoriaeth, ei hyfforddiant cyfreithiol a'i fedr ym myd busnes, fe sefydlodd *Gwmni Cyhoeddi Cerddoriaeth Gwynn* yn 1942. O ganlyniad, cafodd gyfle i gyfrannu'i wybodaeth helaeth o gerddoriaeth a llenyddiaeth Gymraeg, gan gynnwys cynnyrch blynyddoedd lawer o ymchwil, i'r byd allanol am y tro cyntaf. Rhoes ei Wasg gefnogaeth i lawer o gyfansoddwyr Cymreig iau nag ef na fydden wedi cael cyfle i weld eu gwaith mewn print oni bai amdano ef. Erbyn hyn mae'i gatalog yn cynnwys 2,000 o deitlau, yn cynnwys gweithiau gwreiddiol, y clasuron safonol o Palestrina, de Lassus a Tallis a'r tri 'B', Purcell a Mendelssohn hyd at Bruckner. Mae'r cyfan yn dwyn geiriau Cymraeg yn ogystal â'r gwreiddiol a'r geiriau Saesneg, a thonic sol-ffa yn ogystal â hen nodiant.

Mae rhai cerddorion yn anfodlon ar hyn, wedi anghofio mai i'r tonic sol-ffa dirmygedig y mae'r diolch fod miloedd o gantorion mewn corau a grwpiau canu (ac unawdwyr hefyd) wedi dod yn gyfarwydd â cherddoriaeth a fyddai y tu hwnt i'w cyrraedd oni bai amdano.

Mae Gwynn Williams wedi cael amser i fod yn Gadeirydd i Bwyllgor Cerdd yr Eisteddfod Genedlaethol er 1953, ac mae'n amheus a ellid fod wedi darparu amrywiaeth mor helaeth o weithiau corawl o gynifer o wledydd ar ei chyfer heb y cymorth a geid gan ei gyhoeddiadau. Ond yn ogystal â'r holl weithgareddau a grybwyllwyd eisoes mae ef wedi rhoi gwasanaeth parhaol a gwerthfawr i Gymdeithas Alawon Gwerin Cymru ers deugain mlynedd, bu'n Drysorydd i'r Cyngor Alawon Gwerin Cydwladol oddi ar 1947, a hefyd yn Gadeirydd i Gymdeithas Ddawnsio Gwerin Cymru oddi ar ei dechreuad yn 1948. Cafodd gyfle yn y swydd olaf hon i gyhoeddi'r cyfan bron o'r Dawnsiau Gwerin Cymreig sydd ar gael, gyda chyfarwyddiadau manwl ynglŷn â sut i'w perfformio. Mae'i lyfr Welsh National Music and Dance (a drafodir mewn man arall yn y llyfr hwn) yn debyg i barhau'n waith safonol ac awdurdodol ar y maes, ac yn ddiweddar mae wedi derbyn cais i baratoi cyfrol arall eto. Y peth rhyfedd ynglŷn â hyn yw y bydd yn siŵr o ddod o hyd i'r amser i'w sgrifennu, ar waetha'i brotestiadau: a phan gyhoeddir y gyfrol yn y pen draw, fe fydd y cyfeiriadau manwl a thrylwyredd ffeithiau'n brawf i bawb heblaw ei gyfeillion agos na fu ganddo ddim arall i'w wneud ers blwyddyn o leiaf!

Ynglŷn â'r Eisteddfod Gydlwadol, dyw pobl ddim yn sylweddoli, o bosib, y byddai'n amhosibl dod â chynifer o gorau ynghyd o gynifer o wledydd i gystadlu ar yr un darnau prawf sylweddol heb wasanaeth cydwladol a cherddorol ei gwmni cyhoeddi. Bydd y cwmni hwn yn darparu cyflenwad o ddarnau prawf o weithiau contrapwntal yr Unfed Ganrif ar Bymtheg hyd at gyfansoddwyr heddiw, a'r cyfan yn yr ieithoedd gwreiddiol – Eidaleg neu Ladin, dyweder, ynghyd â throsiadau i'r Saesneg a'r Gymraeg, a'r cyfan wedi'i osod yn fwyaf gofalus i ruthmau a churiadau'r testunau gwreiddiol. Gwynn Williams ei hunan sy'n cyfieithu ac yn gosod llawer o'r darnau, oblegid, fel cynifer o'i gydwladwyr, mae yntau'n ysgolhaig ac yn fardd yn ogystal â bod yn gerddor ac yn gyfansoddwr. Mae llawer o drefniadau swynol o alawon gwerin a gyflwynwyd yn Llangollen gan gorau o'r Unol Daleithiau, Hwngari, Iwgoslafia, Tshecoslofacia, Sbaen, a dwsin arall o wledydd, wedi'u cynnwys yng nghasgliad digymar Gwynn Williams. Mae hyn wedi rhwyddhau cyfnewid gweithiau rhwng y cenhedloedd, ac ar ben hynny mae'r sawl sy'n awyddus i feithrin y Gymraeg (ac mae yntau'n un ohonyn nhw) mewn cyd-destun newydd a chyfoes yn cael cyfle i wneud hynny.

Mae tuedd weithiau i awgrymu fod hyn yn dod ag elw mawr iddo, a'i fod fel Cyfarwyddwr Cerdd yr Ŵyl yn llenwi'i boced ei hun. Ni allai dim fod yn bellach oddi wrth y gwir. Mae'n anodd dros ben i'r cwmnïau cyhoeddi cerddoriaeth cyfoethocaf wneud elw o gwbl heddiw yn wyneb y costau cynyddol o brynu papur ac o argraffu. Maen nhw bron i gyd yn gorfod gwerthu pob math o bethau sy'n ymwneud â cherddoriaeth, o'r piano a'r hyfforddwr sol-ffa o barchus goffadwriaeth i'r clychau taro diweddaraf a argymhellir gan Carl Orff; recordiau o bob math a maint ac offer clyweled, a hefyd yr holl beirianwaith sy'n hanfodol i lwyddiant y 10,000 o grwpiau pop ym Mhrydain. Mae'n cynnwys gitarau trydan, offer taro, cyrn-siarad a pheiriannau chwyddo, offer anarferol o darddiad Dwyreiniol, ac yn y blaen. Bydd cwmnïau eraill yn cynhyrchu pianos, offerynnau ar gyfer bandiau pres a bandiau militaraidd (a bandiau ysgol hefyd heddiw) yn ogystal â phob math o offerynnau llinynnol a chwyth. Ni wneir dim o hyn gan Gwmni Cyhoeddi Gwynn. Eto i gyd, mae'i ddarpariaeth flynyddol o gerddoriaeth gorawl ac amlieithog yn gwbl angenrheidiol i'r dasg o gasglu ynghyd grwpiau o fri o bedwar ban byd a'u bwriad i ganu'r un campweithiau cerddorol gerllaw'r blodau amryliw a'r llif-oleuadau a'r beirniaid yn yr 'eglwys gadeiriol o gynfas' ys dywedodd Dylan Thomas.

Sut ddyn yw'r Gwynn Williams hwn? Mae'n fyr, er nad yw'n fychan, ac yn ŵr cydnerth. Er fod golwg ddifrifol ar ei wyneb weithiau, mae'n barod iawn i roi gwên. Gall ddarbwyllo a dadlau hyd at ffraeo, os bydd angen, ond yn bennaf oll mae'n amyneddgar a phenderfynol, fel y bu rhaid iddo fod er mwyn creu'r Eisteddfod a'i chadw i fynd. Os yw ei wên yn fynych yn ddireidus, nid yw byth yn angharedig. Mae chwerthin yn ei lygaid y tu ôl i'w sbectol, sy'n brawf fod ganddo 'drwyn at y digri' a bu hynny o gymorth mawr yn fynych iddo wrth ymgodymu'n ddiplomat-aidd â phroblem anodd mewn pwyllgor, ar y Maes, neu yn nhyndra trydanol yr awyrgylch y tu cefn i'r llwyfan yn y babell fawr. Fel mewn tŷ opera, bydd cynulliad amlieithog a theimladwy o'r maint hwn yn galw weithiau am ddiplomatiaeth gadarn. Ond fe fydd y pen draw bob amser yn ddidramgwydd a chyfeillgar, a phawb yn derbyn gair y 'Pennaeth', wrth gwrs. Ac mae'i dalcen llydan yn awgrym o'r gallu meddyliol sydd wedi ennill parch amryw gynghorau a phwyllgorau.

Fe gyfeiriwyd eisoes at yr enw sy gan y Cymry am feddwl yn blwyfol, tuedd a gryfhawyd gan hanes. Mae gan hynny'n fwy rhyfeddol fod Cymro a aned ac a fagwyd mewn cymuned fechan, sy wedi'i hynysu'n ddaearyddol, wedi goresgyn unrhyw dueddiadau o'r fath yn ei gynhys-gaeth ac wedi creu y fwyaf meddwl-agored o'r holl Ŵyliau, a gŵyl sy'n uchel ei pharch ymhlith y cenhedloedd. Mae Mr Williams yn wylaidd

iawn ar y mater: ef yw'r cyntaf i roi'r clod i'w gymdogion a'i gydweith-
wyr, ac i dadogi llwyddiant yr Ŵyl arnyn nhw ac ar y gymuned sy mor
gadarn o blaid y fenter. Nid yw'n chwannog am wrogaeth ac anodd
ganddo yw deall teimladau o eiddigedd a ganfyddir weithiau ymhlith ei
gyd-wladwyr a fydd yn llafurio mor galed ac yn cael llwyddiant haed-
diannol cydag eisteddfodau eraill yng Nghymru. Fe ddywedodd rhywun
enwog ymhell yn ôl mai Llangollen oedd yr em ddisgleiriaf yng nghoron
Cymru. Ceir tystiolaeth fod hynny'n arbennig o wir yng nghyfnod
George Borrow yng ngweithiau Ruskin, Browning, Hazlitt a llawer eraill.
Mae hyn yr un mor wir parthed Eisteddfod Gydwladol Llangollen, – hi
yw'r ddisgleiriaf o'r holl wyliau cerdd cydwladol sydd yn atseinio ar hyn
o bryd o gwmpas y Ddaear gyfan.

Mae cydnabyddiaeth wedi dod iddo gartref yn ogystal â thramor. Yn
1953 derbyniodd Gwynn Williams yr OBE oddi wrth y Frenhines yn y
Rhestr Goroni o'r rhai a roes Wasanaeth i Gymru. O Weinyddiaeth
Addysg Sbaen fe ddaeth medal 'i gydnabod eich cyfraniad i dyfiant addysg
gerddorol yn Ewrop.' Ers amryw flynyddoedd bellach mae wedi bod yn
westai anrhydeddus yn yr Ŵyl Gydwladol ym man geni'r Eidalwr,
Guido d' Arezzo, y gŵr a ddyfeisiodd nid yn unig nodiant y tonic sol-ffa
sy'n dal mor bwysig ymhlith cantorion brwd llai soffistig ond hefyd yr hen
nodiant, a hynny naw can mlynedd yn ôl. Mae'r ddau rhyngddyn nhw
wedi'i gwneud yn bosibl i ddynion ddiogelu'u syniadau cerddorol a'u
cyfnewid. Mae'r Eidal ei hun wedi codi Gwynn Williams yn *Cavaliere al
Merito della Repubblica Italiana* oblegid ei waith ymroddgar dros gerd-
doriaeth gydwladol.

Does dim sôn wedi bod hyd yn hyn am y foneddiges, ei wraig. Ni
allai unrhyw ddyn obeithio cyflawni hanner y pethau y llwyddodd Gwynn
Williams eu gwneud heb ddiddordeb parhaus a chymorth gwraig ymrodd-
gar. Un o Abergele yw Beti Gwynn Williams, ac mae'n gantores, fel
pob gwir Gymraes, a chanddi ddawn broffesiynol. Bu'i llais contralto
prydferth yn adnabyddus ar hyd a lled Cymru a thros y ffin hefyd. Fe
wnaeth gyfraniad gwerthfawr ar lwyfan yr Eisteddfod Gydwladol gyntaf,
a dweud y gwir, a hynny ar ôl gweithio'n ddygn gyda'r paratoadau trwy
gydol y flwyddyn flaenorol. Erbyn hyn mae hi wedi ymddeol fel cantores
broffesiynol, ond fe allwn ddychmygu faint o bleser a gaiff hi a'i gŵr
wrth roi cynnig ar ganeuon ac arias newydd cyn iddo'u hanfon i'w
hargraffu. Mae hi bob amser yn gefn i'w gŵr, un ai fel sgrifennydd rhan-
amser, digyflog, neu wrth gydweithio gyda llu o gyfeillesau ynglŷn â
lety, cyhoeddusrwydd, trefnu blodau, offer llwyfan, a chant a mil o
fanylion eraill, yn helpu ac yn cefnogi, – ac yn ogystal yn cadw'i thŷ â
balchder. Cyfaddefodd Gwynn i'r sgrifennwr unwaith na fu angen iddo

ferwi wy iddo'i hunan erioed yn ystod ei fywyd. A barnu wrth ei gyfansod-
diad cydnerth a'i iechyd da mi fydd yn cael llawer mwy o gynhaliaeth
ganddi na hynny. Mae Gwynn Williams, fel pob gŵr arall sy'n hynod o
brysur, yn ffodus iawn i gael Beti'n wraig iddo.

Pâr nodedig, a dweud y gwir!

# PENNOD CHWECH

## *Sôn am ddawnsio!*

I LAWER O YMWELWYR y digwyddiadau mwyaf cyffrous yn Llangollen yw'r cystadlaethau dawnsio a'r arddangosfeydd a gynhelir gan y grwpiau Dawnsio Gwerin fydd yn dod o rwng 25 a 30 o wahanol wledydd bob blwyddyn. Heblaw'r 'gystadleuaeth fawr' ar y diwrnod agoriadol (y Dydd Mercher) yn y babell fawr, a phob grwp yn perfformio'i ddawnsiau arbennig i gyfeiliant ei offerynnau cerdd arbennig, a'r gerddorfa fach weithiau'n chwanegu cân rythmig i'r ddawns, fe fydd llawer o'r grwpiau allan ar y Maes agored, yn rihyrsio'u hoff ddawnsiau yng nghanol torf o wylwyr sydd wrth eu bodd. Bydd gwisgoedd lliwgar a phenwisgoedd cymhleth yn disgleirio yn yr heulwen ac yn rhoi cynhesrwydd i'r olygfa hyd yn oed pan fydd yn gymylog. Curo'r drwm, wylofain y ffidil, sgrech y pibau, gwichian y ffeiffau – mae rhywbeth i'w weld a'i glywed bob amser. Ar ôl y perfformiadau ar y pryd, ac heb air o siarad yn fynych, bydd pobl trwy gyfrwng gwên ac ystum yn cyfnewid enwau ar raglenni ac yn arwyddo llyfrau a estynnir iddyn nhw gan y gwylwyr brwdfrydig. Y camera wedyn a phawb yn chwerthin yn dda eu hwyl ac yn llawn hapusrwydd agored.

Yng nghornel ogledd-ddwyreiniol y Maes fe gedwir darn helaeth o'r tir ar gyfer y BBC, lle y cedwir y craeniau a'r offer eraill a lle y bydd y Gorfforaeth yn cynnal arddangosfeydd o ffotograffau o enwogion y teledu, golygfeydd allan o ddramâu teledu, cyhoeddwyr a llawer wyneb hoff a welir ar raglenni plant. Yno hefyd fe fydd stiwdio ar gyfer rhaglenni radio a theledu. Yn yr oes gymhleth hon gellir trosglwyddo popeth oddi yno – hyd yn oed teledu lliw – i 'sianel' donfedd-uchel iawn a'i recordio ar dâp magnetig ym mha ganolfan bynnag a fo'n gyfleus ar y pryd gyda'r peiriannau a'r staff sy'n angenrheidiol. Bydd gwŷr camerâu Teledu Harlech hefyd yn crwydro o gwmpas (a recordwyr sain gyda nhw) yn ffilmio pobl, cyfweliadau a pherfformiadau 'ar y pryd' gan ryw gôr buddugol neu grwp sy'n darawiadol i'r llygad. Bydd y digwyddiadau hyn yn fodd i greu diddanwch chwanegol i'r ymwelwr crwydrol: fel triciau consurwr, ac yn fwy cynhyrfus am eu bod yn annisgwyl. O dro i dro fe glywir chwarae brwd ar y tabyrddau yn y babell fawr yn ystod cystadleuaeth, a bydd beirniaid yn stopio'r perfformiad ar y llwyfan drwy ganu cloch trydan; yna bydd y Cyflwynydd yn yngan gair llym o gerydd dros y cyrn radio o gwmpas y Maes. Tewir y tabyrddau ac ailymaflir yn y gystadleuaeth.

Bydd dawnsiau gwerin weithiau'n gyflym, weithiau'n araf, chwyrlïo neu walsio, llamu'n athletaidd neu rodio'n urddasol, taro troed neu symud yn llyfn, a chyda curo dwylo a chanu. Dyna'r argraff a gaiff y sawl nad yw wedi cael yr awydd erioed i gymryd rhan na'r cyfle, o bosib, i feddwl amdano. Ond mae dawnsio gwerin yn waith sy'n hudo dyn ac yn galw am arbenigwyr i'w astudio fel y panel uchel eu cymwysterau fydd yn dod i'r Babell yn Llangollen bob blwyddyn i feirniadu'r dawnsio a'r canu.

Un o'r beirniaid hyn yw Lucile Armstrong, o Ffrainc yn wreiddiol ond yn byw erbyn hyn yn Llundain. Mae hi wedi bod yn astudio'r diwylliant gwerin ar hyd ei bywyd, nid llenyddiaeth yn unig ond hefyd olion arferion, moesau, caneuon, cerddoriaeth a dawnsiau mewn llawer gwlad dros y byd. Yn yr erthygl ddilynol, a sgrifennwyd ar gyfer y llyfr hwn, mae hi'n es bonio pam y bydd y cystadlaethau yn Llangollen mewn cerddoriaeth a dawnsiau gwerin yn wahanol i'r gwyliau eraill lle hybir addasiadau modern ac addurniadau theatraidd ar yr hen ddawnsiau er mwyn gwella'r 'diddanwch' ar gyfer y gwylwyr soffistig. Mewn geiriau eraill fe'u darostyngir i alwadau masnach nes colli pob tebygrwydd o'r bron i'r gwreiddiol o ran y perfformio ac o ran ysbryd – ac yn sicr, o ran eu deall, hyd yn oed gan lawer o'r dawnswyr eu hunain. Mae geiriau cwrtais Lucile Armstrong yn cuddio'r teimladau dwfn a gorddir yn ei mynwes pan gynigir y dawnsiau ffug-werinol hyn ar y llwyfan blodeuog, fel sy'n dal i ddigwydd ambell dro. Ond mae'r neges wedi'i thaenu i bob cyfeiriad, ac mae safon a gwir ddilysrwydd y dawnsiau wedi codi'n gyson, fel y dangosir gan y marciau uchel iawn a enillodd y grwpiau gorau yn ystod y blynyddoedd diweddar:

Mae cystadleuaeth y dawnsio gwerin yn Eisteddfod Gydwladol Llangollen yn sefyll ar ei phen ei hun ym myd cystadlaethau o'r fath. Mewn rhai mae'r pwyslais ar y cyflwyniad a'r argraff gyffredinol a wneir gan y grwp ar y gwylwyr. Mewn rhai eraill mae'r pwyslais ar newydd-deb y ddawns. Effaith yr ystyriaethau hyn yw bod grwpiau'n dynwared camau a phatrymau o wledydd eraill neu o daleithiau eraill ac yn anwybyddu dilysrwydd y cyflwyniad. Dim ond i'r ddawns edrych yn 'ddymunol' neu'n anarferol, bydd ganddi siawns dda o ennill gwobr.

Mae benthyca anystyriol fel hyn yn torri calonnau'r rhai sy'n astudio diwylliant gwerin o ddifrif am eu bod yn gweld y dryswch sy'n deillio o gymysgu gwahanol draddodiadau y rhanbarthau gwahanol nes ei bod yn amhosibl i ddod o hyd i'r gwreiddiol. Dyw hyn ddim o bwys i bawb. Ond mae'n bwysig *iawn* o safbwynt deall pam y mae traddodiadau wedi disgyn inni o'r gorffennol, a beth sy wedi eu newid neu wedi cael dylanwad arnyn nhw, yn enwedig os ein bwriad yw astudio effeithiau ecoleg ar y ddynoliaeth. Sut y gallwn ni rag-weld tueddiadau'r dyfodol os na allwn weld yn glir yr achosion a'r effeithiau a fu yn y gorffennol? Sut y gallwn ni osgoi gwneud camgymeriadau os na fedrwn olrhain elfennau gau yn ôl i'w tarddiad? Heblaw hynny, os bydd pawb yn copïo'i gilydd fe fydd diwedd ar wreiddioldeb yn fuan, a dyna le diflas fydd y ddaear wedyn!

Yn ystod blynyddoedd ei bodolaeth mae Eisteddfod Gydwladol Llangollen wedi dod yn enwog nid yn unig fel man cystadlu ar gyfer grwpiau cydwladol o ddawnswyr, offerynwyr a chantorion ond hefyd fel cadarnle dilysrwydd perfformiadau o ddawnsiau gwerin, alawon gwerin a cherddoriaeth werin.

Mae'r ffurflen gais yn gofyn am ddwy ddawns, dwy gân neu ddwy alaw wrthgyferbyniol sy'n nodweddiadol o'r wlad. Mae hyn yn holl-bwysig – traddodiad dilys y wlad a ddisgwylir. Prin yw gwybodaeth pobl am eu traddodiadau cenedlaethol a thaleithiol: *pa bryd* y perfformid y dawnsiau, y caneuon a'r alawon, a *pham* a hyd yn oed *sut* y byddid yn eu perfformio. Bydd rhai'n meddwl fod chwarae hen alaw ar unrhyw offeryn neu ddawnsio hen ddawns – dim gwahaniaeth o ba wlad neu dalaith y daw hi – yn ddigon i'w gwneud yn alaw neu ddawns 'werin'. Ond y gwrthwyneb sy'n wir. Bydd alaw werin iawn, a chwaraeid yn wreiddiol ar offeryn neilltuol gan gerddor dienw oedd wedi'i drwytho yn nhraddodiadau'i fro, yn swnio'n ofnadwy pan gaiff ei chwarae ar offeryn arall gan un nad yw'n gyfarwydd â nodweddion y fro honno. Byddai'r perfformwyr gwreiddiol yn canu'u halawon neu'n dawnsio'r camau a'r patrymau at ryw ddiben arbennig – un crefyddol gan amlaf, ond hefyd ar gyfer defodau seciwlar a chymdeithasol fel hau hadau neu'r cynhaeaf, neu fynd i hela. Gall dawns golli'i hystyr ai'i harwyddocâd, ei chymeriad a'i blas, os perfformir hi gan bobl sy heb fod yn gyfarwydd ag arferion y gymuned lle y cafodd ei chreu.

Nid 'dyfais' un gŵr mo'r ddawns werin. Fe gâi'i chreu gan grwpiau o bobl o'r un ffydd, a'i diben fyddai rhoi mynegiant i ddylanwad y ffydd honno. Pan ddisodlid hen ffydd gan un newydd, fe gedwid y camau a'r patrymau pwysicaf yn fyw, ynghyd â'u halawon, am eu bod wedi gafael yn ddwfn yn y perfformwyr a'r gwylwyr yn ogystal, ond fe geid un gwahaniaeth – mai cymdeithasol fyddai'r swyddogaeth bellach, a'r hen ddiben ac ystyr wedi mynd ar ddifancoll. Gydag astudiaeth fanwl, fe ellir ail-greu'r dechreuadau gwreiddiol – os yw'r hen gamau a phatrymau, a'u halawon arbennig, yn dal yn ddigyfnewid a heb eu llygru.

Astudiaeth arbennig o gyfareddol i garedigion diwylliant gwerin yw sylwi'n fanwl ar yr amrywiaeth diddiwedd a geir yn yr un meddyliau a ffydd sylfaenol trwy gyfrwng cerddoriaeth a dawns, fel y dehonglwyd nhw gan ddynion ar wahanol adegau ac mewn lleoedd gwahanol. Efallai fod y ffydd wreiddiol wedi diflannu, wedi'i disodli gan un arall, ond fe welir yr un angen i gredu yn y ffydd newydd. Mae'n hynod o bwysig y bydd ein hwyrion a chenedlaethau'r dyfodol yn gallu olrhain traddodiadau'r gorffennol trwy gyfrwng perfformiadau dilys o'u dawnsiau a'u halawon gwerin.

Pan beidir â pherfformio dawns yn union yn ôl y dull traddodiadol peth cwbl ddi-werth yw ymdrechu i'w hail-ddeffro. Ni all cyfarwyddiadau sgrifenedig fyth ail-greu'r arddull cysefin. Mae llawer wedi ceisio recordio dawnsiau trwy gyfrwng dulliau gwahanol ond does neb erioed wedi llwyddo.

Yn y cyfamser, mae'n bwysig dros ben i allu gweld dawnsiau gwerin dilys yn cael eu perfformio'n gywir yn y dull traddodiadol gan ddawnswyr o'r gwledydd a greodd y dawnsiau hynny. A dyna'n union beth *sy'n* digwydd yn Eisteddfod Gydwladol Gerddorol Llangollen. Beirniadir y dawnsiau yn y lle cyntaf o ran eu dilysrwydd a'u harddull; yna rhoddir ystyriaeth i'r dechneg, gan ymwrthod yn bendant ag 'addurniadau'. Gwaith anodd, mae'n wir, ond mae'n werth ei wneud!

# PENNOD SAITH

# 'O flaen eu Gwell'

MAE HI BRON yn naw o'r gloch ar fore braf yng Ngorffennaf. Mae'r haul eisoes wedi twymo, er fod cymlyau gwlanog yn y pellter yn argoeli cysgodion oerfelog cyn bo hir. Eisoes mae prysurdeb mawr ar y Maes. Mae grwpiau o ymwelwyr cynnar yn crwydro o amgylch yn chwilfrydig wrth weld yr amryfal baratoadau ar gyfer rhaglen diwrnod arall. Mae dynion yn ergydio pegiau'r babell fawr i wneud yn siŵr eu bod yn dal yn dynn ar ôl gwynt cryf y noson flaenorol. Mae llu o blant wrth y clwydi yn gwerthu'r rhaglen swyddogol a'r atodiadau lliw a gyhoeddir yn feunyddiol gan y papurau lleol. Heibio i'r swyddfa docynnau i gyfeiriad Pabell Groeso'r Tramorwyr mae grwp dawnsio o Ffrainc yn dod, yn ysblennydd yn eu gwisgoedd a'u les traddodiadol, eu penwisgoedd a'u hetiau tal. Mae côr eisoes yn ymwthio i mewn i gefn y babell fawr rhag ofn bod yn hwyr ar gyfer prawf sydd er ei lymdra eto i gyd fel petai'n rhoi ias arbennig i'r cystadleuwyr.

Ym mhen pellaf y Maes mae lorri'n diflannu'n llawn o sbwriel ddoe, yn bapurau newydd, cwpanau papur a thwbâu hufen ia. Mae'n amhosibl i'r biniau a ddodwyd gan yr awdurdodau o gwmpas y Maes ddal y cyfan, er fod un o'r biniau cymaint â lloc defaid. Yn nes yma, mae'r pebyll bwyd yn llawn o brysurdeb yn paratoi i ddiwallu anghenion y torfeydd fydd yn chwilio am ymborth gyda hyn, o gwpanaid o goffi i bryd cyfan o gig maharen Gymreig. Mae gwŷr y banciau crwydrol wrthi'n dyfrhau'r blodau sy'n cuddio'r olwynion; mae technegwyr y B.B.C. yn trafod camerâu, yn bwrw golwg dros y gwifrau a'r meiciau, a'r gwŷr camera'n hwylio'n uchel i'r awyr ar eu craeniau melyn, coeshir, sy'n herio'r cymylau agos. Daeth swyddfa'r post yma yn barod i werthu stampiau ac i dderbyn cardiau, llythyrau a thelegramau i Wellington, Swydd Amwythig, neu Wellington, Seland Newydd, Caernarfon neu Cape Town. Clywir cyfarchiad yr organ dros y cyrn siarad o'r babell ganolog, ac os bydd y gwynt o'r gorllewin gellir ei glywed ymhell cyn i'r ymwelwyr gyrraedd y Maes ar ôl gadael y briffordd o'r dref.

Yn y Babell ei hun, mae llawer o drigolion lleol yn brysur, a phob un â'i waith arbennig i'w gyflawni. Mae'r boneddigesau'n twtio'n derfynol y môr o liwiau sy'n addurno'r llwyfan ac yn dyfrhau'r blodau fyrdd i'w cadw'n ir. Yng nghefn y llwyfan mae swyddogion yn rhoi trefn ar gwt hir y Residentie Vrouenkoor, newydd gyrraedd neithiwr o'r Hâg, sydd i fod yn gyntaf ar y llwyfan yng nghystadleuaeth agoriadol y Corau Merched. Yn nesaf atyn nhw mae dau ddwsin o ferched o Blackpool yn eistedd yn dawel a dwys – nhw fydd ymlaen nesaf. Mae'r trydanwyr yn troi'r llifoleuadau ymlaen a'r technegwyr yn rhoi pwt bach o arwydd i'r fan reoli yng ngwersyllfa'r B.B.C. i ddangos fod y camerâu a'r cylchdeithiau'n gweithio'n iawn. Ac mae'r organydd yn dal i daenu'i gân foreol o ganol nythiad o flodau delffiniwm, rhosynnod y mynydd, 'Sweet William' a blodau perarogledig eraill. Y fan yma mae dau gyfieithydd yn sefyll (pobl leol bob un) rhag ofn y bydd eu hangen. Mae Arweinydd y Llwyfan, a'i raglen yn ei law, yn rhoi cipolwg pryderus o'i gwmpas; ei ddyletswydd ef fydd croesawu pob côr yn ei dro a'i gyflwyno i'r gynulleidfa sy'n cynyddu'n gyflym, (gan yngan yn gywir yr holl enwau estronol anodd) gweld fod y beirniaid wedi cyrraedd eu seddi, a rhoi cychwyn i eisteddiad y bore.

Ond cyn i hynny ddigwydd fe fydd y Cyfarwyddwr Cerdd yn dringo'r esgynfa bren o gefn y llwyfan yng nghwmni cyfaill o weinidog, ar ôl gwgu ar ei watsh (gan ei bod eisoes yn bum munud wedi naw) a chael arwydd gan Arweinydd y Llwyfan, ac yn codi'r gynulleidfa ddisgwylgar ar ei thraed ag un symudiad bach â'i law. Ar ôl gweddi fer a chanu emyn mae'n bryd i'r Arweinydd Llwyfan fwrw ati. Mae'r côr Is-Almeinig yn dod ymlaen; ymlaen â'r arweinydd at y piano a tharo cord hirhoedlog cyn cymryd ei le ar y rostrwm. Mae'r beirniaid yn canu cloch, a'r canu'n dechrau.

Heb olygu unrhyw amarch tuag at y beirniaid, fe ellir dweud eu bod yn amrywio'n fawr. Mae aelodau'r Panel yn newid rhyw gymaint nid yn unig bob blwyddyn ond hefyd, i raddau, o eisteddiad i eisteddiad, pan fydd angen i un fynd i wrando ar ragbrofion yr unawdwyr neu i feirniadu'r llu o grwpiau na ellir eu cynnwys oblegid prinder amser yn y Babell Fawr – Corau Plant ar fore Sadwrn, er enghraifft, neu'r Corau Merched.

O'r dde i'r chwith, wrth edrych o'r llwyfan, gwelir yn gyntaf ŵr o Cyprus, arweinydd parhaol Cerddoriaeth Simffoni Salonica, newydd ymddeol yno o fod yn Brifathro'r Conservatorium; ysgolhaig bywiog, a chyfansoddwr sy'n awdurdod ar gerddoriaeth y werin, ac yn wir, ar gerddoriaeth o bob ysgol ac arddull. Yna gwelir dyn bach distaw o Amsterdam, arbenigwr enwocaf ei wlad ar ganu corawl, yn ogystal â bod yn ail 'Gerald Moore'. Yn nesaf ato mae athro penwyn â llygaid disglair, cyfansoddwr, arholwr, beirniad a chanddo gyswllt arbennig â'r theatr, gŵr y bu ganddo gyswllt agos iawn â'r diweddar Syr Tyrone Guthrie yng Ngŵyl Caeredin, a hefyd â ffilmiau a theledu. Wedyn, cyfansoddwr ysgolheigaidd a bydenwog o Hwngari, bellach yn athro prifysgol yn y Swistir, a Chymro brwdfrydig sydd nid yn unig yn gerddor ac yn feirniad praff ond hefyd yn hyfforddwr-côr enwog drwy'r byd. Mae'n ifancach na'r arfer yn Llangollen, ond mae'i brofiad blynyddol o ddulliau newydd mewn cerddoriaeth fodern a'i drefniadau anarferol o weithiau corawl yn cydbwyso yn erbyn aeddfedrwydd y lleill, newydd-deb ir a chraffder y genhedlaeth ifanc yn ateb gwybodaeth a phrofiad byd-eang. Nid bod y beirniad hŷn yn ymdroi yn y gorffennol; i'r gwrthwyned, yn eu gwahanol feysydd mae pob un ohonyn nhw'n dod i gyffyrddiad cyson â pherfformwyr ifainc o'r dechreuwyr ar y ris gyntaf i'r disgyblion disgleiriaf mewn coleg a phrifysgol, a'r cyfansoddwyr amser-llawn hynny y byddan nhw'n gwrando ac yn perfformio'u gweithiau'n fynych gyda'r cerddorfeydd enwocaf ar bum cyfandir. (Neu efallai y dylid dweud saith: mae disgwyl mawr yn Llangollen y daw côr o Antarctica un o'r dyddiau nesa'ma – oes'na ganeuon am hela morfilod, tybed? Mae Ciwpid yg gweithio gyda harpwnau o batrwm clasurol.)

Yn nesaf fe welwn ddyn cyhyrog o Iwgoslafia, gweinyddwr gwir gerddorol sy'n rhedeg Cwmni Opera Belgrad, côr sy'n nodedig am ei wychder, ac yna Cymro ifanc, D.Mus., cyfansoddwr, athro a darlithydd coleg, a phennaeth Adran Gerdd yn un o golegau Prifysgol Cymru.

Cyfrifoldeb y Cyfarwyddwr Cerdd yw dewis nid yn unig y beirniaid ar gyfer pob cystadleuaeth, ond hefyd Lefarydd neu Gadeirydd pob Panel a Cheidwad y Marciau. Bydd y ddau hyn yn eistedd yng nghanol y Grwp, a'r Cadeirydd y tro hwn yw'r awdurdod hynaws ac anffurfiol ei ddull, Syr Thomas Armstrong, a ddyfynnir yn sylweddol ym Mhenodau 4 a 7. Mae Ceidwad y Marciau yn ŵr bonheddig, cochlyd ei wedd ac urddasol ei olwg gyda'i wallt arian; dyma un o brif gyfansoddwyr Lloegr, beirniad fydd yn teithio'r byd ac arholwr ers dros ddeugain mlynedd, ac Athro Uchaf mewn Coleg Cerdd pwysig yn Llundain a'r Brifysgol yno. Pan ddewisir ef, fel sy'n digwydd unwaith bob blwyddyn, yn Gadeirydd y Beirniaid ar gyfer un o'r prif gystadleuaethau, fe fydd ei sylwadau a'i feirniadaethau ar lafar yn nodedig. Mae'n areithiwr o'r crud, a'i leferydd yn llawn o eiriau dychmygus, ei rethreg bersonol, ai' hiwmor. Dyrchafwyd ef yn ddiweddar gan Ei Mawrhydi'r Frenhines yn Gymrawd Er Anrhydedd, arwydd uchel o werthfawrogiad yn wir mewn unrhyw alwedigaeth.

Wrth sylwi ar bennau'r beirniaid yn ymgynghori ynghyd bydd llawer o
bobl yn ceisio deall sut y bydd y beirniadu'ma'n mynd ymlaen; sut mae'n
bosibl i saith – weithiau naw – o wŷr bonheddig yn cyd-eistedd grisialu'u
gwahanol farnau a roddir gyda'r fath rwyddineb yn ôl pob golwg (a
ffraethineb) gan eu llefarydd o fewn munudau i ddiwedd cystadleuaeth lle bu
25 o gorau o bosib yn cystadlu a lle buwyd yn gwrando'n astud am bum awr.

Ar ôl pob darn bydd pob beirniad yn rhoi'i farn, yn gwneud sylwadau,
yn awgrymu neu'n cytuno â'r marciau allan o gant, gyda'r bwriad o
gynorthwyo'r Cadeirydd i lunio sylwadau sgrifenedig cynhwysfawr a
galluogi'r Ceidwad Marciau i gadw cownt manwl o'r marciau a gytunwyd.
Weithiau bydd yn amlwg nad oes angen rhoi mwy na gair neu ddau
parthed rhai perfformiadau, a chyd-feirniaid y Cadeirydd yn nodio'u
cydsyniad. Ar y llaw arall, bydd rhai perfformiadau'n peri tipyn go lew o
ymateb gan bob un, er enghraifft, pan fydd côr o'r Eidal wedi canu motet
neu fadrigal gan Palestrina. Mae dull traddodiadol yr Eidal o ganu'r
gerddoriaeth hon, ynghyd â'r donyddiaeth arbennig sy'n nodwedd amlwg
yn lleisiau'r Eidalwyr, yn dra gwahanol i'r effaith a wneir gan gôr da o
Bradford, dyweder, neu o Bratislafa, neu o Fangor. Rhaid cadw hyn mewn
cof wrth farnu rhag bod unrhyw ragfarn yn milwrio yn erbyn côr
oherwydd y gwahaniaethau traddodiadol neu donyddol. Ar y llaw arall,
fe ystyrrir yr ansoddau cerddorol, fel *cydbwysedd* tonyddol, tonyddiaeth,
cywirdeb, tempo, rhuthm, a'r *ymdeimlad* mewnol am y gerddoriaeth a'r
geiriau. Gallai dau gôr ganu'r un anthem neu fotet yn gwbl gyfartal ym
mhob ryw fodd ac eithrio fod y naill yn argyhoeddi'r beirniaid ei fod wedi
gafael yng ngwir ystyr y darn, tra bo'r llall wedi arddangos parch tuag at
y darn yn hytrach na hoffder ohono, dealltwriaeth arwynebol yn hytrach
na gwir argyhoeddiad.

Sut y bydd y beirniaid yn bwrw ati? Hawdd y gallwch chi ofyn, a
chithau'n eistedd yng nghanol y gynulleidfa. Mae'n amlwg fod profiad
mewn cystadlaethau tebyg o ran eu safon yn mynd i fod yn werthfawr i'r
arfarnwr, yn enwedig profiad yn Llangollen ei hun, a all hawlio heb
deimlo awydd i ganu'i chlodydd ei hun nad oes ei hafal o ran perfform-
iadau. Fynychaf fe fydd tri neu bedwar o'r beirniaid wedi cyd-eistedd
wrth yr un bwrdd o'r blaen. Wedi i'r côr cyntaf ganu, bydd y panel yn
taro ar ffigur 'teg' ar gyfer y darn cyntaf, yna ar gyfer yr ail ddarn, ac eto
ar gyfer y trydydd darn. O dro i dro – dyweder o'r degfed cystadleuydd
ymlaen, ond mi allai fod yn gynt o lawer, – mae'n dibynnu ar y safon a
ddangosir gan y corau sy wedi dilyn y cyntaf – bydd rhaid i'r beirniaid
oedi ychydig a bwrw golwg nôl dros y perfformiadau cynnar er mwyn
sicrhau fod y marciau'n cymharu'n deg ac yn gywir. Bydd hyn efallai yn
galw am newid y marciau cynnar, oherwydd fod y cor (au) cyntaf wedi

cael gormod (neu ry ychydig) o farciau, ac o ganlyniad ni ellir gosod y corau dilynol yn uwch nag yn is hyd nes yr ailystyrrir y marciau cyntaf. Nid twyllo mo hyn; i'r gwrthwyneb, fe'i gwneir yn unig er mwyn sicrhau fod y marciau terfynol mor wrthyrchol a dideimlad ag sy'n bosibl o law dynion.

Peth pwysig hefyd yw gofalu na fydd enw'r côr a'r hanes sydd amdano'n effeithio'r marciau. Gall grwp enwog sydd newydd gael buddugoliaeth ysblennydd mewn cystadleuaeth arall gael marciau isel y tro hwn am nad yw wedi canu ar ei orau. Ac wrth gwrs, mae'r arweinydd ac aelodau'r côr hefyd yn ymwybodol iawn o'u diffygion; bydd pethau fel hyn yn digwydd, ac er bod gwefr yn dod o ennill tlws, does dim angen i unrhyw gôr deimlo'n ddigalon am fod côr arall ar y blaen iddo, er i'r aelodau wneud eu gorau. Mae'n beth amlwg iawn yn Llangollen fod y corau sy wedi methu ag ennill wedi dysgu bod yn gollwyr da, ac yn benderfynol o ddysgu oddi wrth sylwadau'r beirniaid ac o wneud yn well y tro nesaf, yn wyneb y llawenydd afreolus a ddeffroir yng nghefnogwyr y rhai buddugol pan gyhoeddir y feirniadaeth a'r canlyniadau.

Gan Lefarydd, neu Gadeirydd, y panel y bydd y dasg fwyaf anodd, oblegid bydd yn dechrau sgrifennu'i sylwadau ar y furflen swyddogol o fewn ychydig eiliadau wedi i'r côr ddechrau canu. Bydd y beirniaid oll yn meddwl dros yr un materion technegol: ymosodiad y côr, y donyddiaeth a'r cywair, tempo, llefaru, cydbwysedd y lleisiau. Efallai y bydd y baswyr yn wan – mae hynny'n digwydd yn aml gyda chantorion ifainc – neu fe glywir nodyn gan y sopranos sydd ychydig yn galed neu'n gwyro ychydig neu heb ei gynnal yn iawn. Fe wyddys yn gyflym a yw'r arddull yn gywir; neu a yw dehongliad anarferol yn argyhoeddi – gall hyn ddigwydd yn hawdd gyda gweithiau rhamantaidd a modern pan fydd yr arweinydd yn gerddorol ddychmygus a deallus, ond gall gorbwysleisio mympwyol droi'n wawd. Bydd y beirniad profiadol yn sylwi ar y pethau hyn bron yn syth. Fel y bydd y canu'n mynd ymlaen fe sylwir ar y nodweddion eraill, yn rhagoriaethau neu'n frychau, neu'n nodweddion sy'n perthyn i'r côr ei hun – bywiogrwydd, prudd-der, gor-frwdfrydedd ac ati. Yn y munudau sy'n dilyn y perfformiad bydd y beirniaid eraill yn crybwyll wrth y Cadeirydd ambell bwynt technegol, camddarlleniad o nodyn anodd fan hyn, cyflymu rhyfedd fan acw, na nodwyd gan y cyfansoddwr. Ganddyn nhw fe gaiff air neu ymadrodd allweddol i'w nodi i lawr. Ac yna fe gaiff wybod a yw ei argraff *gyffredinol* ef ei hunan, ynglŷn â llwyddiant y côr i ddehongli bwriad y cyfansoddwr, yn dderbyniol gan ei gydfeirniaid, ac y gellir ei chrisialu nawr yn farc pendant. Ac yna o'r diwedd, mi fydd yn rhoi arwydd i'r sawl sy'n eistedd nesaf at y gloch i'w chanu yn arwydd i'r côr nesaf ddechrau perfformio.

Mae'r beirniaid eisoes wedi derbyn bob o gopi o'r darnau prawf ac eithrio'r darnau 'hunan-ddewisiad'. Un o swyddogaethau'r drefniadaeth gymhleth y tu ôl i'r llenni yw casglu'r rhai olaf hyn. Gofynnir i bob côr, a'i atgoffa wedyn, i gyflwyno dau gopi o'r darn hunan-ddewisiad, ac fe gesglir yr holl ddarnau angenrheidiol ynghyd, a'u labelu a'u gosod mewn trefn ar gyfer sesiwn arbennig ar fwrdd y beirniaid. Fe fydd yno amrywiaeth helaeth weithiau, o drefniant newydd, goraddurnedig o bosib, o alaw werin a gyhoeddwyd gan brifysgol Americanaidd i osodiad dirodres o gerdd o Norwy a gyrhaeddodd o Bergen ar daflenni dyblygedig; o gorws-llafar tra chymhleth yn yr iaith Serbo-Croat o Belgrad i fersiwn soffistaidd o *Waltzing Matilda* o argraffdy ym Melbourne. Heb y copïau hyn byddai'n amhosibl i'r beirniaid wneud sylwadau o werth ar y perfformiad, na rhoi marciau teg.

Bydd diweddglo'r feirniadaeth yn pwyso'n drwm ar ysgwyddau'r Cadeirydd, oblegid ef yw'r llefarydd swyddogol ar ran y Panel. O fewn ychydig funudau i ddiwedd y gystadleuaeth fe fydd yn cerdded gyda'i gyd-feirniaid i'r llwyfan, a thra byddan nhw'n eistedd yn ddifrifol mewn rhes mi fydd yntau'n sefyll ar ei ben ei hun ac yn llefaru, dros y cyrn siarad cyhoeddus, farn gytbwys y Panel ar bob un o'r corau sy wedi canu. Mae ganddo gof manwl yn ogystal â meistrolaeth dda dros y Saesneg. Rywdro fe ddywedodd arweinydd wrth sgrifennwr y geiriau hyn 'Rwy'n hoffi cael fy meirniadu gan X, mae mor fonheddig ynglŷn â'r mater, dydw i ddim yn sylweddoli tan wedyn ei fod wedi rhoi cerydd iawn i fi – ac mi fydd yn llygad 'i le!'. Er mai at y corau unigol y bwriedir y feirniadaeth yn bennaf (mae ganddyn nhw hawl i gael copi manwl ohoni wedyn wedi'i arwyddo gan y Cadeirydd a Cheidwad y Marciau) rhaid ei thraethu mewn modd a fydd yn dderbyniol (ac yn fuddiol) gan y miloedd lawer sy wedi bod yn gwrando'n astud ac yn ddeallus ar y gystadleuaeth drwyddi draw, o bosib. Pa ryfedd gan hynny nad yw rhestr Mr Gwynn Williams o'r beirniaid 'a gloriannwyd ac na chafwyd yn brin' ddim yn un hir, hyd yn oed ar ôl chwarter canrif o gynnig a methu? Serch hynny, mi fydd yn dal i ddewis beirniaid newydd bob blwyddyn o'r wlad hon ac o wledydd eraill, ac wrth reswm, un cymhwyster pwysig mewn tramorwr yw y bydd ei Saesneg yn ddealladwy dros y corn siarad – ac mae hynny'n cyfyngu ar y dewis eto. Peth annymunol yw cymharu pobl â'i gilydd, ond does neb a wadai fod beirniadaethau Syr Thomas Armstrong yn enghreifftiau nodedig o'u math, ac yntau'n trafod cystadleuaeth gorawl hir a llafurus neu'n cloriannu caneuon a darnau offerynnol syml.

12    Tingluti Det Danske Ungdomsensemble, Copenhagen

13 A typical Llangollen international mixture: *left, top to bottom*, Burgos, Spain; Buarcos, Portugal; Burgos; *right*, Seattle, USA; Burgos; Oslo, Norway

Mae'u saernïaeth a'u cyflwyniad mor berffaith fel y gellid eu hargraffu a'u cyhoeddi, mae'n siŵr gen i, heb newid dim ac eithrio, efallai, i enwi'n gywir y perfformwyr a drafodwyd. Byddai cerddorion wrth eu proffes ac amaturiaid yn ogystal yn eu cael yn ddiddan, yn addysgiadol, a hyd yn oed yn ysbrydiaeth.

'Diweddglo' meddwn i gynnau; ond wrth gwrs mae'na ddefod bwysig i ddod eto: bydd Ceidwad y Marciau'n darllen ar goedd yr holl farciau a roddwyd i'r corau. Wrth i'r gynulleidfa gopïo'r marciau ar eu rhaglenni gellir synhwyro'r cynnwrf cynyddol, oherwydd, ni fydd neb yn gwybod i sicrwydd pa gôr sydd wedi dod yn gyntaf hyd nes y cyhoeddir y ffigurau olaf. Ac yna, – yn enwedig os yw'r côr buddugol yn dod o wlad bell – bydd banllefau'r buddugwyr a'u cefnogwyr a chymeradwyaeth y gynulleidfa fawr yn peri i'r ddaear grynu ac yn bygwth bwrw'r llifoleuadau i lawr. Gelwir yr arweinydd buddugol i'r llwyfan i dderbyn y tlws o law Llywydd y Dydd: y tlws enwog sy bellach wedi ymgartrefu mewn llawer gwlad gyda'i Ddraig Goch yng nghesail y Delyn, a thu mewn y Cylch yn dwyn y geiriau:

'Byd gwyn fydd byd a gano, gwaraidd fydd ei gerddi fo.'

# PENNOD WYTH

# *Y cyngherddau nos*

## *Cadw Cydbwysedd*

O'R CYCHWYN CYNTAF teimlai'r Awdurdodau Eisteddfodol y dylai'r cyngherddau nos gyfrannu mwy na diddanwch yn unig i'r ymwelwyr, ac y dylid rhoi cyfle pellach i'r grwpiau dawns a'r corau arddangos eu doniau wrth berfformio rhaglen ehangach na'r hyn a ganiatéid gan reolau'r cystadlaethau, y darnau gosod a'r amser a roddid ar eu cyfer, – rhaglen o ddarnau a fyddai'n fwy cyfarwydd i'r perfformwyr. Bydd llawer côr yn gwneud yn well mewn cyngerdd nos nag wrth ganu'r darnau gosod yn y gystadleuaeth; a gall dawnsiau dramatig a seremonïol ddangos gwedd gwbl wahanol ar ddawn grwp gwerin na'r hyn a welir yn y ddwy eitem a gynigiwyd mewn cystadleuaeth. Mae rhai o'r beirniaid wedi sylwi ar hyn ar ôl dod i'r cyngherddau nos.

Ar yr un pryd, bydd rhaglenni fel hyn yn denu cynulleidfa – yn Gymry ac yn ymwelwyr o bell sy'n awyddus i glywed a gweld cymaint ag sy'n bosibl o ganu corawl a chaneuon a dawnsiau gwerin dilys. Fel arfer fe wahoddir y grwpiau a wnaeth y perfformiadau gorau yng nghystadlaethau'r flwyddyn i ymddangos yng nghyngherddau'r flwyddyn ddilynol. Ar ben hynny fe geir ymwelwyr mwy anarferol a mwy tarawiadol fel y rhai o Nigeria, Brazil, a'r plant o Obernkirchen, neu'r grwpiau dewr hynny fydd yn mynnu gorchfygu pob math o rwystr corfforol ar eu taith, fel y dawnswyr o Wganda a Thwrci.

Rhan yn unig o'r darlun yw hyn, fodd bynnag. Fe soniwyd eisoes ym Mhennod 3 am brinder cyngherddau cerddorfaol yng Nghymru cyn dyfodiad y B.B.C. a Chyngor Celfyddydau Cymru rhwng y ddau Ryfel Byd. Penderfynodd yr Ŵyl ddod ag elfen gerddorfaol bendant i mewn i'r cyngherddau Nos Sul, ac fe wahoddwyd John Barbirolli a Cherddorfa Hallé i Langollen yn 1947. Agorwyd y gyfres â thiwn hudol y corn yn *Oberon*, gan Weber, a'i dilyn wedyn gyda simffoni fythol-lawen Dvorák, y *Bedwaredd, Eine Kleine Nachtmusik* gan Mozart, a *Cherdd Haf* Delius (mor addas), a gorffen gyda gwaith disglair a stwrllyd Richard Strauss, *Der Rosenkavalier*. Fe ddaeth yr Hallé eto yn 1954 ac erbyn hynny roedd 'Syr' o flaen enw John Barbirolli. Yn y cyfamser daeth Cerddorfa Ffilharmonig

Llundain yma am bum mlynedd yn olynol, o dan Hugo Rignold, Syr Adrian Boult (dwywaith), Jean Martinou a Joseph Krips. Rhyngddyn nhw fe gyflwynwyd amryw o simffonïau Beethoven, Pumed Simffoni Schubert, a hyd yn oed Ail Concerto Rachmaninov ar gyfer y Piano, gyda Moisiewitsch yn chwarae, gan ehangu'r profiad cerddorfaol dipyn yn bellach.

Cafwyd newid wedyn gyda *King David* Honegger, gwaith oedd yn cwmpasu drama, côr ac unawdwyr nodedig gyda Joan Sutherland ar y brig. John Pritchard oedd yr arweinydd ac Emlyn Williams oedd y llefarydd. Ond nid rhannau o gyfres ar ei phen ei hun yw'r cyngherdadu Nos Sul yn gymaint â rhan o gyfres wythnos o bum cyngerdd a drefnir fel uned, a'r cydbwysedd yn cael ei gynnal bob wythnos gan gyngherddau arbrofol ar y Nos Fawrth, y noson agoriadol. Mae'r cyngerdd hwn yn ddigwyddiad pwysig iawn. Noson gorawl fu hi yn 1947, ond y flwyddyn ddilynol – pryd y bu Côr Orffews Glasgow yn canu o dan Syr Hugh Robertson ar y Nos Sul (ac unawdwyr o'r Alban yn ogystal) – fe roes Basil Cameron a Cherddorfa Simffonig Llundain raglen ramantaidd hyfryd ar y Nos Fawrth. Wedi hynny, a'r gerddorfa honno'n perchnogi'r Nos Sul, daeth Nos Fawrth yn anturus mewn modd a arweiniodd yn y pen draw i'r arfer a geir ar hyn o bryd. Agorwyd yr Ŵyl yn 1949 gyda chyngerdd o artistiaid nodedig, Prydeinwyr i gyd ac eithro un Almaenwr. Ond yn 1950 opera a gaed – opera hud – *The Immortal Hour* gan Rutland Boughton. Ofnid y byddai'r babell gynfas hir, gyda'i pholion fertigol ac ar letraws fel rhes o graeniau ar hyd ei chanol a'r cyrn siarad yn ailadrodd ergydion y tabyrddau ac ebychiadau'r llwyfan fel adleisiau ar hyd coridor anferth, yn andwyol i dynerwch y gwaith. Serch hynny, fe fu'r per-fformiad yn syndod o lwyddiannus ac wrth fodd y gynulleidfa enfawr. Y flwyddyn ddilynol fe gaed bale: fe fu llwyddiant *Ram Gopal a'i Gwmni Dawns Indiaidd* yn symbyliad i'r *Bale Rambert* yn 1952 a gyflwynodd raglen a ddangosodd ddawn 'Mim' (Dame Marie, bellach) am gynllunio. Roedd yn cynnwys y *Nutdracker* gan Ivanov (i gerddoriaeth Tchaikovsky), y *Facade* gan Ashton (i gerddoriaeth boblogaidd Walton), y *Winter's Night* gan Gore (i gerddoriaeth Rachmaninov) a'r *Bar aux Folies Bergères* gan Dame Ninette de Valois (i gerddoriaeth Chabrier).

O ganlyniad i'r llwyddiant hwn fe wahoddwyd Cwmni Bale Gŵyl Llundain y flwyddyn ddilynol, ac yna gwahoddwyd y *Ballets de France de Janine Charrat*, y 'Première Ballerina Assoluta' ym Mharis, a fu'n diddanu'r gwylwyr teledu ym mlynyddoedd cymharol gynnar y cyfrwng hwnnw. Yn 1954 y digwyddodd hynny, a chadwyd y ddysgl yn wastad gyda 'J.B.' a'i Hallé y Dydd Sul canlynol.

Y flwyddyn nesaf, pan gaed y *King David* anghyfarwydd ar y Sul, fe fentrwyd yn bellach eto ar y Nos Fawrth gyda newid chwildroadol: cynhyrchiad y Grwp Opera Seisnig o *The Turn Of The Screw* gan Benjamin Britten. Er nad oedd yn ffefryn gan bawb, mae'n anlwg, eto i gyd roedd cynulleidfa dda yno'n gwrando ar yr opera (yn rhannol am fod enw da'r Eisteddfod wedi sicrhau gwerthiant da ymlaen llaw o docynnau tymor a thocynnau cadw), ac fe fu gwaith pur anodd Britten yn dderbyniol iawn gan y gwrandawyr.

Oddi ar y dyddiau hynny, mae wedi bod yn arfer i gael un o amryfal ffurfiau'r Ddawns yn y Cyngerdd Agoriadol ar y Nos Fawrth. Markova a'r Bale Rambert; dwy flynedd o Ddawnsio a Chanu Gwerin Cydwladol; gweithiau anghyffredin fel dawnswyr Ram Gopal a chymaint fu apêl y Dawnswyr Duon o Senegal am law nes iddi fwrw am weddill yr wythnos. Bu Luisillo a'i Theatr Ddawns o Sbaen yma ddwywaith; daeth Cwmni Bale Gŵyl Llundain unwaith eto, a hefyd sêr y Cwmni Bale Brenhinol a Chwmni Bale Kirov; Cwmni Bale Cenedlaethol o Tshecoslofacia, Dawnsio a Chanu Gwerin o Bwlgaria, Pŵyl, pum gweriniaeth o Dde America, a chwmni o Affrica eto – y tro hwn (yn 1969) cwmni unedig enwog o Nigeria a Biaffra dan arweiniaeth y Pennaeth Ogunde. Roedd harddwch ei wragedd ifainc oedd yn y parti mor amlwg nes i'r Cymry (ar waethaf eu parchusrwydd arferol) fwynhau eu dawnsio'n fawr, hanner noeth neu beidio. Yn 1971 wedyn fe gaed *Fiesta Espana* ac yna yn 1972 fe agorwyd yr Eisteddfod â noson Awstraidd fel y soniwyd ar dudalen 144.

Yn y cyfamser, mae'r cyngherddau Nos Sul, fydd yn cloi'r Ŵyl, wedi cyflwyno amrywiaeth o weithiau cerddorfaol a chorawl. Clywyd Cerddorfa Dinas Birmingham yma am y waith gyntaf yn 1956 o dan Rudolf Schwarz, yn chwarae Simffoni *Eroica* Beethoven, ac yn 1957 daeth Cerddorfa Simffonig Llundain i'r Babell fawr o dan Syr Eugene Goosens, ac yntau â'i fryd ar berfformio un o simffonïau Tchaikowsky, yr E Leiaf, ac fe gaed perfformiad gan Peter Katin o Concerto Schumann ar gyfer y piano, gwaith a gawsai'i chwarae yma bedair blynedd cyn hynny gan Denis Mathews. Yna, yn 1958, fe gaed newid, gan fod E. T. Davies, y cerddor adnabyddus o Goleg y Brifysgol, Bangor, wedi ennill gwobr Gŵyl Cymru y flwyddyn honno am ei waith corawl enfawr, *Deo Gratias*.

Mentrwyd eto i fyd y corau'r flwyddyn ddilynol pan gyflwynwyd fersiwn ysgolheigaidd a gwreiddiol John Tobin o'r *Messiah* gan Handel, gyda Heather Harper, Monica Sinclair, Andrew Pearmain, David Galliver a John Carol Case. Mae'n siŵr fod y perfformiad hwn wedi bod yn syndod i'r Cymry sy mor ymwybodol o donyddiaeth ac sy'n dal i ddisgwyl seiniau cyfoethog oddi wrth gôr oedd dipyn yn fwy na'r un a fwriadwyd gan Handel ar gyfer Dulyn heb sôn am Ysbyty'r Amddifaid, ac ar yr un pryd yn dilorni (o bosib) y performiadau cawraidd eu maint o waith Handel yn y Plasty Crisial yn niwedd y ganrif ddiwethaf.

Y Côr Plant enwog o Obernkirchen oedd y prif gyfranwyr i'r Cyngerdd Nos Sul yn 1960 ar y llwyfan lle y rhoeson nhw'r fath foddhad i'r beirniaid saith mlynedd cyn hynny. Dychwelodd Rudolf Schwarz yma yn 1961 gyda Cherddorfa Simffonig Llundain a chyflwynodd inni liw cerddorol arall – Ail Simffoni Sibelius, a sgrifennwyd 60 mlynedd yn union cyn hynny; hefyd fe gafwyd *Romeo a Juliet* Tchaikovsky, gwaith sy mor boblogaidd heddiw fel mai prin y gallwn ni gredu mor dwp y bu'r gynulleidfa yn Fienna yn llyncu condemniad gwenwynllyd Hanslick ar y gwaith; anodd hefyd yw deall oerni, os nad gelyniaeth, pobl Paris tuag ato.

Meddiannodd Côr Bechgyn Fienna'r llwyfan Nos Sul yn 1962, a'u rhaglen yn cynnwys cynhyrchiad dramatig cyflawn o waith anghyfarwydd ond deniadol gan Johann Schenk (1753–1836), ei opera *Der Dorfbarbier* (Eilliwr y Pentref), – hanes y barbwr, Lux, oedd hefyd yn dipyn o feddyg a werthai gig moch, o bopeth, fel meddyginiaeth ag iddi alluoedd gwyrthiol.

Yn ystod y ddwy flynedd ddilynol fe'n diddanwyd gan gerddorfeydd a chanddyn nhw ddulliau gwahanol. Yn gyntaf fe ddaeth y *Grande Ronde Symphony* o Oregon, UDA., gyda rhaglen o gerddoriaeth Americanaidd a gynhwysai Trydedd Simffoni Charles Ives a'r gwaith poblogaidd *Mississippi Suite* gan Ferde Grofe. Mae tua 65–67 o aelodau yn y gerddorfa hon, amaturiaid bob un, ac mae hynny'n nifer sylweddol am dref (La Grande) ag iddi 10,000 yn unig o drigolion. Y rheswm am hyn yw bod llwyddiant y gerddorfa dan gyfarwyddyd ei sylfeinydd, Dr L. Rhodes Lewis, wedi codi'i safonau cerddorol, gan ennill clod y gwledydd, i'r fath raddau nes ei bod yn anrhydedd i gael dod yn aelod ohoni. Bydd rhai o'r chwaraewyr yn gyrru 160 o filltiroedd i'r rihyrsio ac i'r cyngherddau sy'n cynyddu mewn rhif bob blwyddyn ac sy fel arfer yn orlawn, a 'lle i sefyll' yn unig. Fel arwydd o'u parch tuag ati, bydd artistiaid o safon gydwladol yn chwarae ac yn canu gyda'r gerddorfa, sydd wedi casglu llawer o anrhydeddau a gwobrau.

Yn 1964, rhoddwyd y cyngerdd Nos Sul gan gerddorfa Cymru, Cerddorfa Gymreig y BBC (o Gaerdydd), gyda chwaraewyr chwanegol, dan arweiniad Rae Jenkins, gydag Elizabeth Vaughan a Robert Thomas. Yn y rhaglen roedd gwaith gan Grace Williams, sy bellach yn adnabyddus trwy'r gwledydd, ac yn enedigol o'r Barri. Fe chwaraewyd gweithiau gan Berlioz, Bax, Dvorák a Sibelius, hefyd.

Yn 1965 fe gaed arbrawf arall – tri o fandiau pres enwog (Black Dyke Mills, Brighouse a Rastrick, a Foden) wedi dod ynghyd o dan y diweddar Ddr Denis Wright, oedd hefyd yn feirniad y flwyddyn honno, – ond heb fod yn perthyn, gwaetha'r modd (fel y credid yn fynych), i'r sgrifennwr; cyfaill agos a cherddor ymarferol gwych y gwelir ei eisiau yn ofnadwy. Dilynwyd y cyngerdd Nos Sul hwn ymhen blwyddyn gan raglen sim-ffonig odidog gan yn o fandiau militaraidd enwocaf y ddaear – *Les Guides* o wlad Belg. Un arall yw'r Garde Republicaine o Ffrainc. Yr enw llawn yw '*Le Grand Orchestre d'Harmonic de la Musique des Guides*', ac o dan arweinyddiaeth eu Cyfarwyddwr Cerdd, Capten Yvon Ducene, fe chwaraeson weithiau gan Jean Absil (Belgiwr) a chan y cyfansoddwyr Ffrengig, Dukas, Schmitt, Berlioz, Ida Gotkowsky, Gaubert a Ravel. Mae dawn hynod yr 'Harmonic' yma (y gair cydwladol am Fand Militaraidd) i ddodi seiniau offerynnau chwyth yn lle llinynnau cerddorfa yn rhyfeddol.

Ar ôl hynny mae wedi dod yn draddodiad i gyflwyno campweithiau corawl a cherddorfaol ar y Nos Sul fel y mae'n arfer cael bale ar y Nos Fawrth. Yn 1967 fe gafwyd perfformiad teimladwy o *Offeren Requiem* Verdi gan Undeb Corawl Dinas Birmingham a chôr Ysgol Gerdd Bir-mingham o dan Harold Gray, gyda'r Gerddorfa Gyngerdd Brydeinig. Bu'n gyngerdd arbennig o gofiadwy gan fod Joan Carlyle wedi'i tharo'n wael yn sydyn a chymerwyd ei lle yn y rhan soprano bwysig dros nos o'r bron gan gantores ifanc o Bwlgaria, Anastasia Botikova. Gallai sefydliad fel Eisteddfod Llangollen fanteisio ar ddigwyddiad fel hyn – ar ôl 'dar-ganfod' y fat h dalent (roedd perfformiad y ferch yn ddifrycheulyd a'i llais mor ddeniadol â'i golwg) fe ellid rhoi cyfle iddi ganu fel unawdydd o fri, dyweder, ar y Nos Wener. Llangollen oedd 'piau' hi, mewn ffordd o siarad.

Dathlwyd dauganmlwyddiant Beethoven gan Charles Groves yn 1970, gyda Chôr a Cherddorfa Simffonig Frenhinol Lerpwl a phedwar artist o'r radd flaenaf yn perfformio'r Nawfed Simffoni (y Simffoni Gorawl), yn union ar ôl yr Wythfed. Y flwyddyn ddilynol fe ddaeth Mr Groves â'r prif adnoddau uchod i'r Babell Fawr newydd i roi perfformiad o *Dream of Gerontius* Elgar, perfformiad y bydd y sawl a'i clywodd yn annhebygol iawn o'i anghofio.

Yn olaf, a ninnau ar fin mynd i'r wasg a'n meddyliau'n llawn o'r perfformiad godidog a gafwyd gan Harold Gray, gyda Chôr Hallé, Undeb Corawl Birmingham a Cherddorfa Simffonig Dinas Birmingham, mae'r gwaith a gyflwynodd yn dal yn anghyfarwydd hyd yn oed i edmygwyr Berlioz – ei *Grande Messe des Morts*. Cyfansoddwyd y Requiem hwn yn 1837 er cof am y milwyr a laddwyd yn y rhyfel yn Algeria ac fe'i lluniwyd ar raddfa eang, gan alw am adnoddau na ellir eu cael yn fynych, er enghraifft, rhai cannoedd o leisiau, cerddorfa anferth yn cynnwys 16 o dabyrddau a 50 o delynau, a phedwar band pres. Yn ffodus, drwy symud y blodau hardd oddi ar y llwyfan ar ôl y cyngerdd Nos Sadwrn, roedd lle i gôr a cherddorfeydd digon o faint i gyflwyno perfformaid tra dymunol o'r campwaith hwn o Ffrainc, ac fe goffeir y Cyngerdd hwn fel un o uchelfannau'r perfformiadau Nos Sul.

## O ddydd Mercher tan ddydd Sadwrn

Yn ogystal â'r cyngherddau uchod, fe gafwyd 108 o gyngherddau eraill hefyd, pedwar bob blwyddyn: o'r Nos Fercher i'r Nos Sadwrn. Nid cyngherddau rywsut rywsut mo'r rhain; mae i bob noson ei threfn a'i chymeriad pendant, ond fel y bu yn hanes y cyngherddau agoriadol a therfynol, fe gafwyd arbrawf ambell dro ac mae rhai achlysuron arbennig wedi ysbrydoli ymdrechion neilltuol, fel ym mlwyddyn Gŵyl Prydain.

Rhaid cofio yn y lle cyntaf mai'r grwpiau o ddawnswyr a'r corau fydd yn ymweld â'r Eisteddfod er mwyn y cystadlu yw sylfaen artistig y cyngherddau ar ôl y Dydd Mawrth. Y rhai a wahoddir yn gyntaf i gymryd rhan yw'r grwpiau hynny y gwyddys trwy brofiad y gorffennol eu bod yn rhai da a'u bod yn debygol o ddod y tro nesaf. Os bydd gan barti sy'n dod i Langollen am y tro cyntaf rywbeth anarferol ac arbennig i'w gynnig o ran diwylliant gwerin, neu os bydd y gwisgoedd neu'r perfformiad yn peri cyffro, neu os bydd ansawdd anghyffredin i'w waith sy'n newydd ym mhrofiad yr Eisteddfod, fe'i cynhwysir ar y funud olaf. Dyna pam y bydd rhai cyngherddau'n parhau tan hanner nos!

Dydy hynny ddim yn ddigon, fodd bynnag. Fe fwynheir cyfraniad unawdwyr ac offerynwyr hefyd, fynychaf o safon gydwladol. Er hynny, mae gan y gwahanol ddyddiau eu nodweddion eu hunain: fel y gobeithiwn ddangos.

Mae'r traddodiad blynyddol gryfaf ar y Nos Fercher, – Cyngerdd a roddir yn gyfangwbl gan grwpiau gwerin â dawns a chân. Fel rheol ni wahoddir unawdwyr yn eu plith. Bydd pawb sydd â chanddyn nhw ddiddordeb arbennig newn dawnsio gwerin cydwladol yn gwneud eu gorau i ddod i'r cyngerdd hwn.

Noson gymysg yw'r Nos Iau gydag elfennau gwerinol a hefyd gorau'n canu a 'seren' o unawdydd cydwladol, canwr neu gantores fynychaf (gan fod y Cymry'n hoffi canu uwch bob celfyddyd gerddorol) ond ambell dro offerynnwr a wahoddir. Bu Menuhin ei hun yn chwarae yma un Nos Iau (chwarae Bach yn ddigyfeiliant yn ogystal ag amrywiaeth diddorol o ddarnau, fel y gellid ei ddisgwyl ganddo); a bu'r cyfansoddwr Alexandre Tcherepnine yma (mab yr enwog Nikolai, y cyfansoddwr ac arweinydd operâu a bale) a'i wraig Tsheineaidd swynol Lee Hsien-Ming. Yn yr un cyngerdd cafwyd datganiad o ganu Penillion gyda'r delyn gan Amy Parry-Willaims ac Alwena Roberts. Mae cynifer o unawdwyr bydenwog wedi canu ar y Nos Iau fel mai anodd fyddai dewis pa rai i'w henwi.

Mae tuedd fwy difrifol i'r Cyngerdd Nos Wener yn bendant, ac mae'r ymwelwyr cydwladol wedi cynnwys telynorion a gitaryddion o Sbaen yn ogystal â chwaraewyr ffidil, soddgrwth a'r piano. Mae'r Atodiad yn rhoi rhestr fanwl o'r cyngherddau nos hyn i gyd, rhestr sy'n darllen fel catalogau'r tri phrif gwmni gramoffon wedi'u rhoi'n un.

Eithriad nodedig i hyn un Nos Wener – ym mlwyddyn Gŵyl Brydain (1951) – fu cynnwys grwp helaeth o Ganeuon Moliant yn y rhaglen, yn cael eu canu gan gorau o naw o genhedloedd. Mae trefnu i gorau ganu ynghyd yn beth gweddol gyffredin mewn gwyliau cenedlaethol; fe'i dechreuwyd gyntaf gan Miss A. N. Wakefield yn Kendal, Westmoreland, gan greu cysylltiad rhwng y corau cystadleuol o ddiddordeb a gweithgarwch cyffredin, ar wahân i gystadlaethau'r dydd rhwng y naill gôr a'r llall. Mae wedi bod yn elfen amlwg hefyd ers blynyddoedd yn yr Eisteddfod Genedlaethol.

Peth anodd yw trefnu'r fath weithredu ar raddfa gydwladol, a'r corau yn dod i Langollen o bedwar ban byd. Ond yn 1961, gyda chymorth arian chwanegol a roddwyd gan Gyngor Celfyddydau Cymru, fe lwyddodd W. S. Gwynn Williams i gyflawni amcan y bu'n breuddwydio amdano ers blynyddoedd. Fe ddaeth â mil o gantorion ynghyd i ganu *Allelujah Gentium*, casgliad o Ganeuon Moliant gan Bach, William Byrd, Victoria Lassus, Palestrina, Robert Williams a Handel, gydag Emyn Gregoraidd o'r Ddeuddegfed Ganrif yng nghanol y grwp. Roedd y corau a gymerai ran yn dod o Awstria, Belg, Lloegr, Ffrainc, yr Almaen, Yr Eidal, Portwgal Sbaen a Chymru, ac fe ddarlledwyd y cyngerdd yn 'fyw' o'r llwyfan. 'Roedd yn fenter fawr, ond mi aeth yn dda ryfeddol a gwneud tipyn o argraff' sgrifennodd Mr Gwynn Williams – ef oedd yr arweinydd, gyda Ffrancon Thomas wrth yr organ.

Dydym ni ddim wedi sôn hyd yma am un nodwedd arbennig o'r cyngherddau hyn. Ar ddiwedd y rhaglen mi fydd yr organydd yn cilio nôl i'w fainc sydd o'r golwg dan flodau ac yn chwarae Anthemau Cenedlaethol Cymru a Lloegr. Ond nid dyna ddiwedd y noson, er fod y cyngerdd eisoes wedi parhau tan hanner nos – hyd yn oed ar ôl dileu'r seibiant arferol yn y canol am fod pethau'n rhedeg yn hwyr. Oblegid y pryd hwnnw, yn unol â thraddodiad a gychwynnwyd pan ddodwyd organ drydan i mewn, bydd nifer o'r gynulleidfa'n symud i gyfeiriad y llwyfan tra bydd yr organydd yn dechrau chwarae amrywiaeth diddiwedd o ganeuon cenedlaethol, rhai Cymreig yn bennaf. Yna fe fydd y dorf yn dechrau canu; er i'r Cyfarwyddwr Llwyfan grefu ar i bawb 'wagio'r Babell', bydd mwy a mwy'n ymuno yn y gân, yn cynnwys llawer sydd wedi gwneud hyn yn llawen ers blynyddoedd, ac eraill sy'n chwilfrydig ynglŷn â'r digwyddiad anarferol. A 'noson lawen' yw hi'n wir; a'r meicroffon a'r cyrn siarad wedi'u gadael ymlaen, bydd grwpiau'n ymffurfio o gwmpas y cyrn ar y Maes ac yn cyd-ganu. 'Dyna beth yw canu cynulleidfaol, bachan!' meddai rhyw Gymro yn llawn cynnwrf, wrth i mi gerdded heibio iddo, a thra oeddwn yn dringo'r rhiw serth gyda 'ngwraig a 'nheulu, fe glywsom *Jenny Jones, Dafydd y Garreg Wen*, ac *Ar Hyd y Nos* yn hwylio dros y caeau. Cynhesodd y canu ein calonnau fel Carolau Nadolig ar draws yr eira, ac ni allai chwyrnu'r ceir a'u cymylau o fwg a llwch, ar eu ffordd adref o'r cae uchaf, ei ddifetha. Bu tawelwch ar ôl *Cwm Rhondda*, ac eithrio sŵn y ceir; roedd rhywun, wedi cymryd trueni ar y staff (gwirfoddolwyr, gan mwyaf) a'r technegwyr ac wedi diffodd y meiciau a'r goleuadau yr un pryd, oblegid pan edrychsom nôl i lawr y goriwaered tawel y cyfan a ellid ei weld oedd dau olau allan yn hebrwng y golofn o ymwelwyr o'r lle; a'r tu ôl iddyn nhw roedd cysgod gwyn anelwig y babell groesffurf.

Mae tuedd yn ein plith ni'r ymwelwyr, i gymryd gormod yn ganiatáol a bellach mae cyfyngu ar y serenadu a'r dawnsio a fyddai'n cadw'r dref yn effro drwy'r nos yn y blynyddoedd cynnar; ond o ystyried popeth mae'n peri i Langollen sefyll ar ei phen ei hun yn y cof ac yn y byd.

Hir Oes i Wlad y Gân!

# 'Mae'n ymddangos nad oes terfyn. . .'

Mae'n ymddangos nad oes terfyn i'r hyn a allai ddatblygu yn
y pen draw.　　　　　　　　SYR THOMAS ARMSTRONG

DOES DIM AMHEUAETH nad yw carnifal flynyddol Llangollen
(dyna beth mae ysbryd yr Ŵyl yn ei olygu i'r cyhoedd) yn denu
pobl gyffredin sydd heb fod yn arbenigwyr ar gerddoriaeth neu
ddiwylliant gwerin, a heb chwaeth y connoisseur mewn dawns neu
brydferthwch merched. Cerddoriaeth yw sylfaen yr Ŵyl gyfan, fel y mae
wedi bod ers canrifoedd lawer yn hanes eisteddfodau dirifedi. Mae Cymru
wedi ymfalchio yn ei beirdd oddi ar ddyddiau Iolo Goch; ac mae bard-
doniaeth, neu gerdd dafod, wedi bod yn faes cystadlu, o bosib, er dyddiau'r
Derwyddon gynt, rhagflaenyddion y beirdd. Mae tystiolaeth sgrifenedig
(gw. Pennod 3) o ffynonellau Groegaidd a Rhufeinig fod y Derwyddon yn
adrodd cerddi i gyfeiliant tannau o ryw fath ar offeryn llinynnol a allai fod
yn rhagflaenydd i'r delyn; ond ni ellir dweud beth yn union oedd y cyswllt
rhwng curiadau'r cyfeiliant a rhuthm y llais. Anodd credu nad oedd dim
cyswllt o gwbl. Mae Llangollen wedi cadw barddoniaeth yn y geiriau cain
a osodwyd ar gerddoriaeth, ac â hithau yn y wedd honno gall unrhyw gôr
o ymwelwyr ymdeimlo â'r ysbryd a dehongli'r cyfuniad celfyddydol a
luniwyd, ac a wellwyd weithiau, gan y cyfansoddwr. Ond mae dawns
draddodiadol a meim mor bwysig â cherddoriaeth o ran cyfathrebu
rhwng y gwledydd. Fe all plentyn o Bali, brodor o'r feldt uchel, Esgimo
neu un o drigolion fforestydd yr Amazon ddeall arwydd ac ystum a
theimlad dawns, boed yn ddarlun o ymdaro chwyrn, neu'n alargan brudd
ar ôl y meirw, llawenydd diwrnod priodas neu suo-gân plentyn bach. Gan
hynny fe geir cystadlaethau yn Llangollen ar gyfer grwpiau cenedlaethol
yn dawnsio dawnsiau seremonïol a thraddodiadol gyda chyfeiliant lleisiol
ac offerynnol; nid fersiynau diwygiedig, yn cael eu taranu gan gitarau
trydan modern neu ar dabyrddau ffug-ddisglair, ond gan yr offerynnau a
ddefnyddiwyd i greu'r gerddoriaeth ers cenedlaethau lawer.

Celfyddyd, gan hynny, yw hanfod Eisteddfod Llangollen, cerddoriaeth
o'r unfed ganrif ar bymtheg hyd heddiw, a dawnsiau'r cenhedloedd. Er
mwyn glynu wrth y safonau uchaf o ran y perfformiadau a phurdeb
arddulliau, fe wahoddir panel o feirniaid hyddysg bob blwyddyn o nifer

o wledydd, fel a ddisgrifiwyd eisoes yn y bennod flaenorol. Un o'r beirniaid mwyaf nodedig, gŵr sy bellach wedi bod ar y Panel yn Llangollen ers dwy flynedd ar bymtheg, yw Syr Thomas Armstrong, MA., DMus., a fu tan 1968 yn Brifathro'r Academi Gerdd Frenhinol yn Llundain, ond sy'n dal mor brysur ag erioed ar ôl gadael y 'tresi'. Mae ganddo nifer o swyddi er anrhydedd – ond swyddi pwysig, serch hynny, – ym myd cerddoriaeth, – ef yw cadeirydd Cronfa Les y Cerddorion, er enghraifft, ac mi fydd yn treulio llawer o amser yn nyletswyddi'r gadeiryddiaeth, – ac mae galw cyson arno oblegid ei ddoethineb a'i holl brofiad mewn nifer o feysydd cerddorol. Mae'n dal mewn swyddi pwysig fel organydd, athro, arweinydd, gweinyddwr ac ymddiriedolwr; does neb sy'n fwy amryddawn nac yn uwch ei barch ym myd cerddoriaeth nag ef. Mae'n feirniad gwych, mae'i feirniadaethau ar y pryd fel ei areithiau cyhoeddus, yn batrymau o eglurder, ac yn arddangos ei ddynoliaeth a'i ddoethineb mawr.

Ar ei ddegfed ymweliad â Llangollen fe sgrifennodd yr erthygl ganlynol, a mawr yw ein dyled iddo yntau ac i'r *Liverpool Daily Post* am eu caniatâd i'w hailadrodd yma :

Rhaid gweld Llangollen cyn credu ynddi. A'r golau'n peri weithiau i'r babell fawr ymddangos fel eglwys gadeiriol; a'i naws mor gofiadwy pan chwaraeir yr organ a'r ymwelwyr heb ddechrau cyrraedd o'r bron. Cofiadwy hefyd yw'r meinciau o flodau, a adnewyddir bob dydd a'u dyfrhau mor gariadus gan foneddigesau sydd fel petaen nhw'n corffori, gyda'u dawn a'u bywiogrwydd gwengar, rai o nodweddion gorau'r genedl Gymreig. Mae'r blodau'n dyst i ffrwythlonder a haelioni tiroedd ysblennydd, ac yn fwy bywiog, yn llawnach ac yn ddisgleiriach eu lliwiau nag a sylweddolwyd.

Fel y llanciau a'r llancesi fydd yn dod i'r Ŵyl o bentref a fferm, bydd y blodau'n peri i'w cefndryd o'r ddinas orlawn edrych yn welw a difywyd. Rhaid gweld Llangollen cyn credu ynddi. Ond nid yw gweld yn ddigon. Rhaid cael y dychymyg i agor y meddwl i amgyffred arwyddocâd y cyfan, holl gyfoeth dyheadau dynol, profiadau, ymdrechion, llwyddiant, a thrasiedi hefyd. Mewn cenedl mor fywiog a rhamantaidd nid buddugoliaeth yn unig a geir. Mewn llawer teulu a chymuned fe geir trasiedi – trasiedi na fydd bob amser yn cael sylw'r byd ond a fydd yn treiddio i mewn i wead cerddoriaeth Gymreig ac i naws cynifer o ganeuon Cymreig. Yn gefndir i'r cwbl hefyd mae capeli Cymru a'u crefydd; a ble bynnag y ceir Calfiniaeth yno hefyd fe geir llwyfan ar gyfer trasiedi. Er dal y llanw nerthol yn ôl mi fydd yr argae'n torri ar brydiau.

Ond y dychymyg yw'r nodwedd amlycaf, a'r gweledigaethau fydd yn deillio ohono. Ystyrier y brwdfrydedd a'i gwnaeth yn bosibl i nifer fach o ddynion mewn cymuned fechan gynllunio gŵyl gydwladol, heb ddim adnoddau wrth law, heblaw'r rheiny a geid yn yr ardal. Ni chafwyd arian cyhoeddus i gychwyn y fentr. Ac ni chaed cefnogaeth nerthol o fyd cerddoriaeth. Ond roedd yno ddychymyg.

Roedd yno ddelfrydiaeth; ac fe benderfynodd y trefnwyr hyn wahodd ymwelwyr o bedwar ban byd i'w dyffryn, a'u croesawu i'w cartrefi a'u haelwydydd. Mae'r un elfennau o ddychymyg wedi'u galluogi i ymdopi â'r datblygiadau enfawr sy wedi dilyn y llwyddiant cyntaf, ac mae'n ymddangos nad oes terfyn i'r hyn a allai ddatblygu yn y pen draw.

Beth am safonau cerddorol yr Eisteddfod? Maen nhw'n dal i amrywio, a dweud y gwir. Mae'r darnau prawf a osodir gan y Pwyllgor Eisteddfodol fel arfer yn rhai da iawn, yn addas i'r achlysur, ac yn gymeradwy o safbwynt cerddorol. Ac mae'r perfformiadau'n fynych yn odidog, beth bynnag fo'ch safon. Ond pan adewir y dewis i'r cystadleuwyr unigol mi fydd y canlyniad yn siomedig ar brydiau. Peth trist yw clywed côr meibion ardderchog, a chanddo'r gallu i greu seiniau mor iasol ag a ellir eu cael mewn cerddoriaeth, yn gwastraffu ei nerth a'i felystra ar ddarn cwbl ddiwerth.

Yn hyn o beth mae pethau wedi gwella: ond mae peth ffordd i fynd eto, gan y grwpiau yn ogystal â'r unawdwyr, fydd weithiau'n cynnwys, mewn cystadlaethau alawon gwerin, eitemau, sy'n rhoi rhy ychydig o gyfle ar gyfer triniaeth gerddorol o werth. Yn y darnau gosod fe geir cerddoriaeth wych, darnau a godwyd o lawer cyfnod ac oddi wrth lawer o genhedloedd, ac wedi'u golygu gan amlaf gan y gweledydd diflino hwnnw, Mr Gwynn Williams, y gŵr sy wedi rhoi'r cychwyniad cerddorol a'r ysbrydoliaeth i gynifer o wyliau. Yn gwmni i ddychymyg Mr Gwynn Williams mae ymwybyddiaeth gadarn o'r hyn sy'n ymarferol ac yn gerddorol werthfawr. Dyn nodedig yn wir. Mae'n naturiol fod y cystad-laethau ar gyfer corau a grwpiau yn gryfach na'r rhai ar gyfer unigolion. Y dawnswyr a'r chwaraewyr, wedi'u gwisgo'n aml yn eu gwisgoedd cenedlaethol lliwgar, a'r corau – yn fwy hamddenol ond heb fod yn llai o unigolion – y rhain yw gwir hanfod yr Eisteddfod, y ffynhonnell y mae bywyd yr Eisteddfod yn tarddu ohoni.

Mae hyn yn anorfod, oblegid, celfyddyd gymdeithasol yw cerddoriaeth, a'r tu ôl i'r holl ymdrechu yn Llangollen, mae'r elfen gymdeithasol yn gref. Ond mae cerddoriaeth yn bodoli er ei mwyn ei hun, pa mor bwysig bynnag y bo'i dylanwad cymdeithasol ac addysgiadol. Mae pob ystyriaeth arall yn israddol. A'r gerddoriaeth sy'n gwneud Llangollen.

Os cerddoriaeth grwpiau a glywir yn Llangollen yn bennaf, – os yw'r

Ŵyl yn darparu ar gyfer gweithgareddau grwp yn hytrach nag ar gyfer cynhyrchu unawdwyr disglair, dyna ran o'i chryfder; ond mae croeso i'r unawdwyr disglair hefyd, yn gantorion neu'n offerynwyr, ddod i wneud cyfraniad gwerthfawr i lwyddiant cyffredinol yr Ŵyl. Mae'r Eisteddfod, at ei gilydd, yn un o'r profiadau mwyaf nodedig a chreadigol a ddaeth i mi erioed. Ond rhaid ei gweld cyn credu ynddi a dim ond profiad personol o'i chymeriad arbennig a all gyfleu'n ddigonol syniad o'i hamrywiaeth, ei dylanwad a'i phosibliadau. Fe allai'r sylwedydd gorfanwl wneud rhai sylwadau beirniadol, o bosib, oherwydd prin y gall holl fanylion diwrnod hir o waith fod yn gymeradwy i bawb: mae'r trefnyddion yn ymwybodol o hyn, ac yn ymdrechu'n barhaus i godi'u safonau ym mhob cyfeiriad lle bo modd.

Ond wedi i chi ymgolli ym mywyd yr Eisteddfod, bydd eich beirniadaethau'n toddi yn y cynhesrwydd a fegir yno. Fe'u chwythir i ffwrdd gan gorwyntoedd bywiogrwydd ac ynni creadigol.

Fe fyddwch wedi sylwi fod Syr Thomas yn mynnu fod 'rhaid gweld Llangollen cyn credu ynddi'. Dyna'r gwir plaen. Ni all dim a sgrifennir neu a ffotograffir neu a ddangosir ar y teledu, neu a grybwyllir ar y radio, roi gwefr debyg i'r un a greir yng nghalon pob ymwelydd a ddaw am dro i'r Ŵyl ryfeddol hon. Mae'n awgrymu fod lle i wella mewn pethau fel y darnau a ddewisir gan arweinyddion y corau. Mae hyn mewn gwirionedd yn llai cywir heddiw nag yr oedd pan sgrifennwyd yr erthygl bron ddegawd yn ôl. Mae ein chwaeth ynglŷn â'r cyfryw faterion cerddorol pwysig yn graddol wella, diolch i boblogrwydd cynyddol cerddoriaeth well drwy 'gyfryngau cyfathrebu torfol' yr oes, ar waethaf holl sylwadau diobaith a gwawdlyd lleiafrif o ddeallusion rhagfarnllyd a chibddall sydd ar leihad. Ond mae Syr Thomas yn cytuno nid yn unig fod Llangollen wedi dod â phobloedd o amryw wledydd ynghyd mewn diddordeb cyffredin a chyfeillgarwch, ond hefyd mai'i safonau yw'r rhai uchaf a brofwyd erioed yng Nghymru, ac yn wir mewn unrhyw wlad; ac y 'byddai'n drasiedi pe caniateid i Ŵyl Llangollen ddiflannu' – geiriau a fynegodd i'r sgrifennwr. Ein cyfrifoldeb ni i gyd fydd gofalu, wrth ystyried gwerth yr Ŵyl, na chaiff hynny fyth ddigwydd.

# PENNOD DEG

# *Adolwg a Rhagolwg*

Y DENG MLYNEDD CYNTAF mewn priodas yw'r rhai caletaf, medd rhai; yr ugain cyntaf, yn ôl rhai eraill.

Os cewch chi fyth y syniad o gychwyn gŵyl gystadleuol gydwladol, meddyliwch am Langollen. Ar y dechrau roedd amryw broblemau ymarferol i'w goresgyn na cheir fel arfer mewn gwyliau'n gyffredinol. Fe dyfodd y syniad o'r awydd i wneud rhywbeth dros y grwpiau o bobl alltud oedd wedi cartrefu yma o achos y Rhyfel ond na fedrai ymuno yng ngweithrediadau'r Eisteddfod Genedlaethol ar waethaf pob dymuniad i wneud hynny. Ac felly fe ddechreuodd Llangollen fel sefydliad cydwladol ei apêl a'i weithgareddau, ac fe lwyddodd ar unwaith i ddenu *clientèle* cydwladol ac i fagu enw a berchid drwy'r gwledydd. But 14 o genhedloedd yn cystadlu yn yr Eisteddfod gyntaf, ac amryw grwpiau'n teithio o'r cyfandir. I gynorthwyo'r rhai olaf hyn, fe dalodd yr Ŵyl eu treuliau o Lundain i Langollen, a'r gost o'u cadw, yn ddawnswyr a chantorion, yn ystod eu harhosiad yn y dref. Oherwydd eu harhosiad hir fe fu'n bosibl iddyn nhw gyfrannu i gyngherddau nos yn y Babell Fawr, yn ogystal a'u mwynhau; ac fe gawson groeso calon ar aelwydydd y trigolion lleol.

Fe wnaed iddyn nhw deimlo'n gartrefol; lledodd y gair drwy'r gwledydd, a chyn bo hir roedd rhagor nag ugain o wledydd yn gofyn am gael anfon cynrychiolwyr i'r cystadlaethau blynyddol, a feirniadwyd gan arbenigwyr o amryw wledydd. Gellid cymharu'r corau â'i gilydd gyda darnau prawf o bwysigı wydd 'uwch-genedlaethol', o'r ysgolion cyn-glasurol poliffonig, drwy Bach a'r Clasurwyr a'r Rhamantwyr, a darnau hefyd o'u gwlad a'u dewis eu hunain. Roedd croeso i bob math o ganu a dawnsio gwerin, ar yr amod ei fod yn ddilys a bod y cyfeiliant yn cael ei chwarae yn null traddodiadol cywir y wlad wreiddiol ac ar yr hen offerynnau traddodiadol cyn belled ag y byddai modd neu ar efelychiadau modern ohonyn nhw.

Ac felly fe dyfodd yr Eisteddfod, a'r problemau ymarferol. Cyn bo hir bu rhaid estyn cylch lletya'r ymwelwyr y tu draw i ffiniau'r dref. Dechreuodd rhai gwledydd anfon grwpiau gydag ymhell dros gant o gantorion a dawnswyr a fyddai'n cystadlu yn yr holl adrannau, gan gynnwys y côr plant ar gyfer y Dydd Sadwrn a'r Côr Meibion hefyd. Fe olygai hynny drefnu gwasanaeth arbennig o fwsiau preifat i gysylltu'r pentrefi pellaf a'r holl waith gweinyddol ynglŷn â lletya'r cannoedd. A chyda'r codiad yng nghostau byw, mae'r taliadau am lety wedi codi'n gyson, yn union fel a ddigwyddodd gyda phrisoedd y tocynnau trên o Lundain. Tan 1966 roed trên yn rhedeg hyd at Riwabon o leiaf, ond mae hwnnw wedi gorffen erbyn hyn a'r drefn bellach yw anfon bwsiau i gyfarfod â'r corau yn y Waun am y ffin â Lloegr, neu eu cyrchu hyd yn oed yr holl ffordd o Lundain.

Teg yw dweud felly fod y pum mlynedd ar hugain cyntaf wedi bod yn galed bob un. Bellach bydd yn agos i 12,000 yn cystadlu, a'r mwyafrif o'r rhain yn ymddangos yn y Babell Fawr; a bydd cyfanswm y cynulleidfaoedd trwy'r wythnos dros 180,000, gan gynnwys y cyngherddau nos a'r bale Nos Fawrth, a chyngerdd y corau ar y Nos Sul ddilynol ar ôl y Gwasanaeth Diolchgarwch yn y Babell (fydd yn debycach nag erioed i Eglwys Gadeiriol Ganfas Dylan Thomas) a rhyw arweinydd crefyddol yn llywyddu, boed Pabydd, Anglicanwr, neu Gapelwr o Gymro, bob un yn ei dro, ac emynau'r ŵyl wedi'u hargraffu yn y rhaglen swyddogol ac yn cael eu canu yn Gymraeg neu yn Saesneg.

Ar yr ochr ofidus, mae'r cyllid cyffredinol wedi codi o'r £1,000 a danysgrifiwyd ar gyfer yr Eisteddfod gyntaf nes croesi'r £35,000; a heb gymorth hael, brwdfrydig a gwirfoddol y trigolion lleol ni allai'r sefydliad bydenwog hwn fod wedi cadw i fynd o gwbl. Mae baban cydnerth y pedwar degau wedi tyfu'n gawr sy'n nodedig yng Nghymru, ym Mhrydain Fawr, ac yn wir trwy'r byd cerddorol i gyd. Fe glywsom fod athrawon dysgedig yn Fienna, Johannesburg, Singapôr a Hong Cong yn ymdrechu o hyd i ynganu 'Llangollen'. Erbyn hyn mae trigain o wledydd wedi bod yn yr Ŵyl, o'r pum cyfandir, ac o bobtu'r 'Llen Haearn' – yn 1971 cynrychiolwyd tri deg dwy o wledydd, yn cynnwys pum côr o UDA, ac un o Tasmania; yn 1972 caed tri deg dwy o wledydd yma eto, yn cynnwys pum grwp o Canada ac un o Awstralia. Cyn i Eisteddfod 1972 ddod i ben roedd pob un o'r tocynnau tymor ar gyfer 1973 wedi'u gwerthu, ac roedd pob un o'r corau wedi mynd â chopi o'r Rhaglen Testunau argraffedig ar gyfer 1973 adref gyda nhw i fyw mewn gobaith o gael dychwelyd yma eto cyn bo hir.

Os oes rhaglen yn eich meddiant, sylwch ar faintioli enfawr y pwyllgorau gwaith ymroddgar hynny – 'Cyfieithwyr. . . . Cyllid . . . y Maes . . . Addurniadau Blodeuol . . . Cyhoeddusrwydd . . . Tocynnau . . . Llety a Chroeso.' Mae'r pwyllgor olaf hwn yn cynnwys cynrychiolwyr o 37 o leoedd o gwmpas Llangollen, o dref fawr fel Wrecsam i bentref bach fel Penycae. Ei waith yw cynorthwyo'r ymwelwyr i ddod o hyd i le i aros, boed gwesty, llety neu ffermdy, nid bychan o dasg yn ystod wythnos yr Ŵyl. Bydd pob arwydd am 'wely a brecwast' yn diflannu o'r golwg dros y cyfnod hwn ac ar ôl hynny hefyd, mae'n siŵr. Heb yr holl gymorth gwirfoddol, sy'n mynd ag amser llawer o bobl dros ran helaethaf y flwyddyn, ni ellid meddwl am gynnal gŵyl mor anferth â hon.

Wrth fwrw golwg nôl drwy hen raglenni fe gawn atgofion am berarogl y gwyddfid yn y bore cynnar wrth ddrws ferm y Tŵr; am yr heulwen euraid yn llenwi'r maes gwyrdd a osodwyd yng nghanol y mynyddoedd; am oerfel cymharol y Babell Fawr, a'i seddi cochion di-rif yn llawn o bobl yn gwrando'n astud ar holl fanylion y perfformiadau cystadleuol; am nosweithiau o Fflamenco ysblennydd, gymnasteg Slafonig, rhywioldeb Affricanaidd, disgleirdeb yr unawdydd piano, canu opera ardderchog; am Beethoven, Verdi, Berlioz, Gerontius. Cofio hefyd am orig a gipiwyd ar lan afon Ddyfrdwy, mwynhau'r heulwen ar yr ynysoedd yn ymyl y dref, neu freuddwydio yn nghysgodion di-wres Handelaidd Llantysilio, a'r dawnsio ystwyth a'r canu gorfoleddus gyda'r nos ar y Bont enwog. Mae lorïau a bysiau wedi cymryd lle'r ceffyl pwn, ond mae trenau ager canrif o 'gynnydd' diwydiannol wedi peidio â phoeni'r adeiladwaith urddasol.

Y fath olygfa a welir ar Faes yr Eisteddfod! Cyffelybaeth haeddiannol fyddai sôn am gant o loynnod byw o wledydd pell wedi disgyn ar lwyn 'buddleia' anferth. Yn ogystal â'r Babell Fawr, mae'r ddôl ddi-des yn dal amryw bebyll eraill, fawr a bach, o bob siâp a maint. Mae'r rhain wedi'u neilltuo ar gyfer derbyn cystadleuwyr, rhoi gwybodaeth i ymwelwyr, lleoedd bwyta, tafarnau llaeth, cymorth cyntaf ac ambiwlans, polîs, cyhoeddusrwydd, injian dân a chanddi biben yn rhedeg i'r gamlas y tu ôl iddi, yn barod i ymdopi ag unrhyw alw ar y Maes, a gwasanaethau eraill; pebyll ar gyfer y Rheilffyrdd Prydeinig, Sefydliad y Merched, Undeb Cenedlaethol yr Athrawon, Bwrdd Croeso Cymru, Swyddfa Docynnau Ymlaen-llaw, ac arddangosfa neu ddwy. Hefyd mae yno nifer o adeiladau parhaol, swyddfeydd a thai bach yn bennaf, a gostiodd yn sylweddol i'r Eisteddfod dros y blynyddoedd; bu rhaid gwario hefyd ar gael ceuffosydd i ddelio â stormydd sydyn ac er lles y borfa a dreulir yn ddim gan filiynau o draed – rhaid i'r dywarchen dyfu ac atgyfnerthu dros fisoedd y gaeaf yn barod ar gyfer yr haf dilynol. Bu rhaid gwario yn ogystal ar adffurfio'r tir er mwyn rhoi lle i'r Babell Fawr dyfu i'w maintioli presennol a bod yn gysurus ar gyfer y gwylwyr.

Eto i gyd mae erwau o lawntiau gwyrddion, anllygredig, ar ôl o hyd, lle bydd miloedd o bobl yn crwydro; ymwelwyr mewn dillad duon parchus, pobl ifainc mewn gwisgoedd hynod o ddillad offeiriad Eifftaidd gynt i ddillad unffurf taclus swyddogion milwrol y ddau ryfel byd – heb fathodynnau'r catrodau, wrth reswm. Yno bydd grwpiau o gystadleuwyr yn cymysgu â'i gilydd yn eu gwisgoedd arbennig, cenedlaethol a thraddodiadol: sidanau ysblennydd o'r dwyrain, siolau Iberaidd anghyffredin, mantilau cymhleth, saris o'r India, a charthenni o Mecsico. Gwrthgyferbynner y rhain â dillad yr hen fyd – o'r Iseldiroedd, Llydaw, Normandi, taclusrwydd pruddaidd y Llychlynwyr gyda'u sgarffiau a'u siacedi addurniedig. Mae hyd yn oed Dawnswyr Morus Lloegr, gyda'u nytheidiau o flodau ar eu pennau, yn edrych yn gartrefol yn Llangollen.

Pan fydd yn wresog, fel y bu yn 1971, bydd llawer yn eistedd i lawr a'u cefnau yn erbyn y ffens gwarchodol neu glwyd amddiffynol, yn mân siarad, yn cyfathrebu ag arwydd ac ystum, yn yfed te, ac yn gwrando ar y perfformiadau a ddarlledir o'r Babell Fawr, y gerddoriaeth a'r cyflwyniadau ac ambell gyhoeddiad yn annog rhywun i symud ei gar neu i gasglu plentyn a gollwyd ond sy'n cael amser ei fywyd yn ergydio teipiadur ym mhabell y Polîs. Boddir llais y siaradwr am ennyd wrth i Wcraniad athletaidd mewn siarifari glas, rhwymyn coch, esgidiau marchogaeth brown golau, a thiwnig addurnedig lamu'n uchel i'r awyr fel Sioni-mewn-blwch, i gymeradwyaeth y bobl o'i gwmpas sy'n brysur gyda'u camerâu ac yn bodio'u llyfrau llofnod yn obeithiol. Yma ac acw bydd deuoedd yn cilio draw am dro ar lan y gamlas gerllaw; Llychlyniad a Lladiniad, Slaf a Chelt, yr Hen Fyd a'r Newydd, heb iaith yn gyffredin weithiau – dim ond gwên a chyffyrddiad llaw. Fel y dywedodd y Swed goleubryd (pan welwyd ef yng nghwmni dawnsferch fywiog o Bortwgal) wrth newyddiadurwr busnesol, gan chwifio geiriadur poced, 'Fe gyfathrebwn'. Mae storïau yma a fyddai wrth fodd 'Z Cars', nid am y fasnach gyffuriau ond am y posibliadau ynglŷn â sefydlu Swyddfa Briodas Gydwladol. Ambell dro fe glywir ergydio tabyrddau wrth i grwp o ddawnswyr rihyrsio (y pryd hwnnw fe ddaw llais dros y corn siarad yn erfyn ar y tybyrddwr i roi'r gorau i'w ymyrraeth â pherfformiadau'r corau – nid mor hawdd yw dileu ymyrraeth awyren jet uwchben), neu sefyll i gael tynnu llun.

Ymhell cyn diwedd y noson fe fydd y cyflenwadau o hufen ia a brechdanau hambwrg wedi'u dihysbyddu a phob dafarn laeth yn hesb; ond fore trannoeth fe ddaw cyflenwadau o'r newydd gyda'r wawr o'r Waun ac o Wrecsam i borthi'r torfeydd fydd yn dechrau tyrru trwy'r clwydi troi am naw o'r gloch. Fe ddaw tua 40,000 ohonyn nhw bob dydd. Ni fentrai Barnum ei hun feddwl yn y termau hyn . . .

Yn y Babell, mae'r beirniadu'n mynd ymlaen fel a ddisgrifiwyd yn gynharach yn y llyfr hwn. Rhwyddheir hyn gan fedrusrwydd y stiwardiau profiadol y tu ôl i'r llwyfan. A'r naill gôr wrthi'n canu, fe restrir yr un nesaf yn barod ar yr esgynfa sy'n arwain i'r llwyfan; ac mae côr arall yn aros ei dro yn stafell gyfagos yr Artistiaid (lle gellir twtio'n derfynol y coluro a'r gwisgoedd pan fydd angen) ac un arall eto yn ymgasglu y tu allan ar y Maes. Cyn gynted ag y bydd un côr wedi gorffen canu bydd yn troi i'r dde ac yn ymadael â'r llwyfan. Bydd yr Arweinydd Lwyfan, fel y gelwir y sawl sy'n gyfrifol am wneud y cyflwyniadau, yn cyhoeddi enw'r côr nesaf, ac yn rhoi ychydig o ffeithiau diddorol ynglŷn â'i darddiad, ei weithgareddau, y daith i Langollen (treulir tridiau weithiau dros fôr, heol a rheilffordd, cyn cyrraedd pen y daith; weithiau bydd yr ymweliad yn rhan o daith o gwmpas y byd), bywoliaethau'r aelodau, ac yn y blaen, ac yn olaf gyfieithiad o enw'r darn hunan-ddewisiad gyda chrynodeb o'i gynnwys. Erbyn hyn bydd y beirniaid yn gytûn ar eu marciau, ac ar unrhyw newid a all fod yn angenrheidiol ym marciau corau blaenorol yn wyneb y perfformiadau diweddarach. Ymlaen â'r côr nesaf, cenir cloch y beirniaid a dyna gychwyn arni eto.

Yn 1971 fe synnwyd pawb gan dric a wnaed am yr ail flwyddyn yn olynol gan glwb canu o'r UDA. Wedi'i feddiannu, mae'n siŵr, gan yr awydd modern i amseru pethau i drwch blewyn, fe ruthrodd y côr i'r llwyfan mewn dwy ran, un o bob ochr, gan wau trwy'i gilydd gyda symudiad perffaith fel pedwar trên yn pasio'i gilydd. Roedd yr act wedi'i rihyrsio'n ofalus ac fe gafodd gymeradwyaeth, – a gwenau o fwynhad ar wynebau'r beirniaid; prin mae angen chwanegu mai ar safon gerddorol y canu'n unig y rhoddwyd y marciau. Ymadawodd y côr â'r llwyfan yn yr un dull, a dwy res yn symud bob ffordd. Awgrym un cyfaill oedd, gan fod ochr y Cofweinydd ar y chwith yn y wlad hon, ond ar y dde yn UDA, fod y côr yn benderfynol yn ei ddryswch i fod yn gydwladol wrth ddianc.

Mae swydd Arweinydd y Llwyfan yn gofyn effeithlonrwydd yn ogystal â doethineb. Mae'n ddyn o bersonoliaeth sylweddol. Mae'i enw'n awgrymu mwy o lawer na 'Meistr Defodau' neu 'Gyhoeddwr', ac mae ganddo ran hollbwysig yng nghystadlaethau'r dyddiau a chyngherddau'r nosau. Rhaid fod ganddo'r ddawn i siarad a siarad i lenwi bwlch lletchwith a chadw'r gynulleidfa'n ddiddan. Rhaid iddo fod yn gwrtais ac eto'n gadarn wrth ymdopi â chystadleuwyr gorfywiog a'u cefnogwyr yn rhan ogleddol y babell, neu wrth roi taw ar grwp ar y maes sy'n dechrau curo drwm ar ganol cystadleuaeth y corau; disgwylir iddo gyhoeddi'n ddigyffro neges oddi wrth y polîs ynglŷn ag allweddi a gollwyd, cais brys am feddyg, cyflwyno côr o blant nerfus neu Brif Weinidog sydd yr un mor nerfus. Cymwys gan hynny yw galw i gof enwau rhai o'r Arweinyddion Llwyfan yn ystod y blynyddoedd a fu: Caerwyn, gŵr a fu'n adnabyddus am lawer o flynyddoedd yn Eisteddfod Gydwladol Llangollen; y diweddar Meic Parry, Pat O'Brien a Hywel Davies; D. Jacob Davies, a thîm y blynyddoedd diweddaraf, T. Glyn Davies, Havard Gregory, Dillwyn Miles a Hywel D. Roberts. Fe roes y gŵr olaf lawer o gymorth a chefnogaeth i'r sgrifennwr wrth iddo lunio'r llyfr hwn. Mae'i gyswllt hir â'r Eisteddfod yn peri iddo fod yn ffynnon o atgofion sy'n deillio o'i ddiddordeb mewn pobl, diddordeb a gryf heir gan gynhesrwydd ei bersonoliaeth fel y gwelir yn amlwg ar y llwyfan.

Y cystadlaethau Gwerin, – caneuon, dawnsiau, ac offerynnau traddodiadol, – sy'n arddangos y gwisgoedd mwyaf lliwgar, ond fe fydd y corau ienctid a'r corau plant yn fynych yn daclus iawn yn eu dillad unffurf. Bydd eu cymhenrwydd yn cyfrannu i'r darlun caleidosgopig a welir trwy gydol y dydd ar y Maes ac yn y Babell. Bydd y cantorion o Ynysoedd Môr Udd yn gwisgo dillad Ffrengig sy'n mynd nôl canrifoedd, a dyma 'Gôr Meibion a Liedertafel' yn eu hetiau-copa-tal, a'u gwasgodau perlog, cotiau cynffon-hir ac esgidiau sy'n botymu fel yn amser eu cyndadau. Ac ni allai dim fod yn fwy swynol na'r grwpiau o Normandi a Llydaw yn chwifio'u cyfarchion boreol i ferched o Dumbarton yn eu ciltiau tartan, y merched eto mewn tartan o Alberta, Canada, a'r merched ifainc, hardd, o Newtownabbey yn Iwerddon, bob un yn arddangos aelodau isaf a fyddai'n deilwng o unrhyw lwyfan neu ornest harddwch – gan mor brydferth ydyn nhw. Eu gwalltiau taclus, sy'n ymdonni'n fynych i lawr at ysgwyddau a wisgwyd mewn blows neu jwmper, neu hyd yn oed at eu canol, tei ysgol neu glwb, a'r fath lunieidd-dra – a disgyblaeth nad yw mor llym, mae'n amlwg, ag yn nydd Fictoria. Mae Llangollen yn cynnig addysg eang ac amrywiol i'r ymwelydd, yn dddearyddol a chymdeithasol, yn hanesyddol a seicolegol, ac yn ogystal, yn gerddorol ac ieithyddol. Wrth weld yr olygfa yn Llangollen, a'r meinciau mawr o flodau ir yn cylchynu'r llwyfan ac yn ffurfio caer amryliw yn y cefn, fe fydd yr ymwelydd newydd yn troi ac yn dweud, beth bynnag fo'r iaith, '. . . ond doedd gen i ddim syniad y byddai fel *hyn*!'

Fe orffennodd cyngerdd Nos Sadwrn Blwyddyn Jiwbili Arian Llangollen ar nodyn hapus, ond nodweddiadol. Roeddem eisoes wedi cael profiad newydd ym mherfformiad grwp o Swediaid ifainc, y *Treklangen* o Linkoping, o ddawnsiau modern. Prin y mae 'dawns' yn ddigon i ddisgrifio'r cyfuniad o feim, dawns a cherddoriaeth o'r geg a genid gan y cantorion eu hunain. Mewn gwisgoedd o wyrdd, gyda llewys a hosannau byrion mewn gwyn, roedden nhw'n edrych fel coblynnod-y-wig neu dylwyth teg (pa un bynnag yw'r harddaf) yn eu rhesi dyfnion ar letraws y llwyfan. Eu 'Cerddoriaeth' eu hunain oedd y cyfeiliant i'r meimio a'r symud gosgeiddig, – sibrwd, murmur, ochneidio, trydar, rhuo, chwibanu, rhuthro yn union fel y bydd dyn yn dychmygu'r hyn oedd yn digwydd yn yr Is-fyd yn ffantasi Tolkien yn bell, bell yn ôl. Eu hunig gyfarpar oedd cilindrau lliwgar, disglair a dyrneidiau o ddail hydref gloyw.

Tua hanner awr wedi deg – sy'n gynnar mewn cyngerdd yn Llangollen, – bydd rhai'n mynd ymlaen tan wedi hanner nos – fe gyflwynodd Arweinydd y Llwyfan y Côr Plant o Rosny, Tasmania. Roedd y côr hwn wedi ennill enwogrwydd eisoes drwy berfformio'n wych yn nghystadleuaeth Caneuon Gwerin Traddodiadol yn gynharach yn yr wythnos; roedd yno ddiddordeb arbennig hefyd yn y côr cyntaf o Awstralia i ymddangos yn yr Hemisffer Gogleddol. Ymlaen i'r llwyfan â'r plant, yn fechgyn a merched rhwng 6 a 16 oed. Glas, gwyn a choch oedd eu prif liwiau – ffrogiau a sgertiau glas i'r merched, trowsusau glas i'r bechgyn; blowsiau gwynion i'r merched, crysau gwynion i'r bechgyn, a rhesi o hosanau gwynion o dan bennau-gliniau bach pinc. Beret a thei goch gan bob un, ac esgidiau duon: a dyna bedair rhes o wynebau pinc, gwengar, yn syllu ar eu harweinydd ifanc, main, Jennifer Filby.

Yn gyntaf fe ganwyd caneuon poblogaidd o Awstralia gan Frank Hutchens; yna, daeth perfformiad hyfryd o *The Angels and the Shepherds*, gan Kodály, gyda'i ddiweddglo mewn wyth llais. Fe wrandawodd y gynulleidfa enfawr ar y gwaith hwn mewn tawelwch perffaith, a dorrwyd ar y diwedd gan gymeradwyaeth fyddarol. Nid yw cynulleidfaoedd Cymru mor hurt ag y tybir mor fynych, diolch i'r gwellád graddol yn chwaeth gerddorol ein cyfnod ni. Ond roedd gwir wledd Nos Sadwrn i ddilyn.

Amneidiodd Miss Filby ar fachgen bach yn rhes flaen y côr i ddod ymlaen i gymryd ei lle. Roedd yn grwtyn cydnerth yr olwg, ac ar ôl troedio'i ffordd i ben y rostrwm fe roes amnaid fer i'r gynulleidfa. Troes nôl at y côr a sicrhau fod pob llygad arno, yn cynnwys eiddo'r cyfeilydd; yn y distawrwydd disgwylgar fe roes guriad proffesiynol ei osgo, a dechreuodd y pianydd chwarae. Wedi'i foddhau, fe droes at y 'meic' – ac atom ninnau – a dechrau canu'r *Crwydryn Llon*. O'r eiliad cyntaf roedd pawb 'gydag ef': yn gwylied ei wyneb gwengar a'i lygaid yn pefrio, ac yn gwrando ar bob sillaf o'r geiriau: roedd ei wyneb actor-amryddawn yn cyfleu pob teimlad oedd yn y gân, roedd ei ynni'n heintus ac yn ddihysbydd yn ôl pob golwg, a'i bersonoliaeth yn swynol.

Pan ddaeth at y geiriau 'My knapsack on my back' fe droes at y côr a ymunodd yn llon yn y cytgan 'fal de ri, fal de ra' cyn iddo fynd ymlaen at y pennill nesaf, ac yna at yr un nesaf, a than y diwedd yr un modd, ac ar bob pennill cynyddod ystumiau ac arwyddion yr unawdydd – a brwdfrydedd y côr. Roedd y gymeradwyaeth yn fyddarol, a'r galw am ganu eto'n ddidwyll a chadarn. Bu rhaid canu'r pennill olaf a'r cytgan eto. Ac eto. Ac eto. Erbyn hynny roedd brwdfrydedd y gynulleidfa wedi ffrwydro'r tu hwnt i bob terfyn; roedd y rhan fwyaf wedi codi ar eu traed, a rhai ar eu cadeiriau, yn curo dwylo, chwibanu, gweiddi a galw. Ac ar waethaf ei hyfforddiant fel cyfreithiwr, a phrofiad oes o fynnu cymedroldeb ym mhob dim, yn enwedig ynglŷn â barnu perfformiad, fe ddisgrifiodd Gwynn Williams yr olygfa wedyn fel 'y gymeradwyaeth fwyaf aruthrol a roddwyd i unrhyw Gôr yn ystod 25 mlynedd yr Eisteddfod hon.'

Fe derfynodd Arweinydd y Llwyfan y perfformiad rhag i'r plant ymlâdd yn deg. Ac yna fe gafwyd y syndod mwyaf annisgwyl a'r mwyaf pleserus i gyd. Ymdawelodd y gynulleidfa ar arwydd gan yr Arweinydd Llwyfan, oedd wedi sylweddoli eisoes wrth lonyddwch y côr fod rhywbeth ar fin digwydd. Ac fe ddigwyddodd. Camodd merch fechan ymlaen at Mr Gwynn Williams a rhoi plâc enfawr iddo yn dwyn Arfau Dinas Hobart, Prifddinas Tasmania, mewn efydd ar ben pren myrtwydd o Tasmania. Gydag ef roedd llythyr oddi wrth Arglwydd Faer Hobart, yr Henadur R. G. Soundy, yn dwyn cyfarchion a dymuniadau gorau 'i'r holl gorau oedd wedi dod ynghyd' ac 'i fynegi diolchiadau ein pobl am y croeso a estynnwyd i Gôr Rosny gan bobl Cymru'. Fe fu'r amser yn rhy brin i ganiatáu gosod y neges ar y plác cyn i'r côr gychwyn o Hobart, ond fe aeth Cadeirydd presennol yr Eisteddfod, Mr H. G. Best, JP., ag ef adref a'i ddodi mewn lle anrhydeddus ymhlith y llu o dlysau ac anrhegion sydd wedi'u hanfon i'r Ŵyl o bob cwr o'r byd.

Bydd y digwyddiad hapus hwn yn fyw yn y cof fel un o uchelfannau'r chwarter canrif sydd wedi mynd heibio yn hanes yr Eisteddfod ac yn ddolen gyswllt â'r chwarter canrif nesaf a ddechreuodd yng Ngorfennaf, 1972.

Mae cynifer o bobl wedi holi ynglŷn â Chôr Rosny nes bod y sgrifennwr presennol yn teimlo y bydd y ffeithiau dilynol, a gafwyd trwy garedigrwydd Arglwydd Faer Hobart, o ddiddordeb cyffredinol. Fe ffurfiwyd y côr allan o weithgareddau Cymdeithas Eisteddfod y ddinas a sefydlwyd 21 o flynyddoedd yn ôl gan y cyn-Arglwydd Faer, Syr Basil Osborne, CBE. Bu'n drysorydd mygedol ar gyfer cronfa a sefydlwyd gan yr Arglwydd Faer presennol yn 1970 er mwyn codi'r 20,000 chwanegol o ddoleri oedd yn angenrheidiol i dalu am daith y Côr o gwmpas y byd; roedd y Côr eisoes wedi codi'r un swm cyn hynny. Enw'r ferch fach 9 oed a ddewiswyd i drosglwyddo'r plác yn Llangollen oedd Susan Weldrick, ac fe'i dewiswyd am fod ei thad-cu, y Parch. William Rowlands, yn dod o Dregŵyr, Morgannwg. Roedd ei hewyrth diweddar, y Tad Leo Rowlands, yn gyfansoddwr Cymreig, ac fe gynhwysir amryw o'i ganeuon yn rhaglen y côr. Canodd y côr un o'r rheiny, *There comes a galley*, yn Abaty San Steffan.

Roedd y gŵr ifanc talentog a ganodd ac a arweiniodd y côr gyda'r fath egni proffesiynol yn iau eto – 8 oed – a'i enw yw Peter Schmidt. Y cyfeilydd dawnus oedd ei frawd mawr, Louis, fydd yn chwarae unawdau ar y piano'n fynych yng nghyngherddau'r côr. Mae'r ddau wedi'u geni yn Tasmania, er bod eu rhieni wedi ymfudo o Hwngari ers rhagor nag ugain mlynedd.

Roedd cyswllt agos eisoes â Llangollen gan y gân a barodd y fath gynnwrf, – *Y Crwydryn Llon*. Daethpwyd â hi yma yn 1953, y flwyddyn gyntaf oll y bu cystadlaethau arbennig ar gyfer corau plant, gan gôr enwog Obernkirchen, y côr a gipiodd y wobr gyntaf. Yn Almaeneg y canodd y côr, wrth gwrs, ac roedd pawb wrth eu bodd: a chan mai hon oedd cân y côr buddugol fe'i recordiwyd gan y BBC. a'i darlledu. Ar y cyntaf fe gredid mai cân werin o'r Almaen oedd hi. Gwelodd cyhoeddwr o Sais ei gyfle a chyhoeddodd fersiwn Saesneg ohoni a threfnu recordiadau masnachol. Mae'r argraffiad Awstralaidd yn dweud mai Friedrich Wilhelm Mueller oedd yr awdur. Beth sy'n hynod yw fod hyn oll wedi'i roi ar waith, ei drafod a'i gyflawni heb i neb yn Llangollen, a oedd wedi creu'r cyfle, glywed gair amdano o gwbl!

Nodyn terfynol ynglŷn â'r côr bach dewr o Tasmania. Iddyn nhw un digwyddiad yn unig oedd Llangollen yn ystod taith hir a chyffrous o amgylch y byd, taith a'u cafodd nhw'n canu am eu swper yn fynych, ond yn amlach na hynny er mwyn y pleser o roi pleser i eraill – ar borthladdoedd awyr, ar deithiau mewn llongau pleser, mewn gwestai, caffes, prifysgolion, ysbytai, parciau – ble bynnag y caen nhw'u gwahodd a phle bynnag y byddai galw. Ymhlith eu cyhoeddiadau swyddogol fe fuon nhw yn Rhosllanerchrugog, yng Ngŵyl Caerefrog ac yn yr Eglwys Gadeiriol, yn Eglwys San Steffan, St Martin's-in-the-Field, Eglwys Henffordd, Lerpwl, Birmingham, Australia House, Llundain, mewn amryw ddarllediadau ar y radio a'r teledu, a hefyd, yn annisgwyl braidd, yn Sgwâr Trafalgar, pan oedden nhw'n bwydo'r sguthanod. Dechreuson nhw ganu cân Mary Poppins *Feed The Birds* – er mawr foddhad i dorf gynyddol o Lundeinwyr ac o Ymwelwyr Tramor.

Cipolwg yn unig ar y gweithgareddau yn Llangollen a'r golygfeydd amrywiol fydd yn taro'r llygad a geir yn narluniau'r llyfr hwn. Mae lleoliad yr Ŵyl ei hun yn haeddu ymweliad. Amhosibl yw atgynhyrchu'r elfen bwysicaf oll yma, sef, y gerddoriaeth. Mae erthygl Lucile

Armstrong (Pennod 5) yn canolbwyntio ar ddilysrwydd yr alawon a'r dawnsiau gwerin, ond yr hyn sy'n fwy tarawiadol eto i lygad y gwyliwr yw'r wledd o wisgoedd o bob lliw dan haul, ac o bob cyfnod, chwaeth a chynllun; a nodweddion gweladwy'r sawl sy'n eu gwisgo, gydag urddas a harddwch. Weithiau bydd grwp yn newid eu gwisgoedd rhwng y gystadleuaeth yn ystod y dydd a'r cyngerdd gyda'r nos, ac fe all y newid fod yn un sylweddol. Bydd eu dawnsiau, mae'n bur debyg, yn dod o gyfnodau gwahanol, ac yn wahanol hefyd o ran eu natur. Bydd hyn yn arbennig o wir yn achos gwledydd sy wedi cael gwahanol fathau o lywodraeth ac sy wedi bod dan reolaeth cenedl arall. Gwelir effeithiau hynny bob amser ar eu celfyddydau a'u crefftau; o'r alawon gwerin a'r offerynnau i bensaernïaeth a gwisgoedd y dosbarthiadau cyfoethog. Er hynny, bydd y cenhedloedd hyn, naill am eu bod yn byw'n bell o'r canolfannau, neu trwy ganiatâd eu rheolwyr, neu yn y dirgel, yn dal i gofio ac i drysori eu diwylliant eu hunain ac i gadw'n fyw eu harferion, eu dawnsiau a'u cerddoriaeth. Mae hyn yn wir am y rhan fwyaf o'r gwledydd sy'n cyffwrdd â'r Môr Canol a'i ynysoedd di-rif. Mae'n digwydd o'n cwmpas heddiw yn Ewrop fel y mae wedi digwydd dros ddarnau helaeth o UDA. a Canada, a thros Affrica ac Asia. Sefydlogrwydd cymharol gwledydd Prydain sy'n gyfrifol am yr 'undonedd' a'r merfeidd-dra a briodolir gan Frydeinwyr i'w dawnsiau a'u gwisgoedd eu hunain – y dawnswyr Morus, dawnswyr cleddyfau, ciltiau'r Alban a'r Iwerddon, y Wisg Gymreig, ac yn y blaen. Maen nhw'n dueddol i anghofio fod gorgynefindra'n gallu peri dirmyg, a bod yr ymwelwyr tramor yn ymddiddori yn ein dawnswyr a'u gwisgoedd lawn cymaint ag y byddwn ninnau'n ymddiddori yn eu rhai nhw – yn bennaf am fod eu gwisgoedd yn anghyfarwydd inni gan mwyaf, ac yn fynych yn gwbl newydd. Cofiwn hefyd fod llawer o'r sgarffiau sidanaidd ac ysgafn o wledydd cynnes yn anaddas braidd ar gyfer hinsawdd Lloegr, yr Alban, Cymru ac Iwerddon.

Bob blwyddyn fe welir rhywbeth newydd – personoliaethau, gwisgoedd, canu, dawnsio, cerddoriaeth. Yn 1972 fe ddaeth y Nigeriaid yma am y tro cyntaf a Chôr Merched Linnet yr holl ffordd o Sydney, fel y gwnaeth plant Rosny o Tasmania y flwyddyn cyn hynny. Trechwyd côr cymysg gwych o Bwlgaria o drwch blewyn gan gôr ardderchog o Reading, a chôr o Iwgoslafia'n drydydd. Teg yw chwanegu fod adran fenywaidd yr un côr Bwlgaraidd wedi cipio Tlws y Corau Merched. Yng nghystadleuaeth y Corau Meibion ar y Sadwrn, uchelfan yr wythnos, daeth gwŷr Fostbraedur o Ynys yr Ia yn ail agos i'r dynion o Bolsterstone yn Lloegr, a bu rhaid i Gymru fynd dros Glawdd Offa eto i sicrhau'r trydydd lle gyda chanu ardderchog gan Gôr Gwalia o Lundain. Yn gynharach yn y dydd fe drechodd Ysgol Ramadeg y Wirral i Ferched eu record eu hunain – a record pawb arall – drwy ennill Tlws y Corau Plant am y chweched tro.

Does dim sôn wedi bod hyd yma am y cystadlaethau i unawdwyr a gynhelir bob blwyddyn yn Llangollen. Y bwysicaf o ddigon o'r rhain yw'r Her Unawd, a godwyd yn 1966 i statws Tlws, bron iawn, gyda'r enw, cystadleuaeth y *Princeps Cantorum*. Mae cystadlaethau fel hon i'w cael yn y rhan fwyaf o eisteddfodau ond un yn unig – Eisteddfod Glannau Tees – sy'n rhedeg y gystadleuaeth hon ar lefel gydwladol. Fe rennir y cantorion i chwe grwp naturiol – soprano, mezzo-soprano, contralto, tenor, bariton, a bas. Cynhelir y rhagbrofion ar y Dydd Iau mewn gwahanol neuaddau a chapeli yn y dref. Bydd y tri a gaiff y marciau uchaf ym mhob dosbarth yn canu eto fore trannoeth yn y Babell Fawr, a'r beirniad gwreiddiol yn cael ei gynhorthwyo gan un neu ragor o'i gyd-feirniaid. Fe roddir y canlyniadau o'r llwyfan, ac yn gynnar y noson honno fe fydd panel o dri beirniad yn gwrando ar y buddugol ym mhob dosbarth eto yn Neuadd y Dref. Ni roddir marciau, ond fe gytunir ar y tri a ddewisir i ganu'r noson honno yn y Cyngerdd Nos Wener yn y Babell. Ar gyfer y perfformiad terfynol hwn rhaid i bob un o'r cantorion ddewis dwy gân newydd a thra gwahanol, er mwyn dangos eu hamlochredd. Yn 1972 y tri chanwr terfynol oedd y bas, y gontralto a'r soprano, yn canu o flaen panel o feirniaid dan gadeiryddiaeth Syr Thomas Armstrong. Yr enillydd oedd y soprano fywiog, 21 oed, Penny Speedie o Toronto, cantores o allu ac addewid anghyffredin. Yn ogystal â'i dawn anghyffredin yn y dechneg o ddefnyddio'i llais hyfryd roedd ganddi gynhysgaeth ac ymwybyddiaeth gerddorol – dau beth dipyn yn wahanol i'w gilydd: y naill wedi'i eni ynddi, a'r llall yn grefft – a gryfhawyd yn bellach gan ei hyfforddiant cynnar fel pianydd. Mae hyn yn werth ei gofio gan y sawl sydd ag awydd i fod yn llwyddiannus fel canwr proffesiynol. Mae llawer o'n cantorion gorau wedi dechrau fel pianyddion – Kathleen Ferrier, er enghraifft. Enghraifft arall oedd Gwen Catley, a lwyddodd o'r herwydd i ddysgu rhan gyfan mewn opera anodd ar gyfer Stanford Robinson yn nyddiau cynnar Trydedd Raglen y B.B.C. Gwaith gan Donizetti oedd hwn, a elwid *The Elixier of Love* yn theatrau Lloegr – L'Elisir d'Amore y ddau ddiwrnod – a bu hynny'n deitl addas hefyd, oblegid, dau ddiwrnod yn union a gafodd Miss Catley i'w ddysgu, ac fe wnaeth hynny gartref yn bennaf, gan gyfeilio iddi'i hun ar y piano.

Yr un modd, bydd Cystadleuaeth y Gân Werin yn denu cantorion o lawer gwlad, ac felly bydd rhaid cynnal rhagbrofion, gyda dau neu ragor o feirniaid, yn cynnwys Cymro, gan fod cynifer o ferched Cymru'n cynnig yn y gystadleuaeth hon, ac yn canu'n swynol hefyd. Ceir dau ddosbarth, i'r rhai o dan 16 a'r rhai dros 16 oed. Yn y cystadlaethau piano ceir dosbarth o dan 16 ond mae'r llall yn Agored ac felly gall chwaraewr ifanc, dawnus, gynnig yn y dosbarth hwn hefyd, os oes digon o hyder ganddo. Bydd llai'n cynnig yng nghystadleuaeth Unrhyw Offeryn Cerddorfaol, ond ambell dro fe ddown o hyd i dalent o'r safon uchaf, fel Paul Mayes, 16 oed, yn 1971, a chwaraeodd concerto gan Boccherini yn hyfryd, a thrwmpedferch ifanc, Barbara Sawyer, o UDA., a chwaraeodd gyfres o amrywiadau anodd yn y dull modern gan Marcel Bitsch. Ond y prif atyniad yn Llangollen yw'r dawnsio gwerin a'r corau, yn y rhain y gwelir ei chryfder a'i harbenigrwydd.

Beth am y Dyfodol? Fe fwynhawsom ffrwyth llafur caled a brwd-frydedd cannoedd o bobl ymroddgar. Fe ymadawn â phob Eisteddfod yn hiraethus ond gydag atgofion melys, a chyda Rhaglen y flwyddyn nesaf eisoes yn y boced. Mae'r llyfr hwn wedi ceisio dangos fel y mae'r Ŵyl wedi tyfu o nerth i nerth bob blwyddyn, drwy argyhoeddiad, dewrder ac ynni mewnol, gyda'r canlyniad ein bod yn edrych ymlaen yn awr nid yn gymiant at Orffennaf Nesaf ond at chwarter canrif arall o Eisteddfod Gerddorol Gydwladol Llangollen; at y Jiwbili Euraid, pryd y bydd, nid trigain, fe hyderwn, ond cant a thrigain o genhedloedd yn cymryd rhan. Fe fydd angen pythefnos ar ei chyfer, o bosib, dwy babell, dau faes, deg eto o feirniaid, ac efallai ailagor y rheilffordd o Riwabon. Ond beth bynnag fydd y galw, gallwch fod yn sicr eich meddwl y bydd Llangollen yn medru ymdopi.

Fe allwn fod yn siŵr o un peth: bydd safonau ac enwogrwydd Llangollen yn dal i dyfu; bydd ei dylanwad sydd eisoes yn fyd-eang, yn dal i gynyddu ac i gryfhau. Yng nghyfarfyddiad cyfeillgar pobl gyda phobl ar y Maes gwyrdd hwnnw yng nghesail y mynyddoedd yng Nghymru fach, brydferth a chalon-gynnes, fe geir cyfraniad sicr i gyd-ddealltwriaeth y gwledydd a fydd yn gymorth i'n harwain i gyd yn ôl o ddibyn distryw i ddyngarwch a chyfiawnder. Chwerthin sydd yn iachau, nid dagrau; bydd dadlau'n arwain at ymladd, bydd canu'n esgor ar wenau a chyfeillgarwch. Mor ddoeth yw'r geiriau a welir ar Dlws Llangollen:

> Byd Gwyn fydd Byd a Gano,
> Gwaraidd Fydd ei Gerddi Fo.

# Appendix I

## LIST OF PRIZE WINNERS, 1947–72

### Mixed Choirs

1947  1. Sale and District Musical Society, England
      2. Madrigalkören i Kalmar, Sweden
      3. Amsterdamsch Kamerkoor, Netherlands

1948  1. Sale and District Musical Society, England
      2. Agrupación Coral de Camara, Pamplona, Spain
      3. Akademie-Kammerchor, Vienna, Austria

1949  1. Akademiska Kören, Stockholm, Sweden
      2. I Cantori Veronesi, Italy
      3. Agrupación Coral de Camara, Pamplona, Spain

1950  1. Belfast Gaelic Choir, N. Ireland
      2. Sale and District Musical Society, England
      3. Accademia Filharmonica Romana, Italy

1951  1. Sale and District Musical Society, England
      2. Coro do Conservatorio de Musica do Porto, Portugal
      3. Eteläsuomalaisen Osakunnan Laulajat, Helsinki, Finland

1952  1. Agrupación Coral Elizondo, Spain
      2. Sale and District Musical Society, England
      3. Walther v.d. Vogelweide, Innsbruck, Austria

1953  1. Berliner Motettenchor, Germany
      2. Kammerchor Koeln-Muelheim, Germany
      3. Fylde Musical Society, Blackpool, England

1954  1. Sale and District Musical Society, England
      2. The J. L. Riley Festival Choir, Macclesfield, England
      3. Münchner Kammerchor, Germany

1955  1. Sale and District Musical Society, England
      2. St Cecilia Choir, Manchester, England
      3. The J. L. Riley Festival Choir, Macclesfield, England

1956  1. St Cecilia Choir, Manchester, England
      2. Agrupación Coral de Elizondo, Spain
      3. Birkenhead Choral Society, England

1957  1. Sale and District Musical Society, England
      2. St Cecilia Choir, Manchester, England
      3. Fylde Musical Society, Blackpool, England

1958  1. Keighley Vocal Union, England
      2. Folkungakören, Linkoping, Sweden
      3. Birkenhead Choral Society, England

1959  1. Sale and District Musical Society, England
      2. Keighley Vocal Union, England
      3. Manchester St Cecilia Choir, England

1960  1. Birkenhead Choral Society, England
      2. Orfeón Universitario del D.U. de Valencia, Spain
      3. Enskede Ungdomskör, Sweden

1961  1. Birkenhead Choral Society, England
      2. Akademiska Koren, Stockholm, Sweden
      3. Karlskoga Kammarkor, Sweden

1962  1. Akademsko Kulturno Umetnicko Drustvo 'Mirce Avec'
          Skopje, Yugoslavia
      2. Orfeón Universitario del D.U., Valencia, Spain
      3. Choeur Jean de Ockenghem, Tours, France

1963  1. Chor der Musikfreunde, Wörgl/Tirol, Austria
      2. Norrlandskören, Uppsala, Sweden
      3. Huddersfield Vocal Union, England

1964  1. Collegium Cantorum, Bonn, W. Germany
      2. Guinness Choir, Dublin, Eire
      3. Huddersfield Vocal Union, England

1965  1. Bakersfield College Choir, Bakersfield, USA
      2. Mariakören, Västerås, Sweden
      3. KFUM's Kammarkör, Stockholm, Sweden

1966  1. Rodina of the House of Culture 'Zora', Rousse, Bulgaria
      2. Choir of University Students, Lucnica, Bratislava, Czechoslovakia
      3. Lubecker Kammerchor, Germany

1967  1. Academy Choir 'George Dimitrov', Sofia, Bulgaria
      2. Akud 'Slobodan Princip-Seljo', Sarajevo, Yugoslavia
      3. Guinness Choir, Dublin, Eire

1968  1. Brigham Young University a Cappella Choir, Provo, USA
      2. Mixed Choir of Bratislava Teachers, Czechoslovakia
      3. Occidental College Concert Choir, California, USA

1969  1. Zilinsky Miesany Zbor, Czechoslovakia
      2. Newcastle College of Education Choir, England
      3. Choir of the University of Posnan, Warsaw, Poland

1970  1. Choir 'Rodna Pessen', Bourgas, Bulgaria
      2. Clarke-Loras Singers, Iowa, USA
      3. Leamington Choral Society, Ontario, Canada

1971   1. Svetozar Markovic, Novi Sad, Yugoslavia
      2. Concert Choir of University of Delaware, USA
      3. Wayne State University Chamber Singers, Detroit, USA
1972   1. Reading Phoenix, England
      2. 'Tzarevetz' of House of Culture 'Nadezhda', Veliko Tirnovo, Bulgaria
      3. Collegium Cantorum, Pristina, Yugoslavia

*Female Choirs*

1947   1. Penarth Ladies' Choral Society, Wales
      2. Côr Rhianedd y Moelwyn, Blaenau Ffestiniog, Wales
      3. Femina Choir, Amsterdam, Netherlands
1948   1. Orpheus Choral Society, Earlestown, England
      2. Pwllheli Ladies' Choir, Wales
      3. Côr Rhianedd y Moelwyn, Blaenau Ffestiniog, Wales
1949   1. Coro Maitea, San Sebastian, Spain
      2. Caernarvon Ladies' Choir, Wales
      3. Kvindelige Studenters Sangforening, Norway
1950   1. Fylde Musical Society, Blackpool, England
      2. Grupo Musical Feminino, Porto, Portugal
      3. Earlestown Orpheus Ladies' Choir, England
1951   1. Fylde Musical Society, Blackpool, England
      2. Dameskoor 'Femina' Amsterdam, Netherlands
      3. Chorale Universitaire, Grenoble, France
1952   1. Fylde Musical Society, Blackpool, England
      2. Wiener Kammerchor, Austria
      3. Bedford Singers, Stoke-on-Trent, England
1953   1. Plymouth Ladies' Choir, England
      2. Dorothy Lockett Ladies' Choir, Prestwich, England
      3. The J. L. Riley Festival Choir, Macclesfield, England
1954   1. The J. L. Riley Festival Choir, Macclesfield, England
      2. The Ladybrook Singers, Hazel Grove, England
      3. Madrigalchor der Volkshochschule Bielefeld, Germany
1955   1. William Turner Ladies' Choir, Nottingham, England
      2. Suddeutscher Madrigalchor, Stuttgart, Germany
      3. Blackburn Music Society Ladies' Choir, England
1956   1. Bedford Singers, Stoke-on-Trent, England
      2. Blackburn Music Society Ladies' Choir, England
      3. Oswestry Girls' High School Choir, England
1957   1. Bedford Singers, Stoke-on-Trent, England
      2. The J. L. Riley Festival Choir, Macclesfield, England
      3. Fylde Musical Society, Blackpool, England

1958   1. Smith College Singers, Northampton, USA
        2. Stoke-on-Trent Bedford Singers, England
        3. Eskdale Singers, Musselburgh, Scotland.

1959   1. Plymouth Ladies' Choir, England
        2. William Turner Ladies' Choir, Nottingham, England
        3. Blackburn Music Society Ladies' Choir, England

1960   1. Stoke-on-Trent Bedford Singers, England
        2. The Eskdale Singers, Musselburgh, Scotland
        3. Fylde Musical Society, Blackpool, England

1961   1. Moravian Women Teachers Choir, Brno, Czechoslovakia
        2. Stoke-on-Trent Bedford Singers, England
        3. The Eskdale Singers, Musselburgh, Scotland

1962   1. Girls' High School, Oswestry, England
        2. Blackpool 'Old Girls' Choir, England
        3. Cedar Crest College Concert Choir, Allentown, USA

1963   1. The Eskdale Singers, Midlothian, Scotland
        2. Alun Madrigal Choir, Mold, Wales
        3. Blackpool Girls' and Past Members' Choir, England

1964   1. Bedford Singers, Stoke-on-Trent, England
        2. Girls' High School Choir, Oswestry, England
        3. 'Residentie Vrouwenkoor,' The Hague, Holland

1965   1. Choir Christina Morfova (of the House of Culture 'Vladimir Saimov'), Sofia, Bulgaria
        2. Alun Grammar School Madrigal Choir, Mold, Wales
        3. Schola Cantorum, Winnipeg, Canada

1966   1. Rodina of the House of Culture 'Zora', Rousse, Bulgaria
        2. Bergens Klein Vrouwenkoor, Bergen, Netherlands
        3. Blackburn Music Society Ladies' Choir, England

1967   1. Academy Choir 'George Dimitrov', Sofia, Bulgaria
        2. Akud 'Slobodan Princip-Seljo', Sarajevo, Yugoslavia
        3. Silver Ring Choir, Bath, England

1968   1. Anne Campbell Singers, Lethbridge, Alberta, Canada
        2. Krasnohorska Women's Choir, Brno, Czechoslovakia
        3. Occidental College Women's Glee Club, California, USA

1969   1. The Lindsay Singers, Dublin, Eire
        2. Lübecker Kammerchor, Eutin, W. Germany
        3. Concert Chorale, Springfield, Missouri, USA

1970   1. Choir 'Rodna Pessen', Bourgas, Bulgaria
        2. 'Brahms Choir' of John Oliver High School, Vancouver, Canada
        3. Collegiate Chorale of the University of Wyoming, USA

1971  1. Denby High School Girls Glee, Detroit, USA
     2. Schiedams Vrouwenkoor, Schiedam, Netherlands
     3. { Manchester Girls' Choir, England
           Mariakören, Vasteras, Sweden
1972  1. Tzarevetz of House of Culture, 'Nadezhda' Veliko Tirnovo, Bulgaria
     2. Manchester Girls' Choir, England
     3. Bulmersche Girls' Choir, Reading, England

## Male Choirs

1947  1. Hungarian Workers' Choir, Budapest, Hungary
     2. Birkenhead Male Voice Choir, England
     3. Herrkoret 'Bel Canto', Copenhagen, Denmark
1948  1. Moravian Teachers' Choir, Czechoslovakia
     2. Breconia Gleemen, Brynmawr, Wales
     3. Birkenhead Male Voice Choir, England
1949  1. Coro Easo, San Sebastian, Spain
     2. Morriston Orpheus Male Choir, Wales
     3. Akademie-Kammerchor, Vienna, Austria
1950  1. Glasgow Philharmonic Choir, Scotland
     2. Birkenhead Male Voice Choir, England
     3. Varsity Glee Club, Purdue, USA
1951  1. Birkenhead Male Voice Choir, England
     2. St Joseph's University Choir, New Brunswick, Canada
     3. Mannskoret 'Brage', Bergen, Norway
1952  1. Rossendale Male Voice Choir, England
     2. Birkenhead Male Voice Choir, England
     3. Clarion Choir, Plymouth, England
1953  1. Rossendale Male Voice Choir, England
     2. Agrupación Coral de Camara, Bilbao, Spain
     3. Treviscoe Male Choir, Cornwall, England
1954  1. Rossendale Male Voice Choir, England
     2. Yale Glee Club, Connecticut, USA
     3. Birkenhead Male Voice Choir, England
1955  1. Societa Corale 'G. Rossini', Modena, Italy
     2. Treviscoe Male Choir, Cornwall, England
     3. Rossendale Male Voice Choir, England
1956  1. Treviscoe Male Choir, Cornwall, England
     2. Newport (Salop) and District Male Voice Choir, England
     3. Mansfield and District Male Voice Choir, England
1957  1. Moravian Techers' Choir, Czechoslovakia
     2. Rossendale Male Voice Choir, England
     3. Quartettverein, '1877', M. Gladbach, Germany

1958   1. Rossendale Male Voice Choir, England
      2. Treviscoe Male Choir, England
      3. Alfreton Male Voice Choir, England

1959   1. University of Michigan Men's Glee Club Choir, USA
      2. Felling Male Voice Choir, England
      3. Società Corale Pisana, Italy

1960   1. Colne Valley Male Voice Choir, Slaithwaite, England
      2. Società Corale Pisana, Italy
      3. 1st Battalion Welsh Guards Choir, Caterham

1961   1. Colne Valley Male Voice Choir, England
      2. Münchengladbacher Quartettverein 1877, Germany
      3. Rossendale Male Voice Choir, England

1962   1. Colne Valley Male Voice Choir, England
      2. Felling Male Voice Choir, England
      3. Silurian Singers, Rhymney, Wales

1963   1. University of Michigan Men's Glee Club, USA
      2. Colne Valley Male Voice Choir, England
      3. Yale University Glee Club, Connecticut, USA

1964   1. Società Corale Pisana, Italy
      2. Colne Valley Male Voice Choir, England
      3. Slovak Teachers' Choir, Bratislava, Czechoslovakia

1965   1. 'Kaval' Choir, Sofia, Bulgaria
      2. Slovak Teachers' Choir, Bratislava, Czechoslovakia
      3. St John's University Men's Chorus, Minnesota, USA

1966   1. 'Rodina' of the House of Culture 'Zora', Bulgaria
      2. Côr Meibion Froncysyllte, Wales
      3. Varsity Glee Club, North Carolina, USA

1967   1. Colne Valley Male Voice Choir, Slaithwaite, England
      2. Academy Choir 'George Dimitrov', Sofia, Bulgaria
      3. University of Michigan Men's Glee Club, USA

1968   1. Wayne State University Men's Glee Club, Detroit, USA
      2. Côr Meibion Froncysyllte, Wales
      3. Felling Male Voice Choir, England

1969   1. Lubecker Kammerchor, Eutin, Germany
      2. Gwalia Male Voice Choir, London, England
      3. Climax Male Voice Choir, Redruth, England

1970   1. Choir 'Rodna Pessen', Bourgas, Bulgaria
      2. Felling Male Voice Choir, Newcastle-upon-Tyne, England
      3. Côr Meibion Orffiws y Rhos, Wales

1971   1. The University of Michigan Men's Glee Club, Ann Arbor, USA
      2. Bolsterstone Male Voice Choir, Stockbridge, England
      3. Felling Male Voice Choir, Newcastle-upon-Tyne, England

1972  1. Bolsterstone Male Voice Choir, Runcorn, England
      2. 'Fóstbraedur' Reykjavik, Iceland
      3. Gwalia Choir, London Welsh

### Folk Song Parties

1948  1. Københavns Kammerkor, Denmark
      2. Kalmar Madrigalkör, Sweden
      3. Akademie-Kammerchor, Vienna, Austria
1949  1. Kvindelige Studenters Sangforening, Oslo, Norway
      2. Trefnant W.I. Choir, Wales
      3. Scottish Junior Singers, Glasgow, Scotland
1950  1. Accademia Filarmonica Romana, Italy
      2. Chorale Universitaire, Grenoble, France
      3. Akademisk Korforening, Oslo, Norway
1951  1. St Joseph's University Choir, New Brunswick, Canada
      2. 'Homin' Male Choir, Ukraine
      3. Le Vieux-Pays, St Maurice, Valais, Switzerland
1952  1. Agrupación Coral, Elizondo, Spain
      2. 'Homin' Male Choir, Ukraine
1953  1. Radio Belgrade Folk Song Party, Yugoslavia
      2. Cantores de Madrid, Spain
      3. Tiroler Volksliederchor, Innsbruck, Austria
1954  1. Folkungakoren, Västeras, Sweden
      2. Columba Singers, Middlesbrough, England
      3. Agrupación Langreana Coro 'Santiaguín', Sweden
1955  1. Damkören Pro Musica, Stockholm, Sweden
      2. 'Homin' Male Voice Choir, Ukraine
      3. Wisbech Little Theatre Family Choir, England
1956  1. Belgrade Amateur Double Octette, Yugoslavia
      2. Karlskoga Kammarkör, Sweden
      3. Madrigalchor Klagenfurt, Austria
1957  1. Komorni Moski Zbor, Celje, Yugoslavia
      2. Elizabethan Madrigal Singers, Aberystwyth, Wales
      3. Oswestry Girls' High School, England
1958  1. Polifonica S. Cecilia, Sassari, Sardinia
      2. Mühlviertler Singkreis, Haslach, Austria
      3. The Choralaires, Minneapolis, USA
1959  1. KFUM-Koren i Stockholm, Sweden
      2. Polifonica S. Cecilia, Sassari, Sardinia
      3. Società Corale 'G. Tartini', Trieste, Italy
1960  1. Komornri Zensky Sbor 'Jested', Liberec, Czechoslovakia
      2. Societa Corale 'G. Tartini', Trieste, Italy
      3. Orfeón Universitario Valencia, Spain

1961  1. Bob Mantzke Choralaires, Minneapolis, USA
    3. Coral Polifonica Gijonesa, Spain
    3. Karlskoga Kammarkör, Sweden

1962  1. The Belgrade Madrigal Choir, Yugoslavia
    2. Cedar Crest Madrigal Singers, Allentown, USA
    3. St John's University Men's Chorus, Collegeville, USA

1963  1. Coral Polifonica Gijonesa, Spain
    2. DPD Svoboda 'Slava Klavora', Maribor, Yugoslavia
    3. Jodlerclub 'Edelweiss', Lucerne, Switzerland

1964  1. Ukrainian Male Choir, Manchester, England
    2. Branko Cvetkovic, Belgrade, Yugoslavia
    3. The Linnets Girls' Choir, Dundee and Forfar, Scotland

1965  1. St John's University Men's Chorus, Minnesota, USA
    2. Oswestry Boys' and Girls' High School, England
    3. 'Ivo Lola Ribar', Belgrade, Yugoslavia

1966  1. Choir of University Students (Female), Lucnica, Czechoslovakia
    2. Alun Grammar School Madrigal Choir, Mold, Wales
    3. Choir '66 Devojaka', Sabac, Yugoslavia

1967  1. Bob Mantzke Choralaires, USA
    2. Vlado Tasevski, Skopje, Yugoslavia
    3. Coro Santiaguín, Sama De Langreo, Spain

1968  1. Bulmershe College Folk Group, Reading, England
    2. Krasnohorska Women's Choir, Brno, Czechoslovakia
    3. Ukrainian Male Voice Choir, 'Homin', Manchester, England

1969  1. KUD Branko Cvetkovic, Belgrade, Yugoslavia
    2. Zilinsky Miesany Zbor, Zilina, Czechoslovakia
    3. Cheadle Kingsway School Choir, England

1970  1. Bulmershe Folk Group, Reading, England
    2. Selected Clarke-Loras Singers, Iowa, USA
    3. The Arran Choir, Ayr, Scotland

1971  1. Le Cantral de Lyon, France
    2. Larissian Choir, Larissa, Greece
    3. Choir of University Technik, Bratislava, Czechoslovakia

1972  1. The Arran Choir, Ayr, Scotland
    2. Anne Campbell Singers, Lethbridge, Canada
    3. Associazion Polifonica S. Cecilia, Sassari, Sardinia

## Folk Dance Parties

1948  1. Polish Folk Dancers
    2. Cabezon de la Sal, Santander, Spain
    3. Danzas Espanolas, Spain

1949 1. Cabezon de la Sal, Santander, Spain
     2. Valencia, Spain
     3. Logrona, Spain
1950 1. Macedonia, Yugoslavia
     2. Danzas de Zarogoza, Spain
     3. Croatia, Yugoslavia
1951 1. Folk Dance Party, Serbia, Yugoslavia
     2. 'La Pastourelle', Rodez, France
1952 1. Folk Dance Party, Serbia, Yugoslavia
     2. 'Orlyk' Dance Group, Ukraine
1953 1. Manley and Loftus Dancers, England
     2. Danseurs du Marais Vendeen, France
     3. Javanese Dance-Group and Babar Layar, Java
1954 1. Croatian Folk Dance Group, Zagreb, Yugoslavia
     2. Kings' College Morrismen, Newcastle, England
     3. Gorsselse Boerendansers, Netherlands
1955 1. Danzas de Huelva (Andalucia), Spain
     2. Rancho do Douro Litoral, Oporto, Portugal
     3. Grupo de Danzas Vascas 'Goizaldi', San Sebastian, Spain
1956 1. Grupo de Danzas Vascas 'Goizaldi', San Sebastian, Spain
     2. 'Educación y Descanso', La Coruña, Spain
     3. Vsacan Moravia, Czechoslovakia
1957 1. Amateur Fold Dance Group, Bucharest, Rumania
     2. 'Educación y Descanso', Valencia, Spain
     3. The Lichfield Men, England
1958 1. 'Orlyk' Group of Ukrainian Folk Dancers
     2. Dawnswyr Hiraethog, Wales
     3. The Lichfield Men, England
1959 1. Hungarian Folk Dance Group, London
     2. Bondeungdomslaget 'Ervingen', Bergen, Norway
     3. St Aloysius School of Irish Dancing, Hebburn, Durham
1960 1. Cenk Ekibi, Ankara, Turkey
     2. 'Proleter' Folk Dance Party, Sarajevo, Yugoslavia
     3. Halay Ekibi, Ankara, Turkey
1961 1. Gilde Sint-Sebastiaan, Neder-Over-Heembeck, Brussels, Belgium
     2. 'Orce Nikolov', Skopje, Yugoslavia
     3. Volkstanz-und Volksmusikgruppe, Wasserburg am Inn Germany
1962 1. Les Thiaulins, Lignieres en Berry, France
     2. West Friese Dansgroep, Midwoud, Holland
     3. Song and Dance Ensemble 'Lachy', Nowysacz, Poland
1963 1. Coral do Ribatejo, Santarem, Portugal
     2. Manchester Morris Men, England
     3. Slobodan Princip-Seljo, Sarajevo, Yugoslavia

1964   1. Rancho Tipico Santa Maria Reguenga Santotirso, Portugal
      2. Britannia Coco Nut Dancers, Lancashire, England
      3. Leikarringen Noreg, Drammen, Norway

1965   1. Folklorni Ansambl 'Jedinstvo', Split, Yugoslavia
      2. Britannia Coco Nut Dancers, Bacup, England
      3. Andra Mari, Galdácano, Spain

1966   1. Dungeer Mummers, Camross, Eire
      2. Andra Mari, Galdácano, Spain
      3. Vasil Levsky, Sofia, Bulgaria

1967   1. Vlado Tasevski, Skopje, Yugoslavia
      2. Manley and Loftus Dancers, England
      3. Coral Do Ribatejo, Santarém, Portugal

1968   1. Andra Mari, Galdácano, Spain
      2. Manley and Loftus Dancers, England
      3. Dungeer Mummers, Camross, Eire

1969   1. Peacka Grupa 'Mirce Acev', Skopje, Yugoslavia
      2. Danzas Burgalesas, Justo del Rio, Spain
      3. Britannia Coco Nut Dancers, Bacup, England

1970   1. Valdreslaget, Oslo, Norway
      2. Enal Provinciale du Nuoro 'Oliena', Sardinia
      3. Orce Nikolov, Skopje, Yugoslavia

1971   1. The Diwanas (Walsall), India
      2. Cercke Celtique de Penthievre, Saint-Brieuc, Brittany
      3. Citta' di Nuoro, Sardinia, Italy

1972   1. Killingworth Sword Dancers, Northumberland, England
      2. Ernal Citta D'Fonni, Sardinia
      3. Volkskunstgroep 'Lange Wapper', Antwerp, Belgium

## Children's Choirs

1947   1. Snowflakes Children's Choir, Cardiff, Wales
      2. Kirkintilloch Junior Choir, Glasgow, Scotland

1948   1. Mold Modern Secondary School Choir, Wales
      2. Grove Park Girls' Choir, Wrexham, Wales

1949   1. Snowflakes Children's Choir, Cardiff, Wales
      2. Darwen Girls' Choir, England
      3. Horwich Girls' Secondary Modern School, England

1950   1. Wirral County Grammar School for Girls, Bebington, England
      2. Hunter Street School, Chester, England
      3. Côr Bryntirion, Rhayader, Wales

1951   1. Darwen Girls' Choir, England
      2. Snowflakes Children's Choir, Cardiff, Wales
      3. Love Street Boys' School Choir, Chester, England

1952   1. Grove Park Girls' School Choir, Wrexham, Wales
       2. Llangollen Grammar School, Wales
       3. Claughton Junior Choir, Birkenhead, England

1953   1. Schaumburger Marchensanger, Obernkirchen, Germany
       2. Whitehaven Grammar School Choir, England
       3. Musselburgh Junior Singers, Scotland

1954   1. Caernarvon Grammar School, Wales
       2. Blackpool Girls' Choir, England
       3. Marjorie Corbett Choir, Torquay, England

1955   1. Midrhondda Co-operative Choir, Wales
       2. Barrhead Philomel Singers, Glasgow, Scotland
       3. Blackpool Girls' Choir, England

1956   1. Hull Orpheus Junior Choir, England
       2. Nelson Civic Junior Choir, England
       3. London Co-operative Junior Choir, England

1957   1. Nelson Civic Junior Choir, England
       2. High Storrs Grammar School for Girls, Sheffield, England
       3. Netteswell County Secondary Grammar and Modern School, Harlow, England

1958   1. Hull Orpheus Junior Choir, England
       2. Overleigh Secondary School Choir, Chester, England
       3. Grove Park Girls' School Choir, Wrexham, Wales

1959   1. Blackpool Girls' Choir, England
       2. Whitehaven Grammar School Choir, England
       3. Children's Choir of Brno, Czechoslovakia

1960   1. Blackpool Girls' Choir, England
       2. Bucknall C.S. School Choir, Stoke-on-Trent, England
       3. Lincoln Gardens School Choir, Scunthorpe, England

1961   1. High Storrs Grammar School Choir, Sheffield, England
       2. Netteswell County Secondary School Choir, England
       3. Blackpool Girls' Choir, England

1962   1. Grimsby Junior Philharmonic Choir, England
       2. Alun Grammar School Madrigal Choir, Mold, Wales
       3. Blackpool Girls' Choir, England

1963   1. Wirral County Grammar School Girls' Choir, England
       2. North Manchester Girls' Choir, England
       3. Hull Orpheus Junior Choir, England

1964   1. Wirral County Grammar School for Girls' Choir, England
       2. Shrewsbury High School Junior, England
       3. Blackpool Girls' Choir, England

1965   1. Beresford Junior Choir, Ayr, Scotland
       2. Alun Grammar School Girls' Choir, Mold, Wales
       3. Netteswell Comprehensive School, Harlow, England

1966  1  Wirral County Grammar School for Girls, Bebington, England
    2.  Winnipeg Mennonite Children's Choir, Manitoba, Canada
    3.  Children's Choir of the Bulgarian Broadcasting and Television, Sofia, Bulgaria

1967  1.  Mansfield Co-operative Girls' Choir, England
    2  Wirral County Grammar School for Girls, Choir, England
    3.  Harrytown Convent High School Choir, Romiley, England

1968  1.  Wirral County Grammar School Choir, England
    2.  Mansfield Co-operative Girls' Choir, England
    3.  Notre Dame High School, Manchester, England

1969  1.  West Kirby County Grammar School for Girls, England
    2.  Manchester Girls' Choir, England
    3.  Ringland Junior School, Newport, Wales

1970  1.  Pequeños Cantores de Valencia, Spain
    2.  Notre Dame High School Choir, Manchester, England
    3.  ⎰ Treklangen, Linköping, Sweden
      ⎱ Winnipeg Mennonite Children's Choir, Canada

1971  1.  Wirral County Grammar School for Girls' Choir, England
    2.  Notre Dame High School Choir, Dumbarton, Scotland
    3.  Risingskolens Pigekor, Odense, Denmark

1972  1.  Wirral County Grammar School for Girls' Choir, England
    2.  M/C Girls(Junior)
    3.  Mindener Kinderchor, Minden, Germany

### Youth Choirs

1947  1.  Kirkintilloch Young People's Choir, Glasgow, Scotland
    2.  Snowflakes Young People's Choir, Cardiff, Wales

1948  1.  Rhos Aelwyd Choir, Wales
    2.  Coedpoeth Youth Choir, Wales

1949  1.  Scottish Junior Singers
    2.  Darwen Girls' Choir, England
    3.  Snowflakes Youth Choir, Cardiff, Wales

1950  1.  Chorale Universitaire, Grenoble, France
    2.  Grimsby Junior Philharmonic Choir, England
    3.  Côr Glanau Gele, Wales

1951  1.  German Youth Choir, Bielefeld, Germany
    2.  Snowflakes Youth Choir, Cardiff, Wales
    3.  Chorale Universitaire, Grenoble, France

1952  1.  Maia Girls' Junior Choir, Stockport, England
    2.  Musikantengilde, Schleswig-Holstein, Germany
    3.  Crewe County Grammar School, England

1953 1. Grimsby Junior Philharmonic Choir, England
     2. The Coalbrookdale Singers, England
     3. Oswestry Girls' High School Choir, England

1954 1. Oswestry Girls' High School Choir, England
     2. Bryngwyn Girls' Choir, Abertillery, Wales
     3. Hull Orpheus Junior Choir, England

1955 1. Blackpool Girls' Choir, England
     2. Symphonic Choir, Ohio State University, USA
     3. Hull Orpheus Junior Choir, England

1956 1. Caernarvon Grammar School, Wales
     2. Abendchor Vegesack, Bremen, Germany
     3. Hugo Distler-Chor, Berlin, Germany

1957 1. Grimsby Junior Philharmonic Choir, England
     2. Oswestry Girls' High School Choir, England
     3. Cardiff Senior Snowflakes Choir, Wales

1958 1. 'Z. Kodály' Female Choir of the Music School, Debrecen, Hungary
     2. Smith College Chamber Singers, Northampton, USA
     3. Eskdale Singers, Musselburgh, Scotland

1959 1. Bristol Youth Choir, England
     2. Oswestry Boys' and Girls' High School Choir, England

1960 1. Blackpool Girls' Choir, England
     2. The Esdale Singers, Musselburgh, Scotland
     3. Darwen Girls' Choir, England

1961 1. Oswestry High Schools Choir, England
     2. The Eskdale Singers, Musselburgh, Scotland
     3. Schola Cantorum, Winnipeg, Canada

1962 1. St John's University Men's Chorus, USA
     2. Oswestry Boys' and Girls' High School Choir, England
     3. Blackpool Girls' Choir, England

1963 1. Norrlandskören, Uppsala, Sweden
     2. Beresford Girls' Choir, Ayr, Scotland
     3. Oswestry Boys' and Girls' High School Choir, England

1964 1. Collegium Musicium, Halmstad, Sweden
     2. Newton Park College Choir, Bath, England
     3. St Dominic's High School Choir, Stoke-on-Trent, England

1965 1. Oswestry Boys' and Girls' High School, England
     2. KFUM's Kammarkör, Stockholm, Sweden
     3. Newton Park College, Newton St. Loe, England

1966 1. Oswestry High Schools Choir, England
     2. Newton Park College of Education, Newton St. Loe, England
     3. The Madrigal Singers of James Madison High School, Vienna, USA

1967    1. California Girls' Choir, USA
       2. Stockholms Musikstudenter, Sweden
       3. Chester College Choir, England

1968    1. N. Zahle's Girls' Choir, Copenhagen, Denmark
       2. Occidental College Concert Choir, Los Angeles, USA
       3. Anne Campbell Singers, Lethbridge, Alberta, Canada

1969    1. The Arran Choir, Ayr, Scotland
       2. The Lindsay Singers, Dublin, Eire
       3. The Lambrequins, Rhode Island, USA

1970    1. Clarke-Loras Singers, Iowa, USA
       2. Bratislava Conservatoire Mixed Choir, Czechoslovakia
       3. Manchester Girls' Choir, England

1971    1. Notre Dame High School Choir, Manchester, England
       2. Mariakören, Vasteras, Sweden
       3. Concert Choir of the University of Delaware, USA

# *Appendix II*

## PRESIDENTS AND OFFICIALS, 1947–72

Presidents

| | |
|---|---|
| 1947 | Mr W. Clayton Russon |
| 1948 | The Right Hon. Ernest Bevin, MP |
| 1949–1951 | Sir Henry Morris-Jones, MC, DL, JP |
| 1952–1959 | The Right Hon. Sir Anthony Eden, KG, MC |
| 1960–1961 | The Right Hon. Selwyn Lloyd, CBE, TD, QC, MP |
| 1962–1963 | The Right Hon. The Earl of Home |
| 1964 | The Right Hon. Sir Alec Douglas Home, MP |
| 1965–1966 | The Right Hon. James Griffiths, PC, LLD, MP |
| 1967–1968 | The Right Hon. Cledwyn Hughes, LLB, MP |
| 1969–1970 | The Right Hon. George Thomas, MP |
| 1971–1972 | The Right Hon. Peter Thomas, QC, MP |
| 1973 | The Right Hon. The Viscount Eccles, KCVO |

Chairman

| | |
|---|---|
| 1947–1948 | Mr G. H. Northing (Chairman General Council) |
| | Mr J. Rhys Roberts (Chairman, Executive Committee) |
| 1949–1970 | Mr J. Rhys Roberts |
| 1971 | Mr H. G. Best |

Vice-Chairman

| | |
|---|---|
| 1949–1963 | Mr Emrys Roberts |
| 1964–1970 | Mr H. G. Best |
| 1971 | Mr J. N. Bowen |

Hon. Music Director

| | |
|---|---|
| 1947–1973 | Mr W. S. Gwynn Williams |

Hon. Publicity Director

| | |
|---|---|
| 1947 | Mr H. Tudor |

Hon. Treasurer

| | |
|---|---|
| 1947–1959 | Mr G. S. Williams |
| 1960–1962 | Mr H. C. Rowlands |
| 1963–1970 | Mr W. E. Morris |
| 1971 | Mr G. O. Heald |

Competitors' Liaison Officer

| | |
|---|---|
| 1959–1961 | Mr A. G. Reeves |
| 1962–1971 | Mrs G. Lloyd-Jones |

Hon Secretary & Joint Hon. Secretaries
1947        Mrs Mona M. Davies
1948–1949   Mrs Mona M. Davies and Mr A. G. Reeves
1950–1957   Mrs Mona M. Davies
1958–1960   Mr R. Jones-Griffith
1961–1962   Mr J. Iorwerth Roberts
1963–1970   Mrs Mona M. Reeves and Mr. J. Iorwerth Roberts
1971        Mrs Mona M. Reeves

Finance         Chairman:
Committee  1947        Major E. Denby Jones
           1948–1971   Mr H. Glynne Jones

                Secretary:
           1947        Mr J. Brian Jones
           1948–1951   Mr R. O. Davies
           1952–1960   Mr J. Iorwerth Roberts
           1961–1965   Mr T. K. Butler
           1966–1971   Mr G. Grime

Grounds         Chairman:
Committee  1947–1968   Mr J. N. Bowen
           1969–1970   Mr Trevor L. Lewis
           1971        Mr H. G. Fawcett

                Secretary:
           1947–1962   Mr E. Ellis Roberts
           1963–1971   Mr J. H. Pierce

Floral Sub-     Chairman:
Committee  1948–1971   Mrs J. H. Pierce

                Secretary:
           1952–1970   Mrs D. R. Robertson
           1971        Mrs H. Sutcliffe

Hospitality     Chairman:
Committee  1947–1952   Mrs G. Lloyd-Jones
           1953–1954   Mrs J. N. Bowen
           1955        Mrs G. Lloyd-Jones
           1956–1963   Mrs A. D. Dodd
           1964–1965   Mrs A. D. Ffoulkes-Jones
           1966–1971   Mrs A. H. Dodd

                Secretary:
           1947        Mrs Mona M. Davies
           1948–1953   Miss S. Davies
           1954        Mrs G. Lloyd-Jones
           1955–1956   Mrs E. I. Jones

|         | 1957–1958 | Mrs B. Davies |
|---------|-----------|---------------|
|         | 1959–1963 | Mrs A. D. Ffoulkes-Jones |
|         | 1964–1971 | Mrs Ken Davies |

Publicity
Committee

Chairman:
| 1947–1971 | Mr J. Trevor Ellis |
| 1972 | Mr D. Nanson |

Secretary:
| 1948–1949 | Mr J. Brian Jones |
| 1950–1952 | Mr E. Norman Roberts |
| 1953–1958 | Mr A. E. Knox |
| 1959–1962 | Mr J. Brian Jones |
| 1963–1967 | Mr R. B. Attenburrow |
| 1968–1971 | Mr David Edwards |

Tickets
Committee

Chairman:
| 1949–1952 | Mr E. Price Evans |
| 1953–1958 | Mr A. G. Reeves |
| 1959–1971 | Mr T. J. Clutton |

Secretary:
| 1949 | Mrs Mona M. Davies |
| 1950–1952 | Mr A. G. Reeves |
| 1953–1963 | Mr J. W. Gittins |
| 1964–1971 | Mr G. R. Humphreys |

*A tribute to the late J. Rhys Roberts, OBE, BSc, JP, Chairman of the Llangollen Musical Eisteddfod Council and Executive Committee, 1948–70*

Little did John Rhys Roberts think when he left the Blaenau Ffestiniog Grammar School for the University College Bangor that his name would reach out one day to the four corners of the world. As he carried on with his studies at the College, as he stood in classroom and laboratory teaching boys and girls, his parish was destined to be the world. Although his profession was teaching, he found a vocation in the motto of the Eisteddfod he loved so well and served so selflessly 'Blessed is a world that sings, gentle are its songs'. He stood to be counted amongst those who believed in the goodness of people, and nowhere is his faith better defined than in what was to be his last foreword to the Eisteddfod Programme. 'We believe', he wrote, 'that through the arts of peace men and women who live thousands of miles apart can enjoy together song and dance in a hospitable country where they are welcomed with open arms, with no barrier of colour, race or creed'. These were the guiding principles for Rhys Roberts throughout his long association with the Eisteddfod. It is far too soon yet to evaluate his contribution to the growth and development of this unique event in the musical world. He was no musician, he had never been a member of an instrumental or dance group, yet his was a wide ranging sympathy with all these aspects of the Festival's activities. Indeed, he could not possibly have carried on the onerous duties of directing the affairs from the chair of the Council and Executive Committee but for the fact that he had a profound interest in improving the Eisteddfod every year, a concern for the well-being and welfare of the visitors from overseas, and an unshakable faith in the purpose of this annual gathering on the banks of the Dee in this loveliest of Welsh valleys.

There was a natural, indeed one could call it an old world dignity, about everything he did. He would welcome gay colourfully dressed dancers and choristers from scores of countries with the same courtesy and warmheartedness as he would welcome the distinguished personalities who presided at the Eisteddfod Sessions or the great International artists who appeared on the platform in the evening concerts. He also remembered all those who worked with him, in whatever humble capacity, to make Llangollen one of the greatest cultural achievements of this century. He remembered the landladies who looked after the visitors, the people who worked hard and long to prepare, to arrange and to organise, the ladies who decorated, all these were important to Rhys Roberts. He blended them into a well drilled team. He guided the Executive and the Council with infinite patience and wisdom, he was amenable to new ideas, and in the middle of this coming and going he was always available. These were some of the qualities that made John Rhys Roberts a wise leader.

When the time comes to write the history of the early years of the Llangollen International Eisteddfod there are many names who will be honoured, names of the men and women who have sacrificed their time and energy, concentrated their efforts and stood constantly alert to maintain their cherished standards of music, of dancing, of hospitality, and those spiritual values without which no undertaking of this kind could possibly have endured throughout the years. It is right that they should be remembered, but there is no doubt that the names of John Rhys Roberts will stand high on the list.

There is no greater memorial to this kindly man, so typical of all that was best in Welsh culture and hospitality, than the continued progress of the Eisteddfod, this great gathering of people, a festival of friendship as much as of music, he did so much for in his twenty-four years service to foster, nourish and guide to maturity.

W.R.

# Index

Abbreviations: C, children's; Ch, choir; FD, folk dance group; FS, folk song group; L, ladies'; M, male; Mxd, mixed; V, voices; YCh, youth choir.